인문학으로 승부하는

이 팀장의
홍보전략과
리더십

인문학으로 승부하는

이 팀장의 홍보전략과 리더십

이상헌 지음

청년
정신

홍보는 인문학이다

知彼知己 百戰不殆 (지피지기 백전불태)
적을 알고 나를 알고 싸우면 백 번을 싸워도 위태롭지 않다.

_『손자병법』「모공」편

『손자병법』 전체를 통틀어 가장 유명한 말이 아닐까? 일반적으로 '지피지기 백전백승'이거나 '지피지기 백전불패'로 잘못 알려져 있다. 아무튼 인용한 구절이 유명해진 데는 이유가 있다. 현대에도 여전히 쓸모가 있기 때문이다.

『손자병법』「모공」편에서는 승리하는 방법을 다룬다. 손자는 온전한 승리全勝란 백 번 싸워 백 번 이기는百戰百勝 것이 아니라 아군의 피해 없이, 싸우지 않고 승리하는 것이라고 했다.

싸우지 않고 승리하기 위해서는 전략을 가지고 적의 군대를 굴복시켜야 하는데, 상대편에게도 전략이 있다는 것을 간과해서는 안 된다. 손자는 적군과 아군의 약점과 강점을 잘 비교하고 검토한 다음에 전투에 임할 것을 권하며 다음과 같이 말했다.

不知彼不知己 每戰必殆 (부지피부지기 매전필태)

不知彼而知己 一勝一負 (부지피이지기 일승일부)

知彼知己 百戰不殆 (지피지기 백전불태)

적을 모르고 나도 모르고 싸우면 반드시 위태로워지고

적을 모르고 나를 알고 싸우면 한 번은 이기고 한 번은 지며

적을 알고 나도 알고 싸우면 백 번을 싸워서도 절대 위태롭지 않다.

약 2,500년 전에 이미 정보와 외교의 중요성을 강조하고 있다는 점을 보면 손자는 실로 대단한 사람이라는 생각이 든다. 적을 모르는 싸움은 위태로울 수밖에 없다. 적을 이기기 위해서는 많은 정보가 필요하고 또 치밀한 분석이 필요하다. 이는 누구도 반박할 수 없는 진실이다.

손자는 여기서 더 나아가 상대를 파악하는 것보다 자신을 아는 게 더 어렵다고 보았다. 살다 보면 지피知彼보다 지기知己가 더 중요하고 어려울 때가 많다는 것을 깨닫게 된다. 사실 그것을 깨닫는 것 자체가 대단한 일이다. 특히 많은 사람들을 만나는 관계 비즈니스Relations Business를 하는 홍보맨의 경우에는 더욱 자신의 위치나 상황 등을 객관적인 입장에서 정확하게 파악하고 다른 사람들의 조언도 귀담아 들어야 한다.

내항할 수 있는 적이라면 싸워도 좋지만 만약 적이 압도적으로 강해 싸울 수 없는 경우에는 적어도 강화를 맺거나 항복도 할 수 있어야 한다. 도저히 안 되겠다 싶다면 도망치는 것走爲上 주위상도 방법이라고 했다.

인간은 자신에 대한 평가에 후한 점수를 주는 경우가 많다. 분명 지피知彼보다 지기知己가 어려운 게 인간의 속성임에도 불구하고 본인의 단

점 보다는 장점을 내세우기 마련이다.

『채근담』에 이르기를 '대인춘풍 지기추상待人春風 持己秋霜'이라 했다. 남을 대할 때는 봄바람과 같이 하고, 자신을 대할 때는 가을 서리처럼 엄격하게 대해야 함을 말한다. 하지만 오히려 반대로 하는 사람들이 많다. 남에게는 엄격하게 대하면서 자신에게 관대한 사람치고 자기 역할을 제대로 하는 사람은 없다. 다른 사람, 적을 알기 전에 자신을 먼저 알아야 하는 이유는 이기기 위함이다. 하지만 최소한 지지 않고자 함이기도 하다. 깊은 통찰력과 냉정한 판단력이 필요한 이유다. 그리고 그때 인문학을 통해 얻을 수 있는 지혜와 통찰이 큰 도움이 된다.

맹자께서 말씀하셨다.

"남을 예의로 대해도 답례가 없으면 자신의 공경하는 태도를 돌아보고, 자신은 사랑하는데 그가 가깝게 대해주지 않으면 스스로의 마음을 돌아보고, 남을 다스리는데 다스려지지 않으면 스스로 지혜가 부족함을 돌아보라.禮人不答反基敬 愛人不親反基仁 治人不治反基智"

공자의 인 사상을 계승하여 각 제후국 통치자들에게 백성을 사랑하고 인정을 베풀 것을 강조한 맹자 역시 사람이 중심이라고 말했다.

내가 살고 있는 세상의 모든 시작은 사람이 중심이라는 것을 깨달아야 한다. 인仁의 중요성을 설파했던 공자도 인을 구성하는 여러 덕목 중에서 핵심은 사랑이라고 했다. 사랑이 부모에게 미치면 효孝가 되고, 나라에 미치면 충忠이 된다고 결론을 내렸다.

상대방을 이해하면 통하고, 사랑하고, 배려하고, 지지하게 된다. 사랑하는 마음을 가지고 세상을 바라볼 때 관계는 더 깊어지고 신뢰는 점점 깊이 쌓여간다.

홍보맨이라면 이 깨우침을 홍보에 접목시켜 더 풍성한 관계 맺기로 우리 삶을 발전시켜야 한다. 진정성이 담겨 있을 때 사람들은 마음을 열고 다가온다는 것을 잊지 말자.

子曰 述而不作, 信而好古, 竊比於我老彭 (자왈 술이부작, 신이호고, 절비어아노팽)
_『논어』 제7편 「술이」 1장

2,500년 전에 공자님이 하신 말씀이 생각난다.

위에서 말한 '술이부작述而不作'은 '전술前述하고 지어내지 않으며, 옛것을 믿고 좋아하는 것을 우리 노팽老彭에게 비교해 본다.' 라는 구절에서 비롯되었다.

공자는 자신이 하는 말이, 자신이 처음 생각해낸 것이 아니라는 사실을 분명하게 인식하고 있었다. 과거 성인군자가 한 말을 오늘에 맞게 바꿔 말하고 있을 뿐이라고 스스로 밝히고 있다. 공자의 고전에 대한 애호와 겸허한 마음가짐을 엿볼 수 있는 말이다.

필자 역시 이번 책에서 말하고 있는 내용들은 내가 처음 생각한 부분도 있지만 대부분 내가 읽었거나 들었던 인문학을 중심으로 하고 있다. 보고, 듣고, 읽고 또 이해했던 대로 적었지만 이 글을 읽는 주니어들은 어떻게 생각을 할지 궁금하다. 아무도 관심 없는 인문학을 홍보에 가져다 붙인 억지를 부린 것은 아닌지 모르겠다.

인간은 평생에 걸쳐 성장하고 발전해 간다. 꼭『논어』가 아니더라도 주니어들이 인문학이라는 이름으로 연결된 동서양의 고전들을 통해 리더로 성장하기를 바란다. 또한 리더들이 자신을 성찰하고 행동을 반성하면서 리더십의 기준으로 삼으면 좋을 글들을 실었다.

기본을 다지고 발전의 토대를 쌓는 주니어 시절 동안 마음에 간직하는 책이『논어』였으면 좋겠다는 생각을 했다.『논어』의 구절이 떠오를 때마다 위대한 경영자나 리더들에 대한 경외감을 다시금 느끼지 않을 수 없다. 어떤 인문 고전보다『논어』가 주니어들이 성장하고 성공할 때까지 그들의 삶을 가치 있게 만들어가는 데 일조했으면 한다.

성장하면서『논어』외에도『손자병법』을 비롯해 읽어야 할 훌륭한 고전이 많다는 것을 알게 될 것이다.

성공한 사람들에겐 공통점이 있다. 그들은 매사에 감사할 줄 알며 자신의 부족한 부분을 숨기지 않는다. 솔직함으로 관계를 맺고, 담담하게 속내를 털어놓는다. 또한 그들의 겸손은 가식이 아니다. "여러분 덕분에 오늘의 내가 있고, 이만큼 성공했습니다. 앞으로 더욱 노력하고 진심으로 섬기겠습니다." 라고 말하고, 생각하고, 또 행동한다. 물론 그 말에는 철학에 가까운 진심이 담겨 있다.

필자는 그 철학의 바탕에 인문학이 깔려 있다고 생각한다. 사람이 그리는 무늬인 인문학, 그 중심에는 사람이 있다.

홍보맨이 속해 있는 회사 사람들, 그리고 기자들만 해도 엄청난 숫자다. 홍보는 그들과의 관계 맺기다. 홍보적인 관점에서 보면 인문학은 관계다. 진솔하고 진정성 있는 관계를 얼마나 잘 맺고 유지하느냐에 따라 성공적인 홍보가 되느냐 실패하느냐가 달려 있다.

홍보맨은 인문학을 통해 그 길을 찾아야 한다.

1, 2권에 걸쳐 인문학에 대한 이해를 비롯해 '전략'과 '리더십', '소통'과 '스토리' 등 홍보맨에게 필요한 것들을 인문학이라는 이름으로 고찰하고자 했다. 먼저 '전략과 리더십'에 대한 내용을 담았던 『인문학으로 무장하라 홍보 전략가』를 이번에 일부 내용을 개정하여 『인문학으로 승부하는 이팀장의 홍보전략과 리더십』이라는 제목으로 재 출간하게 되었는데, '전략과 리더십'에 관해 주니어들을 위한 멘토링을 한다고는 했지만 사실은 나 자신에게 하고 싶은 말이나 마찬가지다.

아이디어가 좋다고 전부 사업을 일으켜 성공할 수는 없다. 홍보 역시 다르지 않다. 좋은 홍보 아이템을 개발하고도 그 전략과 실행 방법이 세련되지 못해 곤란을 겪는 홍보맨들이 많다. 좋은 아이디어임에도 실행되지 못하는 이유를 모르겠다고 말하는 홍보 주니어들도 많다. 안타까운 일이지만 홍보 역시 아이디어가 전부는 아니다. 그 아이디어에 전략을 더하고 실행 계획을 구체화 해야 하고 함께 발로 뛸 동료들도 필요하다.

필요한 요소들이 하나둘이 아니다. 더구나 홍보는 타이밍이 생명이므로 혼자 좌고우면 해서는 아무 것도 할 수 없다. 결국 홍보맨의 내공이 모든 것을 결정하는 법이다.

전략과 리더십, 소통과 스토리까지 모든 것이 인문학에 있다. 인문학으로 쌓은 내공을 통해 홍보 업무를 수행하다 보면, 인문학이 성공적인 홍보에 얼마나 큰 역할을 하게 되는지 깨닫게 된다.

잊지 말자. 홍보도 인문학이다.

CHAPTER 1

인문학으로
승부하라
—
전략

프롤로그 - 홍보는 인문학이다   005

왜 전략을 말하는가?   015

스펙보다 전략 능력   026

홍보맨의 전략적 사고   034

전략적 사고의 핵심, 통찰력   040

홍보들맨들의 통찰   049

홍보맨의 다독, 다작, 다상량   055

위대한 전략을 배워라   062

이미지와 초두효과   068

천재 전략가 나폴레옹   074

스티브 잡스의 위대한 전략   080

이순신 장군에게 배우는 전략 4단계   089

이 팀장이 전하는 홍보 전략 노하우   097

전략 실패 사례에서 배우기   108

실패의 10계명   123

손자병법에서 배우는 전략   127

매체 전략의 핵심, IMC   134

우회하는 전략, 우직지계   140

위위구조와 감조유적   147

기정전략과 허실전략   157

CHAPTER 2

인문학으로
승부하라

리더십

홍보에 리더십이 필요한 이유   171

손자병법과 홍보 리더십   175

리더의 유형과 특성   189

홍보 리더의 소통 리더십   196

때로는 전략보다 덕이 필요하다   201

리더의 큰 덕목, 포용   204

최고 리더들의 5가지 공통점   211

겸허히 자신을 낮춰라   221

관용의 미덕을 베풀어라   225

유머는 리더의 공통 특징이다   231

리더라면 글을 써라   241

리더십과 인재 활용   250

무능한 지휘관은 적보다 무섭다   258

부하를 움직이는 3가지 법칙   279

요·순·우 임금의 리더십   285

스스로에게 비겁하지 않은 삶, 대장부   290

서문표의 혁신과 위 문후의 리더십   295

유방의 소통 리더십   300

읍참마속, 리더의 신상필벌   309

당 태종의 소통 리더십 Ⅰ   317

당 태종의 소통 리더십 Ⅱ   323

간언을 받아들이는 7가지 방법   332

나폴레옹이 유럽을 석권한 3가지 원동력   339

작은 충성은 큰 충성을 해친다   346

에필로그 - 전략과 리더십은 하루 아침에
이루어지지 않는다   352

CHAPTER 1

인문학으로
승부하라

전략

왜 전략을 말하는가?

좋은 전략에는 초점, 다시 말해서 선택이 필요하다. 선택은 목표들 사이에
우선순위를 정하는 것을 뜻한다. 이 어려운 작업을 하지 않으면 좋은 전략을 만
들 수 없다.

_ 리처드 루멜트Richard P. Rumelt

우리는 모든 것이 점점 더 빨라지는 불확실성의 시대를 살고 있다. 최
근 경영 환경은 점점 더 빠른 속도로 변화하고 있으며, 앞으로도 이와
같은 변화 속도는 결코 줄지 않을 것으로 보인다. 속도는 기업과 떼려
야 뗄 수 없는 필수적인 생존 요건이 된 지 오래고, '규모의 경제'가 아닌
'속도의 경제'가 기업의 성패에 결정적인 영향을 끼치는 시대가 되었다.
앞으로는 변화하는 속도에 적응할 수 있는 기업만이 살아남게 될 것이
다. 그야말로 속도경쟁 시대라 할 수 있다.

우리의 인생은 그 자체가 전쟁이다. 더욱이 불확실성으로 가득한 시

대를 살아가야 하는 직장인들에게는 무엇보다 전략적 사고와 행동이 절실히 필요하다. 역사를 뒤돌아보아도 위기마다 그 위기를 극복할 수 있었던 핵심 요소는 전략이었기 때문이다. 평범한 일상에 있어서조차 '전략'은 매우 중요하다. 전략으로 인해 내가 계획한 삶과 지금의 삶이 어떤 차이가 있는지, 계획했던 것과 달라졌다면 어떤 이유에서 달라진 것인지, 이후에는 삶의 계획을 어떻게 변경해야 할 것인지 뒤돌아볼 수 있기 때문이다. 이럴 때일수록 엄청난 내공이 담긴 인문 고전을 통해 전략과 전술의 지혜를 배우는 것은 의미 있는 일일 것이다.

전략을 이야기할 때 빼놓을 수 없는 책이 있다. 바로『손자병법』이다. 『손자병법』은 지금으로부터 2,500년 전 중국 춘추시대 손무孫武가 저술한 병법서이다. 현대에서도『손자병법』의 위상과 역할은 단순한 병법서 차원을 넘어 기업 경영과 '인간 처세학'의 교과서라고 불릴 정도다. 그만큼 다양한 경영 전략에 적용할 수 있는 지식과 통찰 그리고 인간관계학이 숨어 있는 고전이라고 할 수 있다.

『손자병법』은 전쟁터와 같은 현대를 사는 사람들에게는 어떤 의미에서 위기관리의 교과서로 볼 수 있다. 2,500년에 이르는 역사 속에 녹아 있는 전략을 배우는 것은 과거로 돌아가자는 것이 아니라 눈앞을 가로막고 있는 난관을 뚫고 미래로 나아가는 데 필요한 통찰과 지혜를 배워 활용하기 위함이다.

손정의 소프트뱅크 회장은 자신이 읽은 책 4천여 권 중 인생 최고의 책으로『손자병법』을 꼽았다. 손정의 회장은 젊은 시절 중증 만성간염으로 6개월 시한부 인생 판정을 받았을 때 한 지인이 심정을 묻자, "울었다, 기도했다, 책을 읽었다"고 대답했다는데, 독서광이었던 그가 사업상 전환점에 서게 되거나 어려움에 부딪힐 때마다 『손자병법』을 읽었다는 것은 이미 널리 알려진 얘기다. 『손자병법』에서 전략의 개념과 핵심을 파악했던 손정의 회장은 전략을 단순히 그 자체로만 보지 않고 '역사적인 관점'에서 현재의 난관을 헤쳐나갈 수 있는 통찰력을 얻었다고 한다.

『손자병법』을 애독한 것은 손정의 회장뿐만이 아니다. 마오쩌둥은 늘 침대 곁에 『손자병법』을 두고 읽었고, 나폴레옹도 항상 『손자병법』을 지니고 다니며 읽었으며, 마이크로소프트의 빌 게이츠는 『손자병법』을 중국 진출의 전략서로 삼았다. 페이스북 창업자인 마크 주커버그 역시 『손자병법』에서 경영 마인드와 리더십을 배웠다고 한다.

2,500년전의 병법서가 이토록 끈질긴 생명력으로 현대인들에게 영향을 미치고 있음에 경이로움을 느끼면서, 이런 병법서 외에도 『논어』와 같은 깊은 내공이 담긴 동서양의 인문 고전을 통해 전략 전술의 지혜를 배우는 것은 의미 있는 일이라고 생각한다.

기업에서 말하는 전략Strategy, 戰略은 그 기업이 시장경쟁에서 우위를 차지하기 위해 기업의 내부 자원을 효율적으로 활용하기 위한 경영 활동이다. 이를 위해서는 경쟁기업의 정보 외에도 외부 환경인 정치 · 경제적인 상황, 사회 · 문화적인 환경, 국제적인 환경, 소비자 트렌드 변화, 현안 이슈 등에 대해 충분히 분석해야 한다.

전략을 세운 뒤에 홍보를 진행하는 것과 전략을 수립하지 않고 즉흥적으로 홍보를 실행하는 것은 큰 차이가 난다. 다양한 관계 속에서 업무가 이루어지는 홍보영역에서 전략은 무엇보다 중요하다.

홍보는 전쟁에 가깝다. 그 싸움에서 결정적 역할을 하는 것은 전략 능력이다. 내 생각만 해서도 안 되고 상대편만 생각해서도 안 된다. 지피지기知彼知己를 해야 백전불태百戰不殆할 수 있다. 전략이 필요한 이유가 여기에 있다.

우리가 쉽게 접할 수 있는 중국 고전을 보면 '천하를 어떻게 다스릴 것인가?', '국가를 어떻게 이끌어 갈 것인가?' 하는 화두가 최대 관심사이다. 왜냐하면 중국 고전은 서민을 대상으로 쓴 책이 아니었고, 저자들 역시 사회 지도층으로서 같은 사회 지도층을 대상으로 썼기 때문이다. 따라서 어떤 주제를 다루든 '지도자론'의 성격을 띠고 있고, 그래서 옛날부터 중국은 물론 우리나라와 일본 등에서도 사회 지도층이 인격을 형성하는 기본 교과서로 읽혀 왔던 것이다.

어떤 조직이든 리더의 책임은 막중한데 리더가 되고자 한다면 엄격하게 자아를 형성하는 데 노력을 기울여야 한다. 이는 지금도 마찬가지다.

고전에서 일컫는 천하와 국가와 군주를 지금의 현실에 대입해봐도 크게 다를 것이 없다. 홍보는 지극히 현실적이어서 눈앞에 보이는 현실에 어떻게 대응하고 처리해야 할 것인가도 중요하지만 현재 상황이 어떠한지, 무엇을 준비해야 하는지, 또한 앞으로 상황이 어떻게 진행될 것인지 등을 면밀하게 따져 보는 전략과 전술이 무엇보다 중요하다. 여기서 더 나아가 이를 진행하고 점검할 리더의 존재와 리더십 역량이 성공적인 홍보의 핵심 조건이다.

먼저 목표를 정한 뒤에 계획을 설정하고 그에 따른 실행 방법을 수립해야 한다. 진행되는 상황과 당초 계획을 수시로 비교하고 만약 당초 계획에 변동이 있을 경우, 최초 수립한 계획대로 진행할 것인지 아니면 전략을 수정할 것인지 점검해야 한다.

전략이 있는 경우는 큰 그림과 디테일을 동시에 바라보면서 일을 진행하는 반면, 전략이 없는 경우는 부분적이고 즉흥적인 판단으로 일을 진행하는 것과 같으므로 전략의 유무 여부는 홍보 성공에 있어 필수불가결한 요소라고 할 수 있다. 아울러 홍보 업무를 실행하기에 앞서 홍보 플랜을 수립하고 일을 진행한다면 홍보맨으로서의 역량 발전과 성장 속도 또한 빨라질 것이다.

기업의 홍보는 공중과의 다양한 관계들을 관리하는 것이다. 홍보의 영어 표현이 PR Public Relations이라는 것만 봐도 알 수 있다. 그루닉과 헌트 Grunig & Hunt 역시, '홍보는 조직 그리고 그 조직과 관련된 공중 Public 사이에 발생하는 커뮤니케이션의 관리'라고 정의했다.

기본적으로 커뮤니케이션은 정보의 공유이고 또 공유된 정보에 대한 이해를 말한다. 함께 정보를 분석하고 이해할 때 공감대가 형성되고 또 상호 관계를 호전시키는 것이다. 그렇기 때문에 홍보맨은 정보와 지식의 메신저 역할을 해야 하며, 그렇게 내외부 관계를 통해 공유된 정보와 지식으로 인해 기업은 가치를 얻을 수 있고, 공중들 또한 각각의 공중별로 나름의 가치를 얻을 수 있다.

하지만 홍보 전략을 간과하여 큰 그림을 보지 못하고 일회성 이벤트 실행에만 초점을 맞춰 홍보 프로그램을 진행하면 성과가 크지 않을 수 있다.

기업을 비롯한 조직에서 홍보성과를 거두기 위해서는 홍보 활동의 목표를 정하고, 홍보 전략을 비롯한 여러 가지 전술을 활용하여 홍보 활동을 수행해야 한다.

너무나 유명해서 웬만한 사람은 다 아는 『손자병법』「모공謀攻」편을 인용하면, '上兵伐謀 其次伐交 其次伐兵 其下攻城 상병벌모 기차벌교 기차벌병 기하공성'. '가장 좋은 병법은 적의 꾀를 치는 것이며, 그 다음은 적의 동맹관계를 치는 것이며, 그 다음은 적의 병력을 치는 것이며, 가장 하책은 성을 공격하는 것이다'. 벌모伐謀, 벌교伐交, 벌병伐兵, 공성攻城이 차례로 나오고 있다. 이것이 바로 싸움의 네 단계다.

여기서 가장 좋은 것은 벌모伐謀를 달성하는 것이다. 즉 적의 전략을 꺾는 것이다. 차선은 적의 외교관계를 혼란에 빠뜨리는 것이며, 그 다음 차선은 적의 군대를 공격하는 것이고 최하위의 용병은 적의 성을 공격하는 것이다. 적의 성을 공격하는 것은 부득이할 때만 취해야 할 용병법이다. 그러므로 용병을 잘하는 사람은 적의 군대를 굴복시키되 직접 부딪쳐 싸우지 않으며, 적의 성을 빼앗되 이를 직접 공격하지 않으며, 적국을 정복하되 지구전의 방법으로 하지 않으며, 반드시 적을 온전히 보존한 채 이기는 방법으로써 천하의 권세를 다툰다. 이리하면 군대가 무디어지지 않으면서도 그 이익은 온전하니 이것이 곧 모공, 즉 계략으로 적을 공격하는 법이다.

손자는 대전략의 우선순위를 명확히 말하고 있다. 그 우선순위는 최상위인 벌모를 비롯 벌교, 벌병, 최하위인 공성의 순이다. 벌모, 벌교는 전쟁 없이 적을 굴복시키는 것이니 전략의 상책이고 벌병, 공성은 유혈을 동반하기 때문에 승리하더라도 희생이 심하므로 가능한 한 피해야 할 용병이다. 승리의 최상책은 '싸우지 않고 이기는 것'이다. 여기서 그 유명한 '부전승不戰勝'이란 말이 나왔다. 싸워서 적을 이기는 것은 차선책에 불과한 셈이다.

역사상 싸우지 않고 승리를 거둔 부전승은 셀 수도 없이 많겠지만 필자가 생각하는 부전승의 최고 능력자는 한나라의 유방을 도와 천하를 도모했던 한신韓信이다. 한신은 초나라와 위나라를 차례로 정복한 후 20만 대군의 조나라와 맞붙었는데, 이때 불과 1만 명으로 그 유명한 '배수진背水陣 전략'을 구사해 조나라마저 정복했다. 그리고 다음 목표로 연나라와 제나라를 목표로 하고 있었다.

이때 한신은 조나라의 패장 광무군廣武君 이좌거李左車를 극진히 예우하면서 그에게 다음 전쟁에 대해 한 수 가르쳐 달라고 청했다. 그러나 이좌거는 "패장은 병법을 논하지 않는 법敗車之將不語兵"이라며 사양했다. 한신의 거듭된 간청을 못 이긴 이좌거가 한 말의 핵심은 '전쟁을 즉시 중단하는 대신 조나라의 백성들을 위로하고 배불리 먹이라'는 것이었다. 그렇게 되면 한신의 은덕이 사방에 소문이 날 것인데, 바로 그 즈음에 말 잘하는 사람을 뽑아 연나라와 제나라에 보내 한신 군대의 무용을 자랑하면 겁을 먹고 항복할 것이라는 것이다. 한신은 이좌거의 말대로 행했는데 과연 연나라는 항복했다. 이것이 바로 싸우지 않고도 목적을 달성한 부전승인 셈이다.

홍보전략이 싸우지 않고 이기기 위해 사전에 여론을 조성하는 전략이라는 면에서 마케팅과 분명 차이가 있다. 홍보와 마케팅의 차이를 설명하자면, 홍보는 경쟁자를 제압해서 승리하는 것보다는 기업과 공중과의 커뮤니케이션 관리이고 마케팅은 시장에서 우위를 점하기 위해 경쟁자와 싸우는 것이라고 할 수 있다.

홍보는 조직과 관련된 공중과의 긍정적인 관계를 위한 커뮤니케이션 관리이며, 이때 커뮤니케이션의 목적은 공중과의 가치 공유에 궁극적인 목적이 있다. 공중과의 가치 공유를 최우선으로 하는 것이 '전략적 홍보'다.

전략적 홍보는 계획만 수립하고 실행하는 것으로는 지속적인 성과를 얻기 힘들다. 실행 과정과 결과에 대한 객관적인 평가가 있어야 한다. 목표 공중은 제대로 선정했는지, 홍보 전술과 프로그램 실행은 적합했으며 적시에 실행되었는지, 또 결과는 계획과 대비하여 어떠했는지 평가하는 활동이 있어야 한다.

인간은 위기에 처하거나 실패에 직면했을 때 무의식적으로 그게 전략인지도 모르고 '전략'을 생각하게 된다. 즉 '왜 내가 그 길을 갔던가, 무엇이 잘못된 것일까, 앞으로는 어떻게 해야 할까?' 등을 되짚어보게 되어 있다. 성공한 사람들은 어떻게 그 자리까지 올라가게 됐을까? 바로 전략적으로 생각하고 행동했기 때문이다.

전략적으로 생각한다는 것은 우선 상대방의 입장에서 말을 해야 하고 그 말이 미치게 될 직 · 간접적인 영향과 부작용 등을 감안해야 함을 의미한다. 그로 인해 상대방에게 감동을 주고 마음을 얻을 수 있는 확률이 높아진다.

팀워크나 네트워크가 중요한 사회에서는 혼자만 잘났다고 최고의 자리에 올라갈 수 있는 게 아니다. 치열한 경쟁사회에서 살아감에 있어 가장 중요한 능력은 '전략 능력'이다. 『손자병법』에서도 알 수 있듯 전략은 군사 전략에서 출발했다.

'전략이란 무엇인가?' 이 물음에 대한 답을 얻기 위해서 수천 년 전으로 거슬러 올라가야 한다.

'전략Strategy'이라는 단어는 그리스어 'Strategia'와 'Strategos'에 기원을 두고 있다. 'Strategia'의 의미는 '장수술將帥術, Generalship'로 장군들이 가져야 할 기술적인 능력을 말한다. 그리고 'Strategos'는 'Stratos군대'와 'Agos지휘관'가 합쳐져 만들어졌는데, 이는 군대 전체를 지휘하는 지휘관The General을 의미했다.

고대 그리스에서 전략의 어원이 되는 단어가 만들어졌다는 것은 그리스문명의 우수성을 말해 주기도 하지만 그와 더불어 전쟁이 끊이지 않았다는 점을 암시한다. 또한 그리스인들은 사색을 중요하게 여겼고 모든 분야에서 정확한 이론을 세우려는 노력을 많이 했는데, 이는 전쟁에서도 적용되었다. 군사 분야에서도 그와 같은 노력으로 전쟁, 전략, 전술, 작전의 개념들을 확립하고자 했다.

전략의 의미와 기원을 보면 모두 전쟁과 지휘관이 공통적으로 포함되어 있음을 볼 수 있다. 이는 전략이 전쟁을 수행하는 지휘관들에게 적용되는 사항이라는 것을 짐작할 수 있게 한다. 따라서 전략은 전쟁 그 자체를 말하는 것이며, '전략이란 무엇인가?' 라는 질문에 답을 하기 위해서는 우선 전쟁에 대해 알아보아야 한다. 그 다음에는 지휘관의 자질과 능력, 즉 리더십에 대해 알아보아야 할 것이다.

전략에 대한 질문의 답을 찾게 될 때, 그 속에는 인간이 수행했던 무수한 전쟁의 역사가 있다. 어느 경우에는 전쟁뿐만 아니라 다른 분야에 대해서도 알게 된다. 왜 일까?

전략은 어느 특정한 시기나 특정한 집단 혹은 특정한 인물에 의해서 정의되고 확정된 것이 아니기 때문이다. 전략은 인간의 역사와 궤를 같이 한다. 그만큼 전략의 역사는 깊고 광범위하다.

기업이나 단체 또는 개인들도 전략이라는 단어를 사용한다. 경영 전략, 마케팅 전략, 필승 전략, 전략적 사고 등등 각 내용들은 서로 다른 주제를 가지고 있고, 내용도 서로 다르지만 '전략'이라는 단어가 포함되어 있다. 그 이유는 무엇일까? 전략이라는 단어 자체에는 무슨 의미가 있는 것일까?

오늘날은 모든 사람들에게 전략적인 사고가 요구되는 시대다, 그대로 받아들이기보다 다양한 해석을 통해 자신의 전략을 수립하는 데 활용할 수 있다.

전략을 단순히 인문학이나 교양 정도로만 인식하고 실제로 활용하지 못한다면 아무런 의미가 없다. 그동안 해결 방법을 찾지 못했던 문제들이 있다면 전략에 문제가 있었던 것은 아니었는지 다시 점검해 보면 어떨까?

스펙보다 전략 능력

死諸葛走生仲達 (사제갈주생중달)
죽은 공명이 살아 있는 중달(사마의의 자)을 달아나게 하다.

_『삼국지』

위에 글은 전략가로서 제갈공명의 위상을 보여 주는 문장이다. 전략이란 싸워서 이기는 방법인데, 죽은 사람이 살아 있는 사람을 이겼다면 그야말로 최고의 전략이라고 할 수 있을 것이다. 즉 최고의 전략이란 싸우지 않고 이기는 방법이고, 싸우지 않고 적을 이길 수 있는 전략이 최고라면 죽어서도 적을 물리친 제갈공명은 최고의 전략가인 셈이다.

송병락 서울대 명예교수는 『전략의 신』에서 전략 능력勢이 승부를 가른다고 했다.
손자는 『손자병법』에서 적이 예상치 못한 방법으로 싸우는 전략을 기정전략이라고 말했는데, 손자가 말한 전략 능력은 '기정전략'과 '허실전략'에 따라 결정된다. 손자는 이 두 가지 전략을 얼마나 잘 사용하는가에 따라 승부가 결정된다고 했다.

형形의 전략과 세勢의 전략을 이해하기 위해서는 우선 형과 세의 뜻을 알 필요가 있다. 형은 외관으로 보여지는 군사 장비, 병력 등 '눈에 보이는 것'으로, 객관적인 것이다. 반면 세는 전략 능력으로서 인위적으로 조성할 수 있는 '눈에 보이지 않는 것'이다.

예를 들어 경주마는 겉모습인 형으로 능력을 판단할 수 있다. 그러나 사람의 경우에는 형만으로 능력을 평가할 수 없다. 사람은 말과 달리 형보다 세가 월등히 중요하다. 말하자면 세는 보이지 않는 능력으로, 손자는 이를 전략 능력이라고 말했다. 그리고 전략 능력은 '기정'과 '허실'의 두 가지 전략에 따라 결정된다고 했다.

형을 바탕으로 세가 형성되며, 형과 세를 분리하기 어렵지만 형이 좋아야 세가 강하게 되고, 형과 세를 합하면 종합 능력이 된다. 전략을 아는 사람의 경우에는 전략 능력에 따라 결정된다.

고수는 사람을 평가할 때 학벌, 가문, 용모 등 형形만을 기준으로 평가하지 않는다. 손자가 강조하듯 전쟁에서 이길 수 있는 전략 능력을 기준으로 평가해야 한다.

개인의 능력도 세勢와 형形, 두 가지 능력으로 나눌 수 있다. 보이는 능력에 치중하는 전략은 '형의 전략'이고, 보이지 않는 능력에 치중하는 것은 '세의 전략'이다.

전략 능력은 무한하므로 형의 열세를 극복하고도 남는다. 우리가 알아야 할 것은 실력이 다소 부족하다고 하더라도 각고의 노력으로 전략 능력을 키우면 싸움에서 이길 수 있다는 사실이다.

거대한 댐에 물을 저장했다가 방류하면 급한 물살이 되어 바위도 띄우는 세를 형성하듯이 전쟁의 고수들은 전략을 세우고 전의를 충분히 다진 다음 일시에 공격하여 엄청난 세를 발휘한다. 이렇게 하여 대승을 거둔 것이 학익진으로 대세를 모으고, 함포로 포격해 대승함으로써 토요토미 히데요시가 "조선 수군과의 해전을 금하라"는 명령을 내리도록 만든 이순신 장군의 한산대첩이다. 또, 세계 제일의 기정전략으로 회자되는 인천상륙작전이다.

이처럼 형세로 이기지 못할 싸움은 없다. 하지만 형이나 세 하나만으로는 결코 승리할 수 없다.

손자는 세를 결정하는 전략은 허실과 기정 두 가지 뿐이라고 말한다. 하지만 현재의 전쟁이나 전투는 종류, 주체, 대상, 동기, 범위, 사용되는 무기 등 여러 면에서 『손자병법』이 쓰였던 시기와는 비교할 수 없을 정도로 다양하고 복잡해졌다. 전략 또한 마찬가지다. 이 때문에 세를 결정하는 전략도 다양해졌다.

세勢의 전략은 고수의 조건이다. 세勢의 전략은 세를 스스로 키우는 모세謨勢, 다른 사람이나 외부 환경의 힘을 빌리는 차세借勢, 그리고 이렇게 증가시킨 세를 실제로 사용하는 용세用勢의 세 가지로 나눌 수 있다.

모세는 돌을 더 크고 둥글게 하는 것이다. 그리고 더 높은 곳에 가져다 놓을수록 구르는 힘이 더 크게 되는데, 이는 산으로부터 빌리는 힘, 곧 차세가 더 크게 되기 때문이다. 그리고 세는 돌을 어떻게 굴리는가에 따라 다르다. 이를 용세라고 한다.

기업과 기업의 경쟁은 물론 세상사 모든 것에는 세가 있다. 세를 타지 못하면 1의 힘은 어디까지나 1에 불과하지만 잘 타면 일당백도 될 수 있다. 이 때문에 손자는 승리 가능성을 사람이 아니라 조직의 세에서 찾으라고 말한다. 초超경쟁 상황에서는 조직의 세가 구성원 역량의 더하기가 아니라 곱하기로 나오기도 한다.

예를 들어, 지도자가 세를 조성하지 못할 경우 0.9의 인재만 모이는 조직은 곱할수록 힘이 줄어들고, 1.1 이상의 인재가 모이면 계속 증가한다. 그러나 리더가 조직의 세를 잘 조성하면 0.9도 1을 넘는 인재가 되어 조직의 세는 막강해지게 된다. 이처럼 조직과 구성원의 역량 자체를 키우는 것이 모세다.

경영학의 구루로 불렸던 피터 드러커는 미래의 성장 전략은 '전략적 제휴'가 될 것이라고 예견했는데, 전략적 제휴가 바로 차세이다. 강국들로 둘러싸인 대한민국의 경우, 차세는 긴요한 생존 요건이다. 나의 경쟁력은 나뿐만 아니라 남의 능력을 어떻게 이용하는가에 달렸다는 생각이 전략적 제휴로 이어진다. 서로가 서로의 세를 빌리는 차세 전략이다.

한 사람이 힘이 비슷한 적군 10명과 싸우는 방법은 무엇인가? 외나무다리와 같은 곳에서 외나무다리의 힘을 빌려 싸우는 것이다. 같은 군대라도 한밤중, 새벽, 오후 등 언제 싸울 것인가에 따라 전투력의 차이가 난다. 이런 요인들로부터 빌리는 힘이 다르기 때문이다.

'장수는 용장보다 덕장, 덕장보다 운이 좋은 운장이 최고'라는 말이 있다. 차세에 있어서는 하늘의 도움을 받는 사람이 최고이다. 차세에는 하늘, 땅, 사람의 힘을 빌리는 것 모두 중요하다. 즉 나라 경제가 잘되면 회사가 잘되고, 회사가 잘되면 직장인도 잘된다. 자연스레 귀인의 힘을 빌려 지위도, 재산도, 가치도 상승한다. 경제전쟁 시대에 국가경제의 세를 키워야 하는 이유도 여기에 있다.

전략의 고수는 나의 힘에 남의 힘, 하늘의 힘, 땅의 힘, 나라의 힘, 기업의 힘, 외나무다리의 힘, 울돌목과 같은 자연환경의 힘을 더할 줄 안다. 『손자병법』은 이런 모든 것을 세력을 빌리는 것, 즉 차세라고 한다.

이순신 장군의 연전연승도 단순히 스스로의 능력에만 기댄 것은 아니었다. 이순신 장군이 13척의 배로 일본 수군 133척에 맞서 싸워 이길 수 있었던 비결은 좁은 명량해협의 힘을 빌렸기 때문이다. 러일전쟁에서 세계 최강이라는 러시아 발틱함대를 상대로 누구도 예상치 못했던 승리를 거둔 도고 헤이하치로는 이순신 장군의 학익진 전법을 빌려 모방함으로써 승리를 거두었다.

베빈 알렉산더Bevin Alexander는 그의 저서 『위대한 장군들은 어떻게 승리했는가?How Great Generals Win?』에서 칭기즈칸이 세계 무대에서 승리할 수 있었던 요인 중 하나로 수부타이Subedei 같은 최고의 장군이 곁에 있었기에 가능했다고 말한다. 더불어 적보다 우수한 무기, 실패하지 않는 전술 시스템, 전략의 천재성, 상상을 초월한 기동력 등의 4가지 도움이 있었기에 가능했다고 꼽는다.

이순신 장군의 연전연승 역시 수많은 귀인이 그의 주변에 있었기 때문에 가능했다. 그는 임진왜란이 일어나기 직전 정읍현감종6품에서 단 2년도 안 되는 사이에 전라좌도수군절도사정3품로 7단계나 승진했다. 거기에는 어릴 적 지인이었던 유성룡이라는 귀인의 도움이 컸다. 이순신과 그의 귀인들은 서로 귀인 역할을 하며 왜란에서 공신이 될 수 있었다.

어찌 보면 사람이 살아가는 데 가장 귀중한 기술은 귀인의 도움을 받는 기술이다. 귀인은 누구인가? 회사원이라면 사장 등 지위가 높은 사람, 반대로 사장이라면 참모를 비롯해 비서와 운전기사 등 상대적으로 지위가 낮은 사람이 될 수도 있다.

사실 남에게 도움을 줄 수 있는 사람은 누구나 귀인이 될 수 있다. 팀으로 일하는 지식사회에서 인간관계를 잘 쌓아 귀인의 도움을 받고 귀인이 되어 남에게 도움을 줄 수 있는 능력은 이 시대에서 가장 중요한 덕목이다. 일반적으로 인간관계를 잘 유지하는 사람은 귀인이 될 수 있고, 귀인의 도움을 받을 가능성도 높다.

고수 주변에는 항상 많은 고수들이 있기 마련이다. 고수는 차세의 위력을 아는 사람이기 때문이다. 실제로 일상생활에서도 사람뿐만 아니라 기계, 시설, 장비, 장소 등 많은 요인의 힘을 잘 빌리는 차세는 대단히 중요하다.

평지에 있는 돌은 제 힘으로만 구를 수 없다. 그러나 경사진 언덕에서 돌을 굴리면 세가 생긴다.

작은 돌은 구르지만 힘이 약하다. 하지만 돌이 크고 둥글수록, 산이 높을수록 세가 강하게 된다.

모세模勢에는 많은 노력이 필요하다. 얼마나 큰 돌을, 얼마나 높은 곳에 가져다 놓는가, 그리고 어떻게 굴리는가에 따라서 세가 결정되는 것이다.

손자는 말한다.

"전략의 고수가 만드는 세는 천 길이나 되는 산 위에서 둥근 바위를 굴리듯 하는 것이다."

전쟁이나 경쟁에는 항상 상대가 있다. 우리 쪽이 승리하기 위해서는 우리가 잘하는 것도 중요하지만 상대방이 잘할 수 없도록 하는 것 역시 중요하다. 기정奇正, 허실虛實, 세勢 전략을 가장 잘 설명한 책이 『손자병법』인데, 마오쩌둥은 『손자병법』을 실전에 가장 잘 활용했다는 평가를 받는다.

마오쩌둥은 장제스 군대와의 전쟁에서 열세에 놓여 있었지만 게릴라전으로 유리한 태세를 만들어 승리할 수 있었다. 결국 전략으로 승리를 거둔 셈이다.

그는 『모택동 사상과 중국혁명』에서 전력이 10~20배나 강한 장제스의 국민당 군과 싸워야 할 때 아래 6가지 조건 중 적어도 2개 이상이 충족되지 않으면 공격하지 않았다고 했다. 또, 조건이 충족되지 않은 상태에서 시도했던 공격은 대부분 실패로 끝났다. 이는 마오쩌둥의 '세의 전략 시행기준'으로 알려져 있다. 다음 6개 조건 중 앞의 3개는 허실, 뒤의 3개는 세 전략과 관련되어 있다.

① 적의 약한 부분을 발견했는가?
② 적을 피로하게 하고, 적의 사기를 떨어지게 만들었는가?
③ 적의 실책을 조장하고 실책을 범하도록 만들었는가?
④ 아군을 적극 지원하는 인민이 주위에 있는가?

⑤ 아군의 작전에 유리한 진지인가?

⑥ 필요할 때 아군 주력부대들의 집결이 가능한가?

손자가 중시하는 허실과 기정전략이 세를 결정한다면, 이외의 다양한 전략으로 결정되는 세는 '더욱 넓은 의미의 세'가 된다. 승리에 있어서 결정적으로 중요한 것은 스펙보다 세, 즉 전략 능력임을 잊지 말아야 한다. 외모, 학벌, 가문과 같은 스펙이 비록 남보다 뒤처지더라도 전략 능력으로 남보다 크게 앞설 수 있다.

전략 능력을 키우기 위해서는 자신의 전략 능력을 키우는 모세 외에도 남의 힘을 빌리는 차세, 그리고 전략 능력을 잘 발휘해서 승리를 취하는 용세의 중요성에 대해 지금까지 생각해보았다.

하지만 누구나 모세를 하고, 차세를 하고, 용세를 할 수 있는 것은 아니다. 노력하는 자만이 전략 능력을 높일 수 있다.

홍보맨의 전략적 사고

전략적 사고는 남들과는 다른 자신만의 가치를 만들어 내는 능력이다.

_ 마이클 포터Michael E. Porter, 하버드대 교수

전략Strategy, 戰略은 명확한 목표를 설정하고, 조직 구성원의 적극적인 지지와 참여를 통해 그 목표를 실현해 나가는 것이다. 전략은 원래 '전쟁의 기술'을 가리키는 군사학 용어였지만 현대에는 오히려 기업에서 많이 사용하고 있다. 1970년대 들어 하버드대 경영학 교수인 마이클 포터가 『경쟁론』을 통해 경쟁기업과의 각축을 '전쟁'으로 묘사하면서 '전략은 기업의 과제'라는 이미지가 구축되었다.

전략에 관심 있고 전략 능력을 갖춘 홍보맨들은 PR 조직에서 중요한 역할을 하고 있다. '전략'이 뭔지도 모르는 사람에게 중요한 일을 맡기지는 않기 때문이다. 전략적 사고도 없고, 그게 뭔지도 모르는 사람이 중

요한 일을 맡고 또 맡으려 한다면 그 조직은 미래가 없다고 봐도 된다. 리더가 전략을 제시하지 못하는 것도 문제지만 세워져 있는 전략조차 제대로 활용하지 못하는 것은 더 큰 문제다. 결국 전략은 리더십과도 연결이 되는 셈이다.

많은 기업들이 전략으로 고민한다. 어떤 전략을, 어떻게 수립할 것인가? 또 어떻게 실행할 것인가? 혹은 변하는 상황에 맞게 언제, 어떻게 전략을 바꿀 것인가? 무엇을 버리고 또 무엇을 택할 것인가? 등등. 전략은 수립도 문제지만 선택의 문제이기도 하다.

최근 인터넷과 모바일 환경이 발전하면서 PR 환경은 변수가 많고, 그로 인해 상황이 복잡하게 돌아간다. 말 그대로 전투가 되기도 하고 전쟁이 되기도 한다. 예산이 많다고, 홍보 인력이 많다고 유리한 게 아니다. 그런 요소들을 모두 고려하면서 홍보 전략에 대해 얘기하고자 한다면 아마도 끝이 없을 것이다.

홍보 전략을 말하기 전에 홍보맨들이 기억해야 할 전제가 있다.

PR can't control the media, only influence it! (PR은 미디어를 제어할 수 없고 미디어에 영향만 줄 수 있다.)

PR의 역할은 크게 세 가지로 볼 수 있다.

첫째, 사업수주 지원, 상품과 서비스 판매를 지원하는 마케팅 활동 지원.

둘째, 긍정적 여론을 조성하고 부정적인 여론을 개선해 기업 활동에 대한 공중의 공감 유도.

셋째, 기업 브랜드Brand를 강화해 기업의 이미지와 위상 제고.

이러한 PR의 역할이 고객이나 이해관계자에게 긍정적인 영향을 미치고 또 성과를 거두기 위해서는 실행 전략은 물론 홍보맨의 전략적 사고 능력이 필요하다.

그렇다면 왜 PR에 전략이 필요한 것일까?

기업은 지속경영과 미래성장을 위해 '브랜드Brand 강화'가 필수적인데, 이는 중장기 전략에 따라 체계적으로 진행되어야 한다. PR 역시 공중에 대한 일방적인 광고나 홍보에서 상호 전략적인 PR로 이동하고 있다. 이는 시대적 요구이며 대세다. 그리고 내부와 외부 고객 설득과 신뢰 형성을 위해서도 선제적인 전략 수립이 필요하다. 홍보맨이라면 "과연, 어떤 전략이 PR에 긍정적인 영향을 미칠까?"라는 화두를 항상 염두에 두고 있어야 한다. 이러한 홍보맨의 고민이 전략적 PR의 출발점이 된다.

이해관계자Stakeholders들은 기업 경영에 지대한 영향을 미친다. PR은 이러한 이해관계자들과의 관계를 구축하고, 지속적인 소통을 통해 긍정적으로 관리하고자 하는 활동이다. 긍정적인 관계는 한정된 인력과 예산을 가진 기업 입장에서는 전략적으로 관리할 수밖에 없다.

전략을 논하기 전에 짚고 넘어가야 할 몇 가지 요인이 있다.

첫째, 기업 내에서 PR 조직의 위상은 인정받고 있는가?

둘째, 홍보 담당자들은 전문 역량을 갖추고 있는가?

셋째, 예산은 적절하며 효율적으로 운용되는가? 등등.

PR 조직의 위상은 무엇보다 기업 정보에 대한 접근 권한에 달려 있다. 그리고 홍보맨들이 PR 전략을 수립하고 실행할 수 있는 역량을 가지고 있는지, 내외부 고객들과 소통할 수 있는 관계 역량을 갖추었는지, 리더들이 PR 조직을 운영할 수 있는 리더십을 갖추었는지 등을 보면 알 수 있다.

무엇보다 조직에 '예산 없는 PR은 한계가 있다'는 것을 인정해 주는 분위기가 있어야 한다. 전쟁은 군수 지원 없이 시작할 수 없고, 이길 수도 없다. 이것은 동서고금의 진리다. 무조건 아끼는 게 능사가 아니다. 물론 PR 부서에서도 선택과 집중을 통해 최소 비용으로 최대의 성과를 내기 위해 노력해야 할 것이다.

PR은 물론이고, 전략을 필요로 하지 않는 기업 활동은 거의 없다고 봐도 무방하다. 직장인들이 야근을 가장 많이 하는 시기가 바로 연간 사업 계획 등 전략을 수립하는 시기이다. 한정된 자원 등 불확실성으로 인해 비즈니스와 관련된 모든 의사결정은 전략적이지 않으면 안 된다. A부터 Z까지 모든 것이 전략 기반인 비즈니스에서 '전략적 사고'는 홍보맨뿐만 아니라 비즈니스맨들에게 필수불가결한 능력이다. 신제품이나 새로운 서비스 출시 전략, 사업 전략, 마케팅 전략, 영업 전략은 물론 월간, 연간, 중장기 미래 전략 등과 같이 기업에서 전략이라는 단어가 수없이 언급되는 것만 봐도 알 수 있다.

"전략적 사고는 남들과는 다른 '자신만의 가치Value'를 만들어 내는 능력이다."

'현대 경영 전략 분야의 아버지'라 불리는 마이클 포터 하버드대학교 교수의 말이다.

'전략적 사고'는 국가나 대기업에서 사활이 걸린 의사결정을 내릴 때만 필요한 것이 아니다. 일상적인 문제를 해결할 때에도 유용하다.

전략적 사고는 '차별화'가 핵심이다. 차별화는 무엇인가? 그저 다른 것이 아니라 과거의 자신과 다르고 또 현재의 경쟁자와 달라야 한다. 그래야 미래에도 차별화가 가능하다.

전략을 통해 PR에서 성공을 이끌어 내려면 어떻게 해야 할까? 사실 '전략은 이것이다.'라는 정답은 없다. 전략은 하늘에서 갑자기 뚝 떨어진 것이 아니라 학습을 통해 '기본기'를 100% 자기 것으로 만든 후 그것들을 활용하는 과정에서 자신도 모르게 경험적으로 취득하게 되는 능력이기 때문이다.

주니어 시절에는 기본기를 다지는 것이 중요하다. 당신이 주니어라면, '기본은 쉽기 때문이 아니라 가장 중요하기 때문에 가장 먼저 배운다'는 것을 명심해야 한다. 홍보도 그렇지만 세상 일이라는 게 고수가 되고자 한다면 진지한 자세로 기본이 되는 것들을 대하고 수시로 그 기본을 익혀야 한다. 전략에 관한 구루Guru들의 저서를 통해 이론적인 기반을 강화하고, 인문학 공부를 통해 통찰력을 기르고, 사람을 통찰하는 안목을 길러야 한다.

공자처럼 손에서 책을 놓지 말고 늘 공부하면서手不釋卷 스스로 전략적 사고를 익히는 방법밖에 없다. 뿌리 깊은 나무는 바람에 쉽게 흔들리지 않고, 샘이 깊은 물은 가뭄에도 마르지 않는다는 것을 명심하자.

비즈니스에서 말하는 핵심 가치는 업계에서 톱^{Top}으로 인정받는 것으로, 이는 기업이 성장하고 생존하는 데 필수적인 요소이다. 그 핵심 가치를 고객과 이해관계자들에게 전략적으로 알리고 소통하는 활동이 곧 PR이다.

PR에서 3가지 전략 에센스는 다음과 같다.

첫째, 차별화된 핵심 가치를 공중에게 포지셔닝한다.

둘째, 경영 환경은 수시로 변하므로 PR 전략 포지셔닝은 수시로 취사·선택하면서 균형과 보조를 맞춰야 한다.

셋째, 기업의 모든 커뮤니케이션 활동은 핵심 가치 강화에 중점을 두어야 한다.

이처럼 기업의 발전과 성장에 큰 영향을 미치는 PR 활동에 전략적 요소가 부족하거나 없어서야 되겠는가? 홍보맨이라면 반드시 전략적 PR을 위해 전략적 사고 역량을 길러야 할 것이다.

전략적 사고의 핵심, 통찰력

泰山不辭土壤 河海不擇細流 (태산불사토양 하해불택세류)

태산은 적은 흙도 사양하지 않고 받아들여서 이뤄졌으며, 강과 바다는 개울물

을 가리지 않고 받아들여 이루어졌다.

_ 이사李斯

지금은 어느 때보다 통찰력Insight, 洞察力이 필요한 시대다. 수많은 환경
요소들이 방정식처럼 얽혀 있고, 사람들이 연결되어 있으며, 처해진 상
황과 입장이 다르다. 같은 문제도 주어진 상황과 입장, 그리고 타이밍에
따라 해결 방법이 달라질 수 있기 때문이다.

공식에 대입하면 쉽게 해결되는 일차원적인 문제들은 사회생활을 하
는 데는 큰 문제가 되지 않는다. 하지만 많은 문제들이 통찰력을 요구한
다. 상황을 종합하여 짐작할 수 있는 힘, 그 현상이 나타나게 된 원인을
알아내는 힘, 가보지 않아도 미루어 알 수 있는 힘, 다 듣지 않아도 유추

해 낼 수 있는 힘, 결과를 보지 않아도 어떤 식으로 흘러가게 되리라는 것을 예측할 수 있는 힘 등등, 이 모든 것이 통찰력이다.

다만 통찰력은 누구나 갖고 싶어 하지만 쉽게 얻을 수 있는 것이 아니다. 갖기 어렵기 때문에 더 갖고 싶어 하는 것인지도 모르겠으나 많은 사람들과 관계를 맺는 홍보 업무에서도 통찰력이 필수불가결한 능력이라는 것만은 분명하다.

통찰력은 '미루어 짐작해 알 수 있는 능력'이 핵심이다. 표면 아래에 숨어 있는 진실을 볼 수 있는 능력이다. 살짝 가려져 있어 보통 사람의 눈으로는 볼 수 없는 진실을 통찰력이 있는 사람은 볼 수 있다.

꼭 기자가 아니더라도 홍보맨들에게는 타인과의 관계에 따른 여러 가지 상황이 존재한다. 상황에는 분명 원인이 있고, 그 원인을 미루어 짐작해 해결하면 된다. 통찰력이 있으면 물어볼 필요도 없고, 상황을 확인할 필요도 없다. 딱 보면 알 수 있기 때문이다.

어렵지 않다. 관심을 가지고 지켜보면 답이 보인다. 그것은 나만의 데이터가 되고 능력이 되어 그 상황을 어떻게 처리해야 할지 쉽게 판단할 수 있도록 도와 준다. 이것이 통찰력이다.

PR 업무로 좁히지 않더라도 사실fact은 눈에 보이지만 전략은 '눈에 보이지 않는 것'이나. 그리고 데이터data는 사실이시만 선략적 사고는 그 사실의 배후에 있는 의미나 메커니즘을 읽어내는 '통찰력'이 필요하다. 사물이나 현상을 통찰하는 능력이 통찰력Insight이라고 했을 때 전략적 사고와 같은 맥락이라고 할 수 있다.

훌륭한 리더의 첫 번째 자질은 훌륭한 전략가가 되는 것이고, 훌륭한 전략가의 가장 중요한 능력은 바로 전략적 통찰력이다. 실제로 전쟁터에서 지휘관이 전략적 통찰력이 부족해 즉흥적으로 사고하고 판단한 결과 전투에서 패했던 사례는 수도 없이 많다. 임진왜란 때 원균이 칠천량해전에서 궤멸한 것이 그런 사례에 해당된다.

원균은 도원수 권율의 명령에 불복한 죄로 징벌을 받자 모든 수군을 이끌고 부산포로 출동했는데, 이는 이순신 장군이 목숨을 걸고 불리한 전장을 피하기 위해 버텼던 것과 상반된다. 명령에 떠밀려 전장에 나간 원균의 조선 수군은 일본 수군의 매복에 걸려 하룻밤 사이에 궤멸당했고, 원균 역시 스스로 목숨을 끊었다. 원균의 칠천량전투 패배는 지휘관의 통찰력 부재로 인한 재앙이었다는 게 전문가들의 평가다.

『손자병법』의 저자 손무는 전쟁을 수행하는 능통한 지휘관의 잘 계산되고 합리적인 의사결정을 중시했지만『전쟁론』의 저자인 클라우제비츠는 군사적 천재의 통찰력이 승리의 관건이라고 했다.

클라우제비츠에 의하면 전략적 직관은 다음 4가지 통찰력에서 나온다고 말했다.

첫째, 역사적 경험에서 나온 통찰력.

둘째, 편견, 그릇된 지식, 증오심 등 마음을 비운 상태에서의 통찰력.

셋째, 순간적으로 떠오르는 직감력에 의한 통찰력.

넷째, 승리하고야 말겠다는 간절함에서 나오는 통찰력 등.

또한 클라우제비츠는 승패를 결정짓는 요인으로 군의 전략, 전투력,

운運 등 세 가지라고 말한다.

'운이라고?' 고개를 갸웃거리는 사람도 있겠지만, 미국의 대통령 아이젠하워도 똑똑한 장군보다 운 좋은 장군을 선호했던 것으로 알려져 있다. 그는 그러한 이유로 '운이 좋은 사람은 전투에서도 승리하므로 자신의 운까지 좋게 만들기 때문'이라는 말을 남기기도 했다.

일본 전쟁사에도 운과 관련된 사례가 있다.

일본에는 '6할 운은 진짜 운, 4할 운은 스스로 개척한 운'이라는 말이 있는데, 중국의 '운칠기삼運七技三'과 비슷한 말이다.

러일전쟁 때 일본 해군과 러시아 함대 사이에 벌어진 전투가 벌어지게 되었을 때 세계 대다수의 나라들은 물론이고 일본 자신도 도저히 이길 수 없는 싸움이 될 것이라고 예측했다. 이처럼 불리한 전투를 앞두고 일본 군부는 예편을 기다리고 있던 도고 헤이하치로東鄕平八郎·1848~1934를 함대 사령관으로 발탁했는데, 메이지 천황이 놀라서 그 이유를 묻자 일본 군부는 "도고가 이상할 만큼 운이 좋은 사람"이라는 다소 터무니없는 이유를 댔다고 한다.

그러나 군부의 인사는 대성공이었다. 그는 예측과 달리 크게 승리해 러일전쟁의 영웅이 되었고, 나중에 일본 해군대장과 원수로 진급하기까지 했다. 도고 헤이하치로는 러일전쟁의 승부를 가른 러시아 발틱함대와의 전투에서 과거 자신들의 조상을 수몰시켰던 적장 이순신의 전법을 모방해 승리했다고 스스로 인정한다.

기업에도 바로 이 운運이 분명히 존재한다. '당신은 운이 좋은 사람인가?'가 아니라 '당신은 운을 잘 활용하는 사람인가?'라는 것이다. 그 중에서도 가장 중요한 운은 '사람 운', 즉 선배, 은사, 파트너, 친구, 리더, 상사, 동료, 부하를 비롯한 귀인을 잘 만나는 것이다. 자신의 인생을 걸수 있는 사람들, 자신에게 인생을 건 사람들과 아름다운 관계를 꽃 피워나갈 수 있는가를 강조한 말이다.

타인과의 관계에서 핵심은 그들이 도움을 요청하기 전에 먼저 해결해주는 것이다. 그들이 부를 때까지 기다릴 필요가 없다. 깨닫는 순간 바로실행하면 된다.

본질을 꿰뚫어 보는 안목인 통찰력은 관심과 경험, 그리고 감각이 있어야 생긴다. 이면에 깊이 감추어진 본질을 이해한다는 것은 그만큼 잘알고 있다는 증거다.

통찰력은 학습과 훈련을 통해 기를 수 있는 감각이다. 그래서 우리는그 통찰력을 배우기 위해 끊임없이 공부한다. 일생 동안 지식을 쌓는 데몰두한다. 그것이 통찰력의 전부인 것처럼 말이다.

하지만 단순히 지식을 많이 가지고 있다고 통찰력이 생기는 것은 아니다. 지식들이 연결되고 확장되어야 통찰력으로 발전한다.

운도 좋지만 초경쟁, 초변화 시대에 전략적 사고를 기르고 실전 전략을 잘 짜려면 무엇보다 통찰력을 길러야 한다. 세상이 어떻게 변하고 있는지를 알아야 한다. 그리고 초변화를 주도하는 요인들이 무엇인지 살펴야 한다. 이러한 초변화의 중심에는 리더가 결정적인 역할을 하고 있다. 과연 나는 전략적 사고를 갖고 통찰력을 발휘할 수 있는 리더인지그리고 미래에 리더가 될 자격이 있는지 점검해보아야 한다.

2,500년 전 얘기에 불과하다고 치부해버릴 수 있지만 우리가 손쉽게 접할 수 있는 『손자병법』에 나오는 리더가 승리하는 5가지 조건이다.

첫째, 상대와 실력을 비교하여 싸울 수 있고 없음을 아는 쪽이 승리한다.

둘째, 병력 규모에 맞게 전법을 구사하는 쪽이 승리한다.

셋째, 상하가 한마음 한뜻으로 뭉쳐 있는 쪽이 승리한다.

넷째, 준비가 더 잘되어 있는 쪽이 승리한다.

다섯째, 장수가 유능하고 왕의 간섭을 받지 않는 쪽이 승리한다.

리더의 핵심 역량은 통찰력이다. 홍보맨도 예외일 수 없다. 현재 세계적인 경영자와 리더들이 왜 『손자병법』을 읽는지 생각해 보면 무심코 넘겨버릴 일이 아니다.

그렇다면 홍보맨은 어떤 영역에서 통찰력을 길러야 할까? 홍보맨의 역량은 글쓰기와 말하기 능력, 함께 일하는 파트너들과의 소통 능력, 그리고 스스로를 지탱해 줄 수 있는 품성, 이 모든 것을 아우를 수 있는 리더십과 현재를 분석하고 미래를 내다볼 수 있는 통찰력을 꼽을 수 있다.

통찰력은 왜 그렇게 될 수밖에 없었는지 근본을 헤아리는 능력이다. 상대의 마음을 헤아릴 수 있을 때 상대를 이해하고 배려할 수 있다. 상대에 대한 배려와 이해가 결국 큰일을 해낸다. 통찰력을 갖고 싶다면 나와 관계하는 사람들에게 깊은 관심을 가져야 한다.

홍보맨의 통찰력을 설명할 때 텍스트text와 콘텍스트context의 차이를 이해하고 있는가를 본다. 텍스트는 읽히는 그 자체 의미를 말하고, 콘텍스트는 텍스트를 둘러싼 사실, 맥락, 환경, 관계, 경험, 이론 등 텍스트 해석에 유용한 모든 것을 말한다. 특히 글을 다루는 홍보맨들은 텍스트와 콘텍스트의 차이를 잊지 말아야 한다. 사적인 글은 수정할 수 있다고 해도 공식적인 글은 한번 활자화되면 증거로 남기 때문이다.

홍보맨의 역량 중 글쓰기와 함께 중요한 역량이 바로 말하기이다. 말하기 역시 '아' 다르고 '어' 다르다는 것을 명심하고, 상황과 대상에 따라 정무적으로 판단하고 말하는 습관을 기르고 매사에 신중해야 한다.

다음은 '말의 힘'을 논할 때 자주 거론되는 사례인데, 여기서도 통찰력을 엿볼 수 있다.

어느 화창한 봄날 아침, 눈이 먼 노인 한 명이 길가에서 도움을 요청하고 있었다. 그는 'I'm Blind, please help.' (저는 눈이 안 보입니다. 도와주세요.) 라고 적힌 팻말을 옆에 두고 있었다.

그때 한 여자가 곁을 지나가다가 이 광경을 보고는 펜을 꺼내 노인의 팻말에 무언가를 적었다. 그리고 그녀가 팻말에 적힌 글을 고치고 떠나자 무심코 지나가던 사람들이 돈을 주기 시작했으며, 얼마 지나지 않아 노인의 모금함에는 많은 돈이 쌓였다.

오후가 되어 그녀가 다시 그 노인의 곁을 지나갈 때 그녀를 알아본 노인이 물었다.

"도대체 어떻게 했기에 이렇게 큰 변화가 있었나요?"

그녀가 대답했다.

"I wrote the same but diffrent word." (같은 의미지만 조금 다른 단어로 바꾸었지요.)

그녀가 바꿔놓은 문구는 다음과 같았다.

'It's a beautiful day, but I can't see it.' (화창한 날입니다. 그러나 저는 그것을 볼 수가 없답니다.)

'나는 시각장애인입니다. 도와주세요!' 라는 지극히 사실적인 말과 '아름다운 날이네요. 하지만 나는 그것을 볼 수 없답니다.' 라는 말은 '볼 수 없다.' 라는 같은 의미를 갖고 있지만, 그 텍스트를 읽고 받아들이는 사람들 입장에서 보면 굉장히 다른 맥락으로 느껴진다. 독자 역시 같은 사실이 다르게 다가오고 마음이 움직이게 됨을 느끼게 되지 않는가?

이것이 텍스트^{text}와 콘텍스트^{context}의 차이이며 '통찰력의 힘'이다.

위의 일화는 광고계의 전설 데이비드 오길비의 일화로 많이 알려져 있으며, Purple Feather의 CEO인 안드레아 가드너가 쓴 『Change your words. Change your world』라는 책에 나오는 예시이다. 어쨌든 중요한 것은 사람들의 마음을 움직이는 통찰력이 얼마나 큰 변화를 불러일으키는지 알 수 있게 되는 예화라고 할 수 있다.

"말을 바꾸면 세상을 변화시킬 수 있다."

오길비의 말에 공감하지만 상대방의 마음을 훔치는 일은 쉬우면서도 참 어려운 일인 것 같다.

PR 업무는 경력이 쌓이고 직급이 올라갈수록 관계 관리가 전부라고 해도 과언이 아니다. 주의 깊게 관찰하고 자신의 능력을 개발시켜 나가야 한다.

홍보에 관한 통찰력도 상대에 대한 관심을 가지고 시간을 두고 관찰하면 생길 수 있다. 관심과 관찰을 통해 통찰력이 생기면 업무 역량뿐만 아니라 우리 인생도 풍성해질 것이다. 통찰력은 전략적 사고가 필요한 홍보맨들에게 꼭 필요한 능력임에 틀림없다.

홍보맨들의 통찰

올바른 가치관과 관계 형성, 삶의 의미, 환상, 고통을 이해하는 법을
체득하게 하는 인문학 공부를 해야 한다.

_ 알버트 아인슈타인Albert Einstein

현대인들은 대부분 고등교육을 받아 많은 지식을 습득하고 있다. 그
러나 그 지식들이 무엇을 의미하는지, 그것들이 어떻게 서로 연관되는
지를 알고 있는 사람은 드물다. 그저 단편적인 지식과 정보들이 맥락 없
이 뒤섞여 머릿속을 부유할 뿐이다.

현대인들이 콘텍스트 성Context 性을 잃어버린 것은 신문이나 잡지, 방
송, 인터넷 등 미디어의 영향도 크다. 미디어들이 단편적인 지식과 정보
들을 맥락 없이 전달하는 데 그치기 때문이다.

일례로 현대인들이 가장 즐겨 보는 매체인 TV를 보자. TV를 '바보상
자'라고 부르는 데는 여러 이유가 있지만, 그중 하나가 바로 '맥락의 부

재'다.

많은 홍보맨들은 신문만 열심히 봐도 지성인이 될 수 있다고 생각하는 경향이 있다. 물론 아무것도 하지 않는 것보다는 낫겠지만 그것은 큰 오해다. 맥락 없이 신문만 읽어서는 결코 지성인이 될 수 없다. 김수영 시인이 일기에 '신문 보지 마라. 신문만 보는 머리에서 무엇이 나오겠느냐!'라고 썼던 것은 신문이란 단편적인 사실이나 정보들을 나열해 놓은 것에 불과하다고 생각했기 때문이다.

인터넷에 떠도는 글들 역시 마찬가지다. 인터넷에 떠도는 정보의 양은 엄청나지만, 그 내용은 대개 표면적인 것을 다루고 있을 뿐 깊이가 부족하다. 원인은 대개가 짧고 단편적인 글들에 불과하기 때문이다. 신문의 경우는 한정된 지면에 여러 가지 뉴스를 다뤄야 한다는 점에서, 인터넷은 스크롤의 압박과 모니터의 빛이 유발하는 눈의 피로로 인해 가독성이 떨어져 글을 짧게 쓰지 않으면 외면당해서다.

글이 짧다는 것은 분량의 문제만이 아니다. 그것은 하나의 주제에 대해 깊이 있게, 체계적으로, 충분히 이야기해 줄 수 없음을 의미한다. 그러므로 필자의 세계관이 깃들어 있는 경우라도 대개는 그 밀도와 농도가 낮다. 신문이나 인터넷에 실린 글들은 그 자체로 세계관을 정립시켜 주지 않는다. 오히려 정립된 세계관을 바탕으로 해석되어야 할 대상에 가깝다.

자신의 세계관을 치밀하게 구축하기 위해서는 어떻게 해야 할까? 책을 읽어야 한다. 그중에서도 콘텍스트 성격이 가장 강한 인문학 작품을 읽어야 한다.

오늘날 책은 정보 습득을 위한 여러 매체 중 하나로 인식되는 경향이 있다. 웬만한 정보는 인터넷을 통해 얻을 수 있는 까닭에 책을 읽지 않아도 된다고 생각하기 쉽다. 그렇게 생각하는 사람들이 많다.

그러나 아무리 많은 종류의 미디어들이 생겨난다고 해도 그 내용의 질적 측면에서 책을 따라갈 수는 없다. 하나의 주제에 대해 깊이 있게, 체계적으로, 충분히 이야기해 주는 매체는 여전히 책이 유일한 존재이기 때문이다.

어떤 사람이 '깊이 안다, 뛰어난 통찰력을 갖고 있다.' 라고 할 때, 그 역량은 대부분 독서에서 비롯된다. 이것은 우연이 아니다. 책이 없다면 인간은 무엇에 대해서도 깊이 알 수 없고, 깊이 생각할 수 없다. 책을 읽지 않고서는 경험이 머릿속에서 물음이나 문제로 솟아나 등장하지 않는다. 독서는 어떤 문제에 대한 해결책을 제시하기도 하지만, 그 자체가 사유를 가능하게 하는 조건이다.

일반적으로 작가들이 책 한 권을 쓰는 데 걸리는 시간은 짧아도 6개월, 길면 몇 년이 걸린다. 그것도 집필 시간만 따졌을 때 그렇다. 머릿속에서 쓰고자 하는 주제와 내용을 기획하고, 자료를 모으고, 연구하고, 쓰는 시간까지 합치면 10여 년을 훌쩍 넘는 책들도 많다. 예를 들어 찰스 다윈의 『종의 기원』은 기획부터 집필까지 20년 이상 걸린 책이다.

그러나 이런 책도 마음만 먹으면 며칠, 길어도 한 달이 채 걸리지 않아 다 읽을 수 있다. 남이 몇 년 혹은 수십 년 동안 고민하고 연구한 성과를 며칠 만에 내 것으로 만들 수 있게 해 주는 것은 세상에 책밖에 없다.

앞에서 말했듯이, 책 중에 콘텍스트성이 가장 강한 것은 인문서이다. 콘텍스트성이 있기는 하지만 인문서보다 그 성격이 약한 책들도 있다. 실용서들이 그렇다. 이런 책들은 반드시 처음부터 끝까지 모두 읽을 필요가 없다. 필요한 대목만 찾아 읽어도 되는 경우가 많다. 글들이 일정한 정신적 맥락에 따라 쓰인 것이 아니기 때문이다. 처음부터 끝까지 읽을 필요가 있는 것은 인문서처럼 콘텍스트성이 강한 책이다. 콘텍스트성이 강할수록 정독, 완독할 필요성이 크고, 책의 도구적 성격이 강할수록 정독하거나 완독할 필요가 줄어든다.

우리가 어떤 책을 처음부터 끝까지 읽는 것은 지식과 정보들이 일정한 정신적 맥락으로 꿰어져 있을 때다. 공자는 '일이관지一以貫之'라는 말을 했다. '모든 것을 하나의 원리로 꿰뚫어 이야기함'을 뜻한다. 콘텍스트성이 강하다는 것과 '일이관지'는 같은 의미다.

많은 소재들이 하나로 꿰어져 있는 글, 그 '일관성'이 강한 글을 읽을 때 세계관은 정밀해진다. 콘텍스트성이 강한 인문서를 많이 읽어야 하는 이유가 여기에 있다. 인문서를 읽으면 인문적 사유 능력이 생긴다. 인문적 사유 능력이 있으면 대중의 행동, 사회 현상, 자연의 변화, 지식과 정보, 예술 작품, 과학 기술이 무엇을 의미하는지를 알 수 있고, 세상이 돌아가는 원리를 이해할 수 있으며, 그에 기반한 삶의 지혜가 생긴다. 그로 인해 인문적 사유 능력이 있는 사람은 누구보다 현명하게 인생을 살 수 있다.

공자는 『논어』 「위정」 편에서 이렇게 말했다.

"배우기만 하고 생각하지 않으면 막연해지고, 생각하기만 하고 배우지 않으면 위태로워진다."

배우기만 하고 스스로 생각하지 않으면 '그물'에 걸린 것처럼 앞으로 나아가지 못해 암담해지고, 혼자 생각하기만 하고 배우지 않으면 자기 생각에 갇혀 편협해지거나 오만해지기 쉽다는 뜻이다. 이 말은 생각하는 것과 배우는 것이 모두 필요하고 중요하다는 것, 그러므로 두 과정이 조화를 이뤄야 할 필요가 있음을 강조한다.

그렇다면 오늘날에는 '배우기만 하고 생각하지 않는 것'과 '생각하기만 하고 배우지 않는 것' 중 무엇이 더 큰 문제일까? 당연히 배우기만 하고 생각하지 않는 것이다. 요즘에는 거의 대부분 대학 교육을 받는다. 유치원에서부터 따지면 20~30년 동안 교육을 받았다.

하지만 그 고학력자들이 투자한 시간과 비용, 노력한 만큼 지적 성취나 사고력의 발전이 이루어지고 있는가? 안타깝게도 그렇지는 않은 것 같다. 이유가 무엇인가?

사고 능력에서 중요한 것은 분석과 종합이다. 분석과 종합은 독학, 즉 혼자서 책을 읽고 이렇게 저렇게 생각해볼 때 배양된다. 그런데 그것을 교사가 미리 가르쳐 주면 어떻게 되는가? 자신이 생각해보기 전에 교사가 알려 주는 꼴이 된다. 지력은 학생들의 지능이 책의 지능과 씨름할 때 높아지는데, 교사의 가르침이 너무 많으면 그 기회를 빼앗는 것이 된다.

인간은 누구나 혼자 힘으로 무언가를 알아갈 수 있는 능력을 갖고 있다. 선생 없이 무언가를 배워보지 못한 사람은 지구상에 한 명도 없다.

예를 들어, 어린아이들은 누가 가르쳐 주지 않아도 스스로 듣고, 관찰하고, 기억하고, 반복하고, 알고자 하는 것과 이미 알게 된 것을 연관시켜보고, 틀리면 고치는 과정을 통해 말을 배워 나간다. 탐구는 인류의 속성이다. 모든 사람은 이에 기반을 두고 모르는 것을 알아갈 수 있다.

소위 '지성인'으로 인정받는 사람들은 좋은 학벌을 갖고 있는 경우가 많다. 그래서 사람들은 그들이 많이 배웠기 때문에 지성인이 되었다고 생각하기 쉽다.

그러나 생각해 보면, 학벌 좋은 사람들 가운데 진짜 지성인이라고 볼 수 있는 사람들은 아주 소수에 불과하다.

그렇다면 지성인과 그렇지 않은 사람의 차이는 무엇인가?

혼자 탐구할 수 있느냐, 없느냐 하는 것이다. 그들은 그냥 많이 배워서 지성인이 된 것이 아니라 배운 것을 바탕으로 '스스로 배우는 능력'을 갖게 되었기 때문에 지성인이 된 것이다. 지성인의 핵심적 능력은 이 스스로 배우는 능력에 있다고 해도 과언이 아니다.

스스로 배우는 능력은 독립적인 사고를 가능하게 하고 다양한 사고를 낳는다. 스스로 배우는 사람이 많아지는 것은 사회의 발전을 위해서도 좋은 일이다.

스스로 배우는 홍보맨이 많아지는 것도 회사의 발전을 위해서 좋은 일이고 홍보맨 자신을 위해서도 좋은 일이다. 홍보맨이 배우지 않으면 통찰력은 결코 얻을 수 없기 때문이다.

홍보맨의 다독, 다작, 다상량

일을 할 때 바로 위 상사만 보지 말고 그보다 두세 단계 위의 상사를
염두에 두어라. 관건은 안목의 높이다. 헬리콥터 뷰Helicopter view를 길러라.

_ 강원국

　

다독多讀, 다작多作, 다상량多商量은 중국 송나라의 문인 구양수歐陽脩가 글
을 잘 짓기 위한 비결로써 한 말이다.

다독은 책을 많이 읽는 것이다. 책 읽는 것을 좋아하는 사람들이 다독
을 한다. 많은 책을 읽으면 책을 읽는 사람은 모든 면에서 발전한다. 깊
이 있는 책 몇 권으로 발전하는 경우도 있지만, 다양한 분야를 넘나드는
경우도 있다. 아주 자연스러운 단계다. 그래서 지식의 확장이 일어난다.
책이 책을 부르는 선순환의 시작이다.

다작은 많이 쓰는 것이다. 책을 읽다 보면 내용을 정리하고 싶은 마음

이 드는데, 이것이 쌓이다 보면 자신의 이야기를 쓰고 싶은 생각이 자연스럽게 든다. 처음부터 잘 쓰는 사람은 없다. 먼저 읽고, 다음에 쓰는 것이 지극히 평범하고 일반적인 순서다.

글로는 말하고자 하는 것을 다 표현할 수 없고 말로는 마음 속의 참뜻을 다 표현할 수 없다. 동양 고전 중 하나인 『주역周易』「계사전繫辭傳」 상편에 나오는 '서불진언 언불진언書不盡言 言不盡意'이라는 말을 풀이하면 그렇다. 생각은 말로 90%, 말은 글로 90% 정도밖에 전달 못해 결국 80%만 전달된다고 한다. 아무리 글쓰기를 업으로 삼는 작가라도 자신의 생각을 완벽하게 전달하기란 매우 어려운 일이다. 때로는 스스로에 취한 나머지 편견에 사로잡힌 글을 써 상처를 주기도 하니 말을 하는 것 만큼 글을 쓰는 것도 조심스럽기도 하다.

많은 문인들이 글쓰기 방법을 얘기하지만 사실 글쓰기에 왕도가 없고 많이 읽고, 많이 쓰고, 많이 생각하는 방법 밖에 없는 것 같다. 유명 작가들도 대부분 평소에 좋은 글을 메모하고, 매일 일정한 시간 동안 글쓰기를 한다고 한다. 세계적인 작곡가인 차이코프스키는 보통 아침 7시와 8시 사이에 일어나 책을 읽고 차를 마신 뒤 산책을 하고 9시 30분쯤 피아노 앞에 앉아 몇 시간 정도 작곡을 했다. 점심 먹고 오후에 다시 산책을 한 뒤 5시에 몇 시간 더 작곡한 다음 8시에 저녁을 먹었다고 한다.

그 작곡 시간을 글쓰기 시간으로 바꿔보면 글쓰기를 직업으로 하는 작가가 얼마나 치열하게 글을 써야하는지 짐작이 간다. 물론 실용적인 글과 문학적인 글에는 차이가 있고, 문학적인 글이 실용적인 글보다 쓰기 어렵다. 그래서 글쓰기 책을 읽고 작가가 된 사람은 없지만 홍보맨이 쓰는 글은 대부분 실용적인 글이므로 노력 여하에 따라 얼마든지 좋은 글을 쓸 수 있다.

마지막으로, 다상량은 많이 생각하는 것이다. '헤아릴 상商'에 '헤아릴 량量'을 써서 '헤아리고 헤아린다.' 라고 말하지만 표현의 구체성을 높이기 위해 생각함이라고 의역한 것이다.

책을 읽는 것에서 멈추면 안 된다. 책에서 말하는 내용을 묵상하고 사색을 즐겨야 한다. 왜 그런 생각을 했을까? 어떻게 내 삶에 적용할 수 있을까? 등 수없이 질문하고 생각해야 한다. 생각의 묵힘을 통해 새로운 동력을 얻을 수 있다. 깊이 생각하지 않고 단순히 지식을 쌓기 위한 방법으로만 책을 접하고 끝내는 것처럼 무지한 것은 없다. 책을 읽더라도 완전히 내 것으로 만드는 작업이 다상량이다.

이처럼 다독, 다작, 다상량을 통해 독서의 고수가 되고, 책을 사랑하는 마음이 자라 멋진 인생으로 거듭나며, 글까지 쓰는 사람으로 발전하는 것이다. 글쓰기의 공식이고 자연스러운 발전 단계다.

역사적으로 업적을 남긴 위인들의 공통점을 보면 많이 읽고, 많이 쓰고, 많이 생각했다. 이 세 가지는 따로 떼어놓을 수 없다. 세 가지를 꾸준히 연마하고 노력해서 발전했다. 그 결과 세상을 바꾸거나 역사에 남는 훌륭한 삶을 일구게 된 것이다.

'다독, 다작, 다상량'을 홍보에 접목해보자.

'다독'은 무엇일까? 다독은 다작과 다상량의 기본이다. 읽거나 들어서 많이 배우는 것을 말한다. 이론이든 실무든 간에 많이 듣고 많이 보고 배워서 내 것으로 만들어야 한다. 가끔 위에서 시킨다고 '무작정 시작하고 보자!'는 막무가내는 절대 통하지 않는다. 배우지 않고 시작하면 백 번을 해도 백 번 다 망한다. 처음에 한두 번은 운이 좋게 통했다고 하더라도 거기까지다.

책을 통해, 더구나 요즘에는 인터넷을 통해서도 홍보를 배울 수 있다. 물론 많이 배울수록 실패할 확률이 줄어들겠지만 고객들이 무엇을 원하고, 트렌드가 무엇인지 끊임없이 공부해야 한다. 세상살이가 그렇지만 홍보 역시 공식에 대입하기만 하면 답이 명확하게 나오는 수학 문제가 아니다. 여러 이해관계자로 얽힌 관계가 중심이기 때문이다.

자신의 능력을 과신하는 사람은 공부를 하지 않는다. 이런 사람은 자신만만하게 시작했다가 낭패를 보기 일쑤다. 홍보란 무엇인지, 과연 내가 잘 할 수 있는지 등을 꼼꼼하게 체크하고 부족한 것을 확인하고 배우기를 게을리해서는 안 된다. 인생이 계획대로 되는 것은 아니지만, 그래도 계획을 세우고 대비해야 한다.

물론 혼자서도 공부를 해야 하지만 다른 분야에서 일하는 홍보맨들도 만나야 한다. 대학원도 좋고 다른 교육기관에서 전문가들로부터 교육도 받아야 한다. 홍보가 내 인생을 걸 만하다는 생각이 든다면 게으름 피우지 말고 끊임없이 노력해야 한다.

다음으로 '다작'은 무엇일까?

이론만 많이 알고 있다고 세상의 모든 현상을 다 안다고 말할 수 없다. 이론과 실제 사이에 괴리가 있다는 것을 깨닫기 위해서는 실무에 시간을 투자해야 한다.

맨땅에 헤딩을 하더라도 직접 발로 뛰어 서점이나 도서관을 찾아 책을 읽어야 하고, 전문가를 찾아 강의를 들어야 한다. 그리고 배운 것을 활용해 연습하고 숙달이 되면 실무에 적용해야 한다.

실무를 무시하고 이론으로만 배운 사람은 반드시 실패한다. 실무가 가미되지 않는 배움은 한쪽으로 치우칠 수밖에 없다. 실무를 통해서만 익힐 수 있는 감각이 분명 따로 있다. 직접 경험한 것은 몸으로 체득한 것이서 더 오래도록 남고 실력이 된다.

홍보에서 글쓰기는 기본 중 기본이다. 홍보에서 글쓰기를 아우르는 두 가지 큰 화두가 있다.

첫 번째, 사람이 하는 것이고 두 번째, 사람을 이해하는 만큼 성공할 확률이 높다는 것이다.

세상은 공평하다. 물론 조직 생활이라는 것이 불공평한 일들이 일어나 속을 뒤집어놓을 때도 많지만 그것까지 극복할 수 있을 때라야 고수라고 할 수 있다. 내가 성장할수록, 조직이나 사회에서 위로 올라갈수록 만나는 사람들은 모두 고수들이다.

보도자료 하나를 쓰더라도 기획은 어떻게 하고 또 어떻게 자료를 수집하고 배운 대로 실제로 작성해봐야 한다. 해보는 것과 이론으로만 외우는 것은 하늘과 땅 차이다. 자격증을 하나 땄다고, 전부 배웠다고 해서 잘할 수 있다고 생각하는 것처럼 한심한 것은 없다.

그래서 멘토가 중요하다. 당신이 초보라면 당신에게 기초 이론부터 실무까지 하나하나 가르쳐 주는 선배에게 감사해야 한다. 혼자서 하면 일주일 걸릴 것도 노련한 선배로부터 배우면 하루 안에 배울 수도 있다. 기본을 배우고 나면 그 다음은 나의 의지와 노력 여하에 달렸다. 여기서 간과하지 말아야 할 것은 약간의 실무를 익혔다고 해서 더 이상 배울 것이 없다고 착각해서는 안 된다는 것이다. 눈감고도 할 수 있을 정도로 몸에 익혀 나의 것으로 만들어야 한다. 공자님께서 말씀하신 '학습'이 필요하다. 배우고 수시로 익혀야 한다. 말도 그렇지만 글도 많이 써본 사람은 아무도 못 이긴다.

마지막으로 다상량은 무엇일까?

많이 생각하는 것이다. 이론을 배우고 실무를 익혔으면 어떻게 실제 업무에서 활용할 것인지, 내가 잘하는 것은 무엇인지, 어떻게 고객들과 소통할 것인지, 고객들이 원하는 것은 무엇인지, 어떤 성과를 낼 것인지 늘 생각해야 한다. 사색은 답을 찾는 과정이고 성과를 얻을 수 있는 방법이다.

쇼펜하우어 『문장론』에 보면 '글쓰기의 첫 번째는 사색이며, 사색하면서 글을 읽는 게 중요하다'고 했다. 물론 쉽지 않다. 속도가 찬양받는 시대라지만 결국 전 시대를 거쳐 승리하는 것은 탁월하고 아름다운 어떤 고귀한 정신이 아닐까?

다른 사람과 차별화하려면 생각하는 방법밖에 없다. 나만 가지고 있는 장점이 무엇인지, 어떤 방법으로 접근할지 연구해야 한다.

홍보가 쉬운 일이라고 말하는 사람이 예전보다 많이 줄었다. 그것은 홍보가 전문직으로 인정받고 있다는 방증이다. 매스컴에서 쏟아지는 다양한 뉴스를 보면 무릎을 치게 만드는 아이디어가 넘친다. 멋진 아이디어를 통해 회사에 대한 뉴스를 접한 시청자나 독자들이 긍정적 인식을 갖게 됨으로써 다시 그 회사 제품이나 서비스를 찾게 하려면 홍보맨들은 생각하고 또 연구해야 한다. 그것이 홍보맨들의 숙명이다. 그 과정에서 만나야 할 기자들은 필수불가결한 존재다. 홍보맨의 고민이 깊을수록 기자를 비롯한 고객들이 느끼는 회사의 평판은 좋아지고 그들의 충성도도 높아진다.

어떻게 해야 그들과 소통할 수 있을까? 우선 내가 불편한 만큼 그들은 편해진다는 것을 명심하자.

다독, 다작, 다상량을 통해 쌓은 내공은 홍보에서뿐만 아니라 인생 전반에 걸쳐 폭넓게 활용될 수 있다. 깨닫고 행동하는 만큼 인생의 성공과 실패가 갈린다. 우리는 그 통찰을 얻기 위해 다독, 다작, 다상량에 힘써야 한다. 이 세 가지만 제대로 실행할 수 있어도 멋진 홍보맨이 되는 것은 물론이고 삶에 필요한 것들을 채우면서 멋진 인생을 만들 수 있다.

위대한 전략을 배워라

백전백승은 좋은 것이 아니다. 최고는 싸우지 않고 굴복시키는 것이다.
그러므로 상책은 적의 의지를 무너트리고, 중책은 적의 친교(외교)를
무너트리고, 하책은 병사를 동원하는 것이다. 하책 중 하책은 상대방의 성城을
직접 공격하는 것이다.

_『손자병법』

전략Strategy이라는 단어는 경영에서 가장 빈번하게 쓰이는 단어지만,
정확하고 실체적인 개념을 정의하라고 하면 여러 가지 답이 나온다. 정
해진 답이 없다는 말이다. 전략은 비즈니스 현장에서 보편적으로 쓰이
지만 저마다 생각하는 의미가 다르고 불확실한, 아주 독특한 용어다.

새로운 전략은 고전을 비롯한 과거를 공부함으로써 생겨난다. 특히
2,500년 전에 저술된 『손자병법』은 싸움의 기술art of war을 가르치는 책이

다. 나폴레옹이나 마오쩌둥, 보응우옌잡, 빌 게이츠, 마쓰시타 고노스케, 손정의는 물론 전 세계 리더들의 애독서로도 유명하다. 패리스 힐튼이 『손자병법』을 읽는 사진이 언론에 보도되면서 화제가 되기도 했다.

성공한 리더들이 『손자병법』을 즐겨 읽는 것은 그 속에 현재에도 통용될 수 있는 통찰과 전략이 담겨 있다는 것을 발견했기 때문이다. 역사를 통해 각각의 시대를 살다 갔던 전략가들이 저마다 처했던 상황을, 자신의 전략을 통해 타파해 나갔던 통찰과 혜안을 배울 수 있다면 우리도 현재의 난관을 극복하고 새로운 미래를 개척해 나갈 수 있을 것이다.

킹스칼리지 런던 전쟁연구학부의 교수이자 '국제전략 연구의 최고 권위자'로 평가받는 로렌스 프리드먼Lawrence Freedman은 그의 저서 『전략의 역사』에 다음과 같이 기술하고 있다.

"체력이 1이면 정신력은 3이다. 결정적 시점에 우세한 전력을 집중하라. 신은 병력이 가장 우세한 쪽 편이다. 군대를 파괴해서 적을 패배시킨다. 전략이란 시간과 공간 활용술이다. 약하거든 때를 기다려 힘을 기르라. 체력이 약하면 정신력으로 보충하라. 적이 실수를 하거든 계속하도록 두라. 같은 적과 계속 싸우면 나의 전술을 다 가르쳐 주는 것이나 마찬가지다. 적이 원하는 것을 하지 말라. 항상 자신감을 가져라. 나의 골칫거리는 잘 알고 있지만 적의 골칫거리를 알기는 어렵다."

현재 처해 있는 상황을 냉정하게 분석한 뒤에 냉철한 자기 성찰과 평가를 통해 새로운 전략을 수립하고 미래의 목표를 설정해야 한다. 자신의 현재 상황을 모르는 사람은 절대로 미래의 변화를 준비할 수 없다. 현재 자기 회사의 사업이 어디에 속하느냐에 따라 전략은 달라져야 한다.

우리나라 기업의 분류 기준은 '조세편의주의적'이다 보니 다른 전략 모드가 구사되어야 할 업종이 서로 혼재되어 있다. 전략을 수립하는 사람들은 자기 회사의 정확한 업의 본질을 파악하는 것이 우선이다. '전략적'이라는 말은 최고경영자CEO라면 하루에도 수없이 내뱉는 말이지만, 업의 본질을 제대로 파악하지 못하면 '전략'을 짜는 데 종종 실패할 수밖에 없고, 회사는 제대로 된 '전략'의 부재로 결국 위기를 겪게 된다.

전략의 기본은 본업인 베이스캠프를 튼튼하게 구축하는 것이다. 최악의 상황에서도 버틸 수 있는 본업의 경쟁력을 튼튼한 베이스캠프로 배수진을 치는 것이 전략의 기본 조건이다. 그래야 실패를 하더라도 다음 기회를 모색할 수 있다.

전략을 짤 때는 현재 처해 있는 상황을 면밀하게 고려해야 한다. 기존 사업을 강화하는 것인지, 신규 사업에 진출하는 것인지에 따라 다른 전략을 수립해야 한다.

당연히 기존 사업의 전략적 핵심은 지속성장이다. 그리고 지속성장을 위한 전략 목표의 핵심은 '절대적인 경쟁력' 확보다. 절대적인 경쟁력으로 상대를 압도하기 위해서는 핵심 역량Core Competence을 끌어올려야 하는데, 이를 위해 불필요한 가치는 과감하게 버리는 혁신이 필요하다.

이러한 경영 전략의 성공을 위해 홍보는 중요한 역할을 해야 한다. 그 바탕이 경영 전략에 대한 정보 접근과 전략에 대한 이해이다. 홍보 전략의 프로세스가 경영 전략의 그것과 크게 다르지 않다는 데 홍보맨이 저략에 관심을 가져야 하는 이유가 있다.

눈에 보이는 문제를 개선하는 것은 비교적 쉽다. 하지만 눈에 보이지 않는 것을 바꾸기는 쉽지 않다. 눈에 보이지 않는 문제는 동의를 끌어내기도 어렵다. 전략 목표가 불가능한 것인지 아니면 아무도 해보지 않았던 것인지 판단해 보라. 아직 시작되지도 않았는데 위기 운운하며 익숙한 시스템을 바꾸고, 개혁의 고통과 피로를 감내하라고 하면 구성원들의 불만이 치솟는다. 그래서 혁신은 어렵고 혁신의 열매도 큰 것이다.

위대한 전략은 미래를 대비하여 기업의 모든 재원을 걸고 과감히 혁신해야 한다. 리더의 과감한 의지, 구성원의 주도적 실천에 의해 이루어지는 것이다. 부서별로 순차적으로 하거나 혹은 개인별로 부분적으로 실행하는 개선Improvement과 달리 혁신Innovation은 모든 부문과 전 임직원이 동시다발적으로 진행해야 성공 가능성이 높다.

위대한 성공에는 그것을 가능하게 한 '위대한 전략'이 있다. 위대한 전략은 패러다임의 변화를 제대로 파악한 뒤 전략을 수립하고 시스템을 잘 조직하여 조직 문화를 구축할 때 가능하다. 개선이 실무자가 하는 것이라면 혁신은 리더가 주도적으로 해야 한다. 따라서 리더의 적극적인 주도와 참여가 없다면 혁신은 좀처럼 일어나지 않을 것이다.

조직에 변화와 혁신이 필요하다고 느낀다면 머뭇거리지 말고 과감히 실행에 옮겨야 한다. 전략을 공부하는 홍보맨에게 패러다임·전략·시스템·문화의 관점에서 구축한 위대한 전략이 개인과 기업 그리고 국가의 성공을 어떻게 이끌고 있는지 살펴보는 것은 전략적인 홍보 전문가로 성장하는 데 큰 밑거름이 될 것이다.

다만 조급해하지 말자. 인류의 역사 속에서 성공한 전략가들의 공통점은 모두 40~50대에 가장 눈부신 활약을 보였다. 그들이 불혹을 넘긴 나이에 위대한 전략과 뛰어난 전술을 구사할 수 있었던 이유는 충실하게 이론을 익히고 그 이론을 바탕으로 수많은 실전을 통해 실력을 다지고 40~50대가 되어서야 겨우 그 실력을 발휘할 조건을 갖추었기 때문이다.

서른만 넘어도 안정을 추구하고, 마흔을 넘기면서 보신만을 생각해 웅크리고 있는가? 30대는 물론 40대도 더 치열하게 싸워야 할 때다. 그들이 보여 준 전략의 개념과 핵심을 파악하고 배워야 한다.

인류 역사에는 방대한 전략이 숨어 있다. 그 전략들을 단순히 그 자체로만 바라보지 말고 '인문학적인 관점'에서 바라보는 것은 비즈니스 현장에서도 도움이 되는 것은 물론 우리가 위기를 극복할 수 있는 귀중한 통찰력을 제공해 준다. 인문학 특히, 역사 속에서 전략을 배우는 것은 단순히 과거로 돌아가자는 것이 아니라 눈앞에 닥친 장애물을 뛰어넘어 미래로 나아가는 지혜를 배우는 데 있다.

비즈니스는 전쟁이다. 모든 비즈니스맨들에게 전략적인 사고가 필요한 이유다. 전략은 패러다임의 전환점에서 고민하고 있는 경영자, 성과를 내야하는 팀장, 실적을 내고 싶은 비즈니스맨 등 문제를 해결하고 싶은 모든 이들에게 도움이 되어야 한다. 전략이 있다면 해결하지 못하고 방치해 두는 문제가 있을 수 없다.

비즈니스이기 때문에 어느 순간이든 승자와 패자로 나뉠 수 있다. 승자가 되느냐, 패자가 되느냐는 전략이 있느냐, 없느냐로 갈린다.

전략을 단순히 교양이나 학문으로만 알고 있을 뿐 실제 현장에서 활용하지 못한다면 아무 의미가 없다.

전략이란 본래 어떤 사건이나 현상의 본질을 파악하는 것이다. 위대한 전략은 국가를 망하게 하기도 하고, 거대한 제국을 이룩하기도 했다. 전쟁과 군사 전략, 비즈니스와 경영 전략 사이에 공통적으로 적용되는 것은 무엇일까? 거기에는 과거와 현재, 동양과 서양이라는 기준 외에 사람과 사람 사이에서 벌어지는 보이지 않는 전투에 있어 변하지 않는 본질이 있다.

당신은 지금 어떤 전장에서 어떤 전쟁을 벌이고 있는가? 수많은 사람들의 생사가, 소중한 사람의 운명이, 나의 명예가 나의 전략에 달려 있다고 생각하면 모골이 송연해짐을 느끼게 될 것이다.

경쟁자를 이기기 위한 수단으로서, 전략은 왜 세워졌는지, 또 어떻게 만들어졌는지, 어떤 상황에서 우리에게 도움을 줄 수 있는지 생각해보자. 지금 상황에서 필요한 전략은 무엇인지 생각해보자.

전략은 굳게 닫힌 문을 열기 위해 인류가 고안해 낸 방법이다. 당신이 리더라면 어떤 전략을 가지고 있는가. 당신이 싸우고 있는 그 전쟁에서 승리할 수 있는 유일한 열쇠는 바로 당신이 가지고 있는 그 전략에 날려 있다.

이미지와 초두효과

사람은 뇌(편도체)를 통해 0.1초도 안 되는 아주 짧은 순간의 첫인상으로
상대방에 대한 호감도나 신뢰도가 정해진다. 첫인상의 중요 요인으로는
첫째로 외모, 둘째로 목소리, 셋째는 언어다.

_ 폴 왈렌Paul J. Whalen, 뇌 과학자

일반적으로 한 개인이 상대방에게 전달하고자 하는 자신의 이미지를
일반화시킨다면 어떤 모습일까? 많은 경우, '교양'을 갖춘 품위 있는 모
습으로 모아질 것이다. 교양을 갖춘 모습이란 한 개인이 의미 있는 삶을
지향하는 모습이 표출된 것이다. 의미 있는 삶은 개인들이 사회적으로
정신적 · 물질적 만족을 공유하는 것이다.

정신적이고 물질적인 만족은 결코 사회적 · 경제적 능력으로 충족되는
것이 아니다. 아무리 돈이 많아도 내면으로부터 발산되지 않는 이미지
는 껍데기에 불과하다. 결국 자신의 내면적 이미지를 찾아내지 못하면

끊임없이 외형적 이미지에 집착하게 된다. 그리고 자아가 아닌 브랜드로 자신을 치장하는 결과를 초래한다. 이러한 현상은 경제적 능력이 부족한 개인들에게도 나타나 과도한 명품 소비로 이어지는 모습으로 나타나곤 한다.

'부자로 보이고 싶다, 많은 지식을 갖고 있는 사람으로 보이고 싶다, 신뢰를 주고 싶다.' 등 외부로 발현하고자 하는 이미지는 자신의 삶으로부터 나오는 것이다. 그리고 이러한 삶의 깊이로부터 그가 갖고 있는 여러 물질적 소품들이 오히려 의미를 부여받게 되는 것이다.

대다수 사람들은 내면에서 자신을 표현하기 위한 방안을 찾기보다는 겉으로 보여지는 모습과 이미 형성된 브랜드로부터 찾거나 의존하려는 경향이 크고, 따라서 개인들이 찾지 못한 이미지를 제시하고, 그 이미지를 추종하도록 하는 것 또한 마케팅의 일환이다.

하지만 브랜드만 추종하는 것은 물질적 만족 이외에 이성적 측면의 정신적 만족을 이끌어 내지는 못한다. 한 개인을 감성적 소유욕, 과시욕에 집착하게 만들 뿐이다.

실제로 개인들의 이미지를 다루는 데 있어 어떤 소품은 결정적인 역할을 하기도 한다. 심지어 사회생활을 하는 직장인들 사이에서는 이미지 관리를 위해 투자해야 하는 첫 번째가 '손목'이라는 말이 있을 정도다. 소품의 중요성을 강조하는 데서 나온 말인데, 시계, 커프스 링, 펜 그리고 각종 고급 문구류 등은 상대방이 자신을 평가하는 데 중요한 요소로 작용하기 때문이다.

그래서인지 우리는 적당한 과시욕이 자신감을 표현하는 것이라고 생각하는 경우가 많다. 그래서 자신의 이미지는 존재하지 않고 유명 브랜드 소품만 홍보해 주는 어리석음을 범하고 있는지도 모른다.

비즈니스에서는 '몽블랑' 만년필을 단순한 필기도구로 보지 않는다. 사용자의 인격과 품위를 대변해 준다고 믿는 사람들이 많다. 웬만한 전문직부터 일반 직장인들 중에서도 하나 정도씩은 가지고 있는 고가의 펜이 몽블랑이다.

당신은 어떤 필기도구를 쓰고 있는가? 사용자는 '내가 이 펜을 쓰면 멋지게 보이겠지.' '이 펜을 쓰면 나를 신뢰하겠지.' '몽블랑을 쓰면 최고의 이미지를 줄 수 있겠지.'와 같이 이미 누군가 설정해놓은 이미지를 얻게 될 것이라는 막연한 기대를 갖게 되며, 상대방에게 존경심, 신뢰감 또는 자신의 능력을 드러내기 위한 상징적 수단으로 활용되곤 한다.

하지만 이는 철저한 오해일 뿐이다. 이미 다른 사람들이 만들어놓은 다수의 관념적인 틀 속에서 물질생활을 실천한 결과로 규정할 수 있다. 몽블랑 펜을 쓰고 있는 사람에게 기대되는 모습을 스스로 추종하고 있을 뿐이다.

비즈니스 현장에서 자신의 능력을 나타내 줄 수 있는 상징이 없다는 것은 그가 가지고 있는 '콘텐츠의 부족' 때문이다. 콘텐츠는 자신이 속해 있는 조직의 문화와 사상으로부터 나오게 된다. 문화, 사상을 습득하고 이를 창조적으로 이해할 때 진정한 스타일이 창출될 수 있다. 우리 사회는 문화와 사상을 단순히 따르는 사람, 이를 창조적으로 이해하고 지혜를 발현하는 사람이 뒤섞여 있다.

몽블랑 펜을 쓸 때는 주지 못했던 메시지를 몽당연필을 쓰는 과정에서 상대방에게 전달해 준 사례도 있다. 몽당연필로 필기하고 있는 모습을 보여줌으로써 여러 사람들에게 연필을 사용하는 데 있어서의 감성적 호감, 친근함, 연필과 연계된 연필깎이, 지우개 등 소품에 대한 관심으로 메모에 대한 성의와 신뢰감을 제고한 사례도 있다. 이 때문에 몽블랑과 같은 소품으로 자신을 표현하는 사람도 있고 몽당연필을 쓰면서도 다른 사람들로부터 다양한 이야깃거리와 호감을 얻는 사람도 있는 것이다.

몽당연필을 쓰는 사람은 어떤 창조적 사고를 발현하고 있는 것일까? 콘텐츠를 전달함으로써 자신의 이미지를 제고하려면 '이슈'와 연계한 창조적 해석이 필요하다. 연필은 경제·환경 등 이성적 판단과 휴머니즘 의 감성적 측면까지 포함한 소품으로써 수십만 원대의 펜보다 더 자신 의 이미지를 부각시켜 줄 수 있다.

개인 콘텐츠 발현의 시작은 뚜렷한 주관으로부터 기인한다. 자신이 속한 조직에서 주관을 통한 긍정적 역할 해석과 부합될 수 있는 실천 행 위가 바로 물질 생활이다. 개인의 이미지를 좌우하는 첫 번째 과제는 정 신 생활과 물질 생활이 어떻게 창조적으로 발현되도록 하는가에 달려 있다. 이는 정신적 창조 행위와 물질에 대한 깊은 성찰이 바탕이 될 때 가능한 것이다. 내가 구입한 소품의 경제적 잣대가 자신의 이미지로 나 타날 수 없듯 첫인상을 좌우하는 것은 바로 정신 생활이 바탕이 된 물질 생활의 표출인 것이다.

이처럼 개인의 이미지와 스타일에 관심을 갖는 이유는 첫인상을 좋 게 하기 위함인데, 이러한 기대 효과를 설명하기 위한 이론이 '초두효과 Primacy effect: Rosnow & Robinson, 1967'이다. 초두효과란 가장 처음 입력된 정보가 기억에 제일 오래 남는다는 이론이다.

초두효과는 반대하는 메시지보다 전달하려는 메시지를 먼저 제시했을 때 더 효과적임을 의미한다. 언어적 메시지만 놓고 본다면, 설득자가 제시하는 주장을 먼저 제시하는 게 효과적이라는 것이 초두효과다. 비언어적 메시지의 경우, 많은 부분 초두효과를 염두에 두고 활용되는 경우가 많다.

상대방을 설득시키는 데 있어 무엇보다도 중요한 것은 '누군가에게 자신의 이미지를 어떻게 전달할 것인가?' 하는 점이다. 자신의 이미지란, 설득하고자 하는 메시지를 대변해 주는 상징의 총체라 할 수 있다. 그래서 외모를 중시하는 풍토가 설득의 시대에 더욱 힘을 받고 있는 것이다.

자연발생적인 커뮤니케이션 형태인 비언어 중 대표적인 것이 바로 외모다. 외모로 대변되는 비언어적 요소가 중시되는 것은 타인과 접촉하게 될 때 가장 먼저 노출되는 정보이기 때문이다. 설득 대상자의 입장에서 보면 처음으로 접하게 되는 정보에 해당되는 셈이다.

사람들은 처음 인지한 정보를 바탕으로 이후 접하게 되는 여러 정보를 처리하려는 태도를 형성하게 된다. 즉 처음 접한 정보가 이후에 접한 정보보다 큰 영향을 주게 된다. 이것이 바로 초두효과이다.

이러한 효과는 대부분의 수용자들이 '일관성'을 갖고 대상을 지각하려는 성향을 유지하기 때문에 나타난다. 첫인상을 좋게 하면 이후 약점을 보완하거나 설득 효과를 제고하는 데 효과를 볼 수 있다. 이것은 단순한 기대감이 아니라 분명히 검증된 전략이다. 첫인상을 좌우하는 것에는 헤어스타일, 패션, 각종 장신구들이 해당된다. 이것은 그 사람의 외형적 특성인 신분, 경제력, 신뢰성, 지적 매력 등 감성적 차원을 발산하는 데 활용된다.

하지만 우리가 이미 알고 기대하는 이미지를 가지고 있는 여러 브랜드의 옷과 가방, 시계, 기타 장신구로 치장한다고 해서 기대했던 이미지가 그대로 발현되는 것은 아니다.

이미지가 장신구로부터 발산되는 것은 '누가 무엇을 사용하고 있는가'에 초점을 둔 관점이지 '무엇을 사용하고 있는 사람이 누구인가'의 문제는 아니다. 자칫 장신구를 활용한 치장효과the effect of artifacts만을 맹신하여 그것이 자신에 대한 신뢰와 사회적 지위를 보장해 줄 것이라고 생각해서는 안 된다.

긍정적인 첫인상을 주기 위해서는 장신구를 통한 비언어적 커뮤니케이션이 능동적으로 발현되도록 해야 한다. 이는 전달하고 싶은 이미지가 무엇이며, 그것을 전달하는 데 가장 적합한 소재가 무엇인지를 찾아 자신만의 콘텐츠를 발현시킬 수 있어야 한다는 의미다. 특정 브랜드에 의존해 첫인상을 표현하려 한다면 오히려 아무런 콘텐츠를 갖지 못한 속 빈 강정의 이미지로 각인될 수 있기 때문이다.

천재 전략가 나폴레옹

내 목표는 오직 하나, 즉 적의 주력 부대이다. 나는 그것을 격파하려고 노력할 뿐이다. 그것을 이루고 나면 나머지 문제들은 그냥 놔둬도 스스로 해결된다.

_ 나폴레옹Napoléon

인간은 위기의 순간에 자신의 숨겨진 능력을 발휘한다. 역사 속의 수많은 전쟁사 속에 수많은 사례가 등장한다. 전쟁에서 패하면 개인에게는 죽음이, 국가는 식민지가 된다. 패배를 막고 전쟁을 승리로 이끌어 영웅이 된 사람들 또한 수없이 많다. 그들은 절체절명의 순간에 뛰어난 전략과 전술을 고안해 냈는데, 이 전략과 전술들은 전쟁과도 같은 현대 기업과 조직은 물론 개인의 삶에서도 여전히 유효하다. 현명한 리더들은 위기가 감지되거나 새로운 돌파구가 필요할 때 전쟁사를 통해 지혜와 통찰을 구하고 전략을 세웠다.

전쟁도 본질은 경영이다. 시대가 다르고, 환경이 다를 뿐이다. 전략 없이는 결코 승리할 수 없다. 서양에서는 가장 유명한 전략가로 나폴레옹 Napoleone Buonaparte, 1769~1821을 꼽는다.

그는 어떻게 그런 평가를 얻었을까?

나폴레옹은 작전을 짤 때 며칠씩 방에 틀어박혔다고 한다. 나폴레옹은 거대한 지도를 집무실 바닥에 깔아놓고 그 위에 엎드려 생각에 잠기고는 했으며, 책상 위에는 정찰 보고서들로 수북했고, 방 곳곳에 높이 쌓인 상자는 메모들로 채워졌다. 나폴레옹은 수많은 정보들을 바탕으로 자신의 작전에 적들이 어떻게 반응할지 추측했으며, 가능한 모든 공격과 방어의 조합들을 일일이 검토했다.

그는 당시 최고 엘리트였던 포병장교 출신이었다. 수학과 물리학에 밝았던 그에게 '우연'이란 없었다. 나폴레옹은 끊임없이 따졌다. 만약 적이 X라는 방법으로 행동한다면 우리는 어떻게 대응해야 할까? 만약 Y계획이 틀어졌을 때 만회할 방법은 무엇인가? 가능한 상황들이 하나씩 그의 머릿 속에 갈무리될수록 불확실성은 사라졌다. 그의 신출귀몰한 작전과 위대한 승리들은 결국 엄청난 계산과 뼈를 깎는 노력의 결과였다.

나폴레옹은 사실 전쟁이나 전략 등에 대해 주변 사람들에게 연설을 하지도 않았고, 수준 높은 책을 쓰지도 않았다. 하지만 그가 펼친 작전을 바둑의 기보처럼 찬찬히 살펴보면, 나폴레옹의 기본 전략이 대략 어떤 것인지 알 수 있다. 대략 3가지로 요약하면, 공격, 집중, 그리고 기습이다. 특히 나폴레옹은 속도를 강조했다.

『전쟁론Vom Kriege』을 써서 서양의 손자라고 일컬어지는 클라우제비츠

Carl Philipp Gottfried von Clausewitz는 나폴레옹에 대해 이렇게 평가했다.

"나폴레옹은 전쟁의 신, 그 자체이다."

그렇다면 전쟁의 신은 어떤 전략과 전술을 활용했을까?

1788년 오손의 포병학교에서 나폴레옹은 포술과 전술에 관련되는 서적들을 닥치는 대로 읽었다. 오손 시절의 독서와 연구가 훗날 나폴레옹이 펼치는 전술의 바탕이 되었으며, 훗날 나폴레옹은 "내 젊은 시절의 친구라고는 책과 고독밖에 없었다." 라고 회상한다.

또한 나폴레옹은 군사학, 역사, 문학, 예술, 과학, 수학 등 여러 방면의 책을 읽어 습득한 풍부한 지식을 바탕으로 하여 학자, 문인, 예술가 등 여러 분야의 전문가들과 대화를 즐겼을 뿐 아니라 그들로부터 존경을 받았다. 1797년 12월 나폴레옹은 프랑스 학술원의 물리와 수학 아카데미에서 회원으로 선출되었는데, 이것은 그가 가진 풍부한 학식이 인정되었기 때문이다. 그는 프랑스 학술원 회원이 된 것을 가장 영광스럽게 생각하였다.

다시 말하면, 나폴레옹은 젊은 시절부터 전쟁이론을 연구하고, 그것을 실제 전장에서 응용하고 독자적인 기술을 더해 완성시켰던 것이다.

나폴레옹은 자신의 전쟁 이론과 전략, 전술론을 저작으로 남기지 않았기 때문에 '이것이 나폴레옹 전략이다.' 라고 말하기는 곤란하다. 그러나 전쟁에서 일어난 사실과 결과를 분석해보면 나폴레옹 전략의 4가지 원칙을 알 수 있다.

원칙 1. 양면 작전을 피하고 한 곳에만 공격을 집중한다

"전쟁의 원칙은 공성전에 대한 원리와 같은 것이다. 화력을 한 곳에 집중시키고, 돌파구를 열어 균형 상태를 깨뜨리면, 다른 일은 문제도 아니다."

'집중포화'로 알려진 이 원칙은 나폴레옹 전략의 가장 중요한 핵심이라고 할 수 있다. 적의 주 병력을 격멸하기 위해서는 적의 주력을 그들의 보급지, 우군友軍, 수도로부터 단절시켜 적의 전투력을 소멸시킨 후 결정적인 전투에서 승리를 거두는 것이야말로 가장 효과적이라고 생각했다. 즉 최소한의 희생으로 최대의 효과를 얻는 것을 말한다. 이를 위해서는 적을 상회하는 신속한 기동을 통해 적의 측면이나 배후로 이동하는 것이 무엇보다 필요했다. 이 점에서 나폴레옹은 행운아였다. 당시 유럽의 여러 나라 군대가 행군 속도로 1분에 60~70보步 정도로 이동한 반면 프랑스군은 1분에 120보 정도의 속보로써 진군이 가능했다고 한다.

프로이센의 군인이며 군사 이론가인 클라우제비츠가 '전사상 가장 훌륭한 작전의 하나'라고 격찬한 카스틸리오네 작전이야말로 '우세한 적을 만나면 신속하게 전군을 집결하여 적 양쪽 날개의 한쪽을 공격하고, 다시 또 한쪽의 날개를 격퇴한다'는 나폴레옹의 공격력을 한 곳에 집중하는 '집중포화'의 전형적인 사례였다.

원칙 2. 전군은 동일한 목표를 가진다.

프랑스혁명 이후 프랑스의 군사력은 동원 병력만 해도 약 100만 명을 넘어설 정도였다. 나폴레옹은 이러한 대군을 동일한 작전 목표를 향해 구심적인 작전을 진행시키는 것이 가장 먼저 해야 할 일이라고 생각했다. 전군에 대해 단 한 가지의 전략 목표를 부여하는 것이 매우 중요하다고 생각했던 나폴레옹의 전략 원칙은 현대 조직 운영 원칙과도 크게 다르지 않다.

혁명전쟁에서 위기 상황에 몰렸던 프랑스가 제도와 조직관리의 혁신을 통해 대역전극을 이끌어 냈던 것이다.

원칙 3. 적 주력군의 격멸을 작전의 제1목표로 한다.

나폴레옹은 다수의 전쟁에 있어 작전의 제1목표를 적 주력군의 격멸에 두었다. 적국 영토의 점령이나 특정 도시의 탈취는 두 번째 목표에 지나지 않았다.

상대 주력군을 격멸시키고자 하는 전략은 18세기까지의 전쟁이론에 비교해볼 때 획기적인 일이었다. 그때까지의 전쟁은 대부분의 시간을 공성전에 소비하는 것이 일반적이었고, 또 군대의 양성과 유지에 막대한 경비가 필요했기 때문에 주력군끼리의 전투는 거의 일어나지 않았다.

원칙4. 개전 초기에는 병력을 분산 배치한다.

나폴레옹은 개전 시점에 휘하 부대를 넓은 지역에 분산 배치했다. 또한 최초의 목표가 상황에 따라 변경될 시점에서도 유연하게 대응해 새로운 목표에 전력을 집중 투입할 수 있게 되었다. 이로 인해 적은 나폴레옹의 공격 목표가 어디인지 판단하기 어려웠다.

넓은 지역에 부대를 분산시켜 배치할 수 있었던 것은 '군단軍團제' 덕분이었다. 군단은 강력한 전략 단위였으며, 지휘관과 그를 보좌하는 참모를 보유하고 있었다. 또한 독자적인 보급 능력을 가지고 있었으며, 그 자체로서 하나의 완결된 군대였으므로 적의 접근에 따라 각 군단의 독자적인 시간과 루트를 통해 이동하거나 전투를 벌일 수 있었다. 나폴레옹은 이와 같은 효율적인 군단 조직을 통해 부대를 넓은 지역에 분산 배치한 뒤 치밀한 전략을 바탕으로 적을 포착함과 동시에 신속히 이동시키거나 집결시켜 승리로 이끌어 낼 수 있었던 것이다.

혁명 이전의 전쟁에서 군대는 한 사람의 지휘관 아래에 밀집해서 이동하여 전투를 벌이는 것이 일반적이었는데, 1802년~04년에 이르러 나폴레옹이 개선·정비한 군단제는 혁신적인 것이었다. 나폴레옹에 의해 분쇄되었던 연합군은 1805년 이후에는 오스트리아가, 1806년 이후에는 프로이센과 러시아가 군단제로 군대를 편성하기 시작한다.

위와 같은 원칙을 기반으로 나폴레옹은 제도와 조직 관리의 혁신을 통해 유럽 열강들을 제압하고 대역전극을 이끌어 냈으며 혁명전쟁에서 위기 상황에 몰렸던 프랑스를 구했다.

나폴레옹의 군사 전략은 현대 군사 전략의 기틀이 되었고, 법전은 너무나 뛰어났기에 이후 모든 법들이 이를 참고하여 제작되었다. 그리고 나폴레옹을 몰락시킨 뒤 다시 왕정을 복귀시킨 국가들도 나폴레옹이 만든 체제를 받아들였다. 유럽을 정복한 군사적 재능이나 나폴레옹법전을 만들어 낸 행정 지식, 체계적인 정부 조직과 교육시스템 구축 능력이라는 면에서 그는 패러다임을 바꾼 혁신적인 리더였다.

스티브 잡스의 위대한 전략

자신이 세상을 바꿀 수 있다고 생각할 정도로 미친 사람들이야말로
진짜로 세상을 바꾸는 사람들이다.

_ 스티브 잡스Steve Jobs

전략을 수립하고 실행하기 위해서는 리더의 역할이 중요하다. 리더가
갖추어야 할 4가지 조건으로 통찰력, 결단력, 실행력, 지속력을 든다. 이
4가지 조건을 전부 가지고 있어야 좋은 리더라고 할 수 있다. 조직에서
직급이 올라가면 올라갈수록 실무 지식보다는 부하 육성과 전략 방향
제시, 의사결정 등 다른 역량이 더 중요하다.

일반인들도 잘 알고 있는 리더의 4가지 유형으로, '똑게똑똑하고 게으른'와
'똑부똑똑하고 부지런한', '멍게멍청하고 게으른'와 '멍부멍청하고 부지런한'가 있다. 꼭 맞
아떨어지는 것은 아니겠지만 보통 대기업에는 '똑게', 중소기업에는 '똑

부'가 필요하다고 말한다. 조직에서 가장 위험한 리더는 역시 '멍부'다. 멍청하면 오히려 게으른 게 낫다. 멍청한데 부지런하면 얼마나 멍청한 짓을 자주 하겠는가?

리더뿐만 아니라 직원도 마찬가지로 여러 유형이 있다. 리더는 부하 직원이 '똑게'인지, '똑부'인지 구분할 줄 알아야 한다. 그리고 그에 맞게 일을 시켜야 한다. 적재적소다. 하여튼 리더의 중요성은 아무리 강조해도 지나치지 않다.

직위가 높아질수록 더 중요하게 여겨지는 역량은 지혜다. 지식은 시대에 따라 변하지만 지혜는 시대를 관통하기 때문이다. 역사적으로 훌륭한 리더는 지혜로운 사람이었음을 잊지 말아야 한다. 여기서 지혜는 통찰력에 가깝다. 초경쟁 환경에서는 경쟁사는 물론 업계의 다른 경쟁자들이 결코 따라올 수 없는 격차를 만들기 위해 과거에는 없던 혁신 전략이 필요하다.

혁신革新의 한자를 분석해 보면 가죽을 벗겨 새것으로 탈바꿈한다는 것이다. 하지만 그 가죽 안의 본질은 그대로 남아 있다.

스티브 잡스는 살아 있을 때도 한 시대의 아이콘으로 이름을 떨쳤고, 죽어서도 오랫동안 회자되고 있는 인물이다. 그가 IT 업계에 남긴 유산은 그의 독특한 생애와 기질 만큼이나 신드롬을 일으킬 정도의 강렬한 임펙트를 주었고, 지금까지도 지대한 영향력을 미치고 있기 때문이다.

인류사에서 가장 위대한 혁신가 중 한 명으로 꼽히는 스티브 잡스는 아이폰의 성공 사례에서 알 수 있듯이 현재의 패러다임을 받아들이고,

거기에 적응하거나 대응하는 전략이 아니라 패러다임 자체를 확 바꾸는 혁신 전략으로 유명하다. 스티브 잡스가 인류에게 가져다 준 혁신은 매우 복합적이고 다양하지만, 크게는 3가지로 요약할 수 있다. 퍼스널 컴퓨터, 컴퓨터그래픽 애니메이션, 아이폰 등이다.

자신이 만든 회사에서 쫓겨난 스티브 잡스는 1986년 스타워즈의 영화감독 조지 루카스로부터 3D 컴퓨터와 픽사라는 컴퓨터그래픽 회사를 인수했다. 그리고 1995년 100% 3D 컴퓨터 그래픽으로 제작한 장편 애니메이션 〈토이스토리〉가 주위의 우려와 조롱에도 불구하고 3억 6,200만 달러라는 엄청난 흥행을 기록하면서 부활하게 된다. 그 이후에도 〈벅스 라이프〉, 〈토이스토리2〉, 〈니모를 찾아서〉가 연달아 성공을 거두면서 잡스의 저력을 보여 주었는데, 이때 잡스는 무엇보다 디즈니를 비롯한 할리우드 영화계 판도를 흔들어 놓으면서 큰 발전을 이루었다는 평가를 받았다. 현재 최고의 IT 상품으로 손꼽히는 스마트폰은 IT 기술과 엔터테인먼트 산업이 함께 만나서 시너지를 일으키며 빚어낸 합작품이다.

1997년 애플 이사진의 요청으로 침체기를 겪고 있던 애플에 복귀한 잡스는 매킨토시의 중저가 모델인 아이맥을 성공시키면서 애플을 부활시켰고, 2001년 아이팟, 2007년 아이폰을 출시하면서 기술 혁신과 이윤이라는 두 마리 토끼를 모두 잡으면서 혁신의 아이콘으로 부상한다.

잡스가 세상을 떠난 지금도 여전히 세상 사람들은 세상을 바꾼 스티브 잡스를 그리워하며, 그가 보여 준 혁신과 전략에 대해 이야기한다.

사람들은 왜 잡스와 아이폰을 혁신의 아이콘으로 부를까?

혁신은 무에서 유를 창조한 것이 아니라 기존에 존재하던 전화기, 카메라, 컴퓨터 등 3가지 기기를 융합하여 스마트폰을 만들었기 때문이다. 스티브 잡스는 전화기, 카메라, 컴퓨터라는 본질은 그대로 두고 외부 가죽을 변형해 새로운 가치를 창조하는 전략을 통해 세상의 판도를 바꾸었다.

로버트 그랜트가 『현대 전략 분석』에서 밝힌 바에 따르면, 애플은 다양한 소비자에게 혁신적인 하드웨어, 소프트웨어, 주변장치, 서비스 및 인터넷을 통해 최고의 음악 경험을 제공했다. 그리고 자체의 운영체계, 하드웨어, 소프트웨어 기술 등의 독특한 능력을 바탕으로 사용하기에 편리하고, 멋지게 통합된, 그리고 혁신적인 디자인을 바탕으로 한 신제품과 솔루션을 제공했다. 기존 제품의 업데이트는 물론 신제품의 개발을 위하여 끊임없이 연구 개발에 투자했다. 그뿐만 아니라 아이팟, 아이튠즈 뮤직스토어 같은 획기적인 제품과 서비스를 개발함으로써 소비자 전자제품과 컴퓨터의 융합을 잘 활용했다.

애플의 전략은 또한 아이튠즈 등의 새로운 생태계를 확대함으로써 고객에게 고품질의 음악 판매와 A/S를 동시에 제공할 수 있도록 했다. 잡스는 음악, 영화, 미술, 전화, 계산기 등과 관련된 기술과 산업을 융합하는 융합 전략에 뛰어났다. 애플 소프트파워, 애플 엔지니어링, 애플 마케팅 등의 독창적인 전략도 중시했다.

애플은 『손자병법』이 중시하는 기정전략이나 허실전략은 물론 『전쟁론』이 중시하는 총력 전략도 중시하는 등 '전략의 융합'에도 뛰어났다.

애플 조직의 구조적 특징은 심플함이다. 애플에는 위원회 제도가 없다. 스티브 잡스가 소니와 애플을 비교한 것을 보면 소니에는 워크맨을 만드는 데 많은 부서가 관여하지만 애플의 경우에는 하나의 통합된 조직이 책임을 졌다. 그리고 비용과 경비를 담당하는 사람은 CFO 한 사람뿐이었다.

애플에는 5만 명 이상의 직원, 70여 명의 부사장, 9명의 임원팀이 있다. 그러나 스티브 잡스에게 직접 보고하는 부사장은 6명에 불과했다. 그리고 'Top 100'이라는 비밀 전략 조직을 두고, 현안에 따라 짧은 기간에 만나며, 회의 장소, 회의 내용, 참석자 등은 모두 비밀이다. 그야말로 계급장을 떼고 만나는 모임인 셈이다. 애플에는 애플대학도 있는데, 하버드대학교 경영대학원 교수팀이 이 대학을 이끌었다.

애플은 다재다능한 매니저보다는 고도로 전문화된 매니저를 원했다. 애플은 자신의 일이 아닌 것은 하지 못하게 했으며, 스타트업 하이테크 회사와 같은 문화를 유지했다. MS와의 차이는 MS는 돈이 얼마나 필요한가를 미리 정하고 그에 필요한 제품을 개발하는 반면에 애플은 우선 위대한 제품부터 개발한 뒤 수입을 생각했고, 애플의 프로젝트는 소규모 팀이 담당해 철저히 책임을 지는 문화가 있었다. 책임자가 애매한 경우가 없다. 인정사정없이 책임을 묻는데, 이직률은 낮다. 애플에는 어떤 일에서나 직접적인 책임자DRI; Directly Responsible Individual가 있었다.

기업의 생존과 성장에 반드시 필요한 것이 혁신이다. 단순한 개선이 아닌 완전히 판을 뒤집고 틀을 바꿔야 한다. 전략에 따라 혁신하지 않으면 성장은커녕 생존할 수도 없다.

하지만 혁신을 생각하고 실행을 하기란 어려운 일이다. 어쩌면 추상적이고 개념적인 수사로 들릴 수 있지만 뼈를 깎는 자기 혁신이 없이는 언젠가 도태될 수밖에 없는 것이 비즈니스 세계의 현실이다. 전통적 강자였던 많은 기업들이 순식간에 IT 기업에 자리를 내 준 사실은 이러한 현실을 여실히 보여 준다. 지금 글로벌 경제를 주름잡고 있는 구글, 애플, 페이스북 같은 기업이 영원할 것이라고 누가 장담할 수 있겠는가? 생존하기 위해서는 끝없는 변신Transformation과 혁신Innovation이 필요하다.

현재의 비즈니스는 기존의 것에서 불편함을 느끼게 되면 버리거나 해소하는 방향으로 흘러간다. 스티브 잡스는 이런 세상을 읽는 능력이 탁월했다. 그가 인문학을 탐닉했기 때문이라는 것은 이제 누구나 다 아는 얘기다. 인문학에 기반한 그의 전략과 사고의 전환, 그리고 실천력은 경쟁기업은 물론 산업계, 나아가 소비자들의 생활까지 혁신적으로 바꾸었다. 스티브 잡스가 주도한 애플의 아이폰은 PC를 대체했고, 애플의 혁신적 제품들은 PC 이후의 시대를 열었다.

혁신은 기술과 세상에 대한 폭넓은 이해를 바탕으로 지속적인 변화와 성장을 추구한다. 스티브 잡스가 제시한 혁신이론 4단계는 다음과 같다.

첫째, 모방하고 훔쳐라.
첫 번째는 주변의 것을 배우고 학습하는 '모방' 혹은 '훔침'의 단계다.

그는 1996년 미국 방송 PBS 다큐멘터리에 출연해 "위대한 아이디어를 훔쳤다는 사실에 한 점 부끄러움이 없다"고 말했다. '뛰어난 예술가는 모방하고, 위대한 예술가는 훔친다'는 피카소의 유명한 격언을 인용한 것이다. 그는 결국 혁신과 창의성은 어디 특별한 데서 나오는 게 아니라 주위를 열심히 탐구하고 획득하는 데서 나온다고 보았다.

그는 2000년에 〈포춘〉과의 인터뷰에서 "창의성은 단순히 여러 가지 요소들을 연결하는 것을 말한다"며 "인간의 경험에 대해 폭넓게 이해할수록 더욱 훌륭한 디자인을 내놓을 수 있다"고 설명했다. 그러면서 "디자인이란 제품의 외관에서부터 포장 그리고 서비스라는 여러 단계를 통해 표현되는, 인간이 만들어 낸 창조물의 근본적인 영혼"이라고 말했다.

둘째, 가진 것을 모두 합쳐라.

두 번째로 강조되는 게 '통섭統攝' 과정이다. 통섭은 에드워드 오스본 윌슨Edward Osborne Wilson의 책 『Consilience』를 최재천 교수가 '통섭統攝'으로 번역한 뒤 노무현 정부 때 유행한 말이다. 그 '통섭'의 실천자가 바로 잡스다.

잡스는 지난 2011년 3월 2일 '아이패드2'를 발표하면서 맺음말을 통해 다음과 같이 말했다.

"애플의 DNA는 '기술만으로는 (좋은 제품을 만들기에) 충분하지 않다'는 것이다. (그래서) 애플의 기술은 (사람들에 대한 이해를 풍부하게 해 주는) 인문학과 결합했다."

기술은 사람을 위해 복무해야 한다는 게 잡스의 생각이고, 이게 제대로 되려면 인문학적 이해가 전제돼야 한다.

잡스는 기술과 인문학의 결합을 강조하고 있는 것이다.

셋째, 다르게 생각해라.

이미 존재하는 모든 요소들을 '모방'하고 '훔침'으로써 세상에 대한 폭넓은 통섭을 바탕으로 변화의 길목에 미리 가 있기 위해 끊임없이 노력하는 게 세 번째다.

잡스는 2007년 맥월드 행사에서 이런 자신의 노력을 캐나다의 전설적인 아이스하키 영웅인 웨인 그레츠키Wayne Gretzky의 말을 인용해 대신했다. 그레츠키는 "나는 퍽puck이 있었던 곳이 아니라 퍽이 갈 곳으로 스케이트를 타고 간다." 라는 말로 잡스에게 영감을 줬다.

애플이 1984년 매킨토시를 만들어 냄으로써 개인용 컴퓨터 시장에 일대 혁신을 가져온 게 이를테면 퍽이 갈 방향이었으며, 2001년에 내놓은 아이팟과 아이튠스, 2007년에 내놓은 아이폰, 2010년에 내놓은 아이패드 등과 같은 제품 또한 퍽이 갈 길목에 미리 내놓은 제품이었던 것이다.

여기서 눈여겨볼 것들은 이들 제품이 모두 이미 존재했던 것들에 대한 '모방'과 '훔침'을 통해 세상에 대한 폭넓은 이해를 바탕으로 다시 변주됐다는 점이다.

넷째, 쉽게 단순화 해라.

스티브 잡스는 '직감 혹은 직관intuition'이라는 말을 많이 썼다. 통섭이 난해해지면 일반인으로서는 별로 쓸모가 없어진다. 기술과 인문학을 결합하되 그것을 가장 단순하게 표현해야 한다. 세상이 발전할수록 기술과 사람의 일은 복잡해지게 되어 있다. 이를 섞어서 통찰하면서도 직감적으로 해결할 수 있게 해 주는 것이 중간에서 그 제품을 만들어 내는 자의 사명이라는 게 스티브 잡스의 생각이다.

고등학교 시절부터 선禪에 심취했다는 스티브 잡스는 1998년 〈비즈니스위크〉와의 인터뷰에서 "단순함은 복잡함보다 어렵다. 생각을 깔끔하고 단순화하기 위해서는 많은 노력이 필요하다"고 말했다.

자신의 상품을 엘리베이터가 올라가는 3분 안에 설명할 수 있어야 한다는 이른바 '엘리베이터 브리핑Elevator briefing'은 스티브 잡스에게는 단순한 마케팅 이론이 아니라 인간을 위한 상품을 만들어 파는 기업가의 철학으로 회자된다.

이순신 장군에게 배우는
전략 4단계

나를 알고 적을 알면 백 번 싸워도 다 이기고, 나를 알고 적을 모르면 한 번

이기고 한 번 지며, 나도 모르고 적도 모르면 싸울 때마다 반드시 패하게 되니

이는 만고의 변함없는 설이다.

_ 이순신 장군

인류 역사에 등장한 3대 해군제독을 꼽는다면 영국의 호레이쇼 넬슨
Horitio Nelson,1758~1805, 러시아 발틱함대Baltic Fleet를 패배시켜 일본을 승리로
이끈 도고 헤이하치로東鄕平八郞. 1848~1934, 그리고 임진왜란의 영웅 이순신
장군이다.

러일전쟁1904~1905의 영웅 도고 헤이하치로는 청일전쟁 당시 나니와
호의 함장으로서 청나라 군함 고승高陞호를 격침시켰고, 러일전쟁 때는
일본연합함대 사령장관으로 러시아의 발틱함대를 정자전법으로 격파

했다. 일본은 이 전쟁에서 승리함으로써 훗날 서구의 열강들과 어깨를 나란히 하는 세계적인 강대국으로 올라서는 초석을 다지게 된다. 반면 러시아는 이 해전의 패배로 당시 러시아 최고의 제독이었던 마카로프 Markarov 제독과 그의 기함이자 러시아 최고의 전함이었던 '페트로 파블로프스크Petropavlovsk함'을 잃었다.

"일본이 도자기나 만드는 야만국인 줄 알았는데, 러시아 발틱함대를 이긴 것을 보고서야 문명국임을 알게 되었다."라는 윈스턴 처칠Winston Leonard Spencer Churchill 영국 수상의 발언처럼 일본의 러일전쟁 승리는 일본 전쟁 역사상 최대의 사건이었다. 그리고 일본 함대의 총사령관인 도고 헤이하치로 제독은 러일해전의 승리로 말미암아 세계적인 명장의 반열에 올라서게 되었으며 일본 역사 10대 영웅 중 한 명으로 그 이름을 올리게 된다.

도고 헤이하치로에게는 이런 일화가 있다. 러일전쟁 승전 축하연이 있던 날 있었던 일이다. 한 신문기자가 도고에게 "각하의 업적은 영국의 넬슨Nellson 제독, 조선의 이순신 제독에 비견할 만한 빛나는 업적이었습니다."라고 아부성 발언을 하자, 그는 즉각 발언을 한 기자에게 호통을 쳤다고 한다.

도고는 "넬슨은 프랑스의 나폴레옹 함대와 비슷한 수준의 함대를 가지고 싸워서 이겼다. 그러나 나와 나의 함대는 러시아 발틱함대의 3분의 1 규모였음에도 결국 승리했다."라고 말해 자신이 넬슨보다 우위에 있다는 표현을 강조했다는 것이다.

기자가 다시 조선의 이순신 제독과 비교하면 어떠냐고 질문을 던지자 "나를 이순신 장군에 비교하지 말라. 그는 전쟁에 관한 한 신의 경지에 오른 분이다. 이순신 장군은 국가의 지원도 제대로 받지 못 하고, 훨씬 나쁜 상황에서 매번 승리를 거두었다. 나를 트라팔가해전을 승리로 이끈 영국의 넬슨 제독에 비견할 수는 있지만, 전쟁의 신이자 바다의 신인 이순신 제독에게 비유하는 것은 신에 대한 모독이다. 이순신은 군신이고 나는 이순신에 비하면 하사관도 되지 못 한다. 만일 이순신 제독이 나의 함대를 가지고 있었다면 세계의 바다를 제패했을 것이다." 라고 말했다고 전한다.

일본의 국민 소설가로 알려져 있는 시바 료타로는 소설 『대망』에서 이순신을 '세계 제일의 해군 제독'으로 치켜세우며, 일본 해군 지휘관이 러시아와의 해전에 앞서 이순신 장군의 영령에 승리를 기원하는 이야기를 담아냈으며, "아시아가 배출한 유일한 바다의 명장 이순신의 영령에 빌었다는 것은 당연한 감정일지도 모른다." 라며 이순신을 칭송했다.

러일전쟁 승전 후, 도고 제독이 세계적인 영웅이 되어 있을 즈음 미 해군사관학교United States Naval Academy 임관 후보생들이 일본을 방문한 적이 있었는데, 이들이 도고 제독을 방문해 이것저것 인터뷰하는 과정에서 가장 존경하는 인물이 누구냐고 질문한 적이 있었다. 이때도 도고 제독의 대답은 간단했다.

"내가 가장 존경하는 분은 조선의 수군을 지휘한 이순신 제독뿐이다."

영국의 넬슨 제독 정도만 알고 있던 미국 사관생도들은 이순신이 누구인지 몰라 잠시 어리둥절했다고 한다.

실제 19세기 말, 일본 해군사관학교에서는 '이순신 전술 전략'이라는 교과목을 가르치고 있었다고 하며, 8년간이나 영국에서 넬슨 제독의 해상 전술을 연구하였던 도고 제독의 우상은 언제나 이순신 제독이었던 것으로 전해지고 있다.

도고 헤이하치로는 일본에서 현재까지도 군신軍神이라는 칭호로서 영웅시 되고 있는 인물이다. 도고 제독의 수제자였던 야마모토 이소로쿠 제독은 약 40년 뒤인 1941년 12월, 6척의 항공모함 전단을 이끌고 진주만眞珠灣 기습을 성공시킴으로써 다시 한번 일본 해군의 강대함을 과시하여 세계를 놀라게 했다.

영국의 해군 제독이자 학자인 발라드Ballade는 그의 저서 『바다가 일본 정치사에 미치는 영향』에서 이순신은 전략의 천재, 인류 역사상 가장 위대한 지도자 중 한 사람이라고 평했다.

"영국 사람으로서 넬슨 제독과 견줄 만한 인물이 있다는 사실을 인정하기는 항상 어렵다. 그러나 그렇게 평가받을 만한 인물이 있다면, 그 인물은 바로 단 한 번도 패한 적이 없는 아시아의 해군 제독 이순신Lee soon shin뿐이다."

그는 넬슨조차 이룩하지 못한 업적을 쌓았음에도 이순신 장군이 다른 나라에 잘 알려지지 않은 것을 안타까워하기도 했다.

『난중일기』에 따르면 충무공은 막하 장령들과 공사를 논의하다 새벽 닭 우는 소리를 들었다고 한다. 출전하지 않는 날에는 동헌에 나가 집무했으며, 틈을 내어 막료들과 활쏘기를 즐겼다. 그는 진중 생활 속에서 이로움과 힘든 마음을 시가詩歌를 통해 읊었는데 특히, 달 밝은 밤이면 감상에 젖어 잠 못 이루는 때가 많았다고 전한다.

『난중일기』는 이순신 장군이 전라좌수사가 된 1592년 5월 1일부터 노량해전에서 전사하기 전날인 1598년 11월 17일까지 약 7년 동안 진중에서 쓴 일기이다. 총 7권 8책으로 구성되어 있으며 1962년 서간첩인 『임진장초壬辰狀草』와 함께 국보 제76호로 지정되었다.

이순신은 병법은 물론 문文에도 뛰어났다. 어릴 적부터 사서삼경 등으로 착실하게 공부했고 식년무과에서 무경강독武經講讀 시험을 볼 때 시험관이 보통 무사들이 대답할 수 없는 난해한 질문을 했음에도 사마광의 『자치통감』을 주희가 해석한『자치통감강목』에 나오는 내용으로 답해 시험관들을 놀라게 했다. 또『난중일기』에서 알 수 있듯이 이순신 장군은 전쟁 중에도 책을 놓지 않았는데 꾸준한 독서를 통해 통찰력과 전략을 얻었다.

이순신 장군이 뛰어난 점은 조선의 국토가 분할돼 중국과 일본의 소유물로 전락해 조선이 사라지는 것을 막았다는 데 있다. 이에 대해 송복 연세대 교수는 임진왜란이 명과 왜의 대리전 격이었음에도 이런 비극을 막은 이가 이순신이라고 보았다. 이순신이 바닷길을 막아 호남을 지키는 한편, 보급로를 차단함으로써 조선이 분할되지 않도록 막았다는 것이다.

조선 점령에 대한 도요토미 히데요시의 전략은 두 가지였다. 하나는 호남 곡창지대를 차지해 식량을 조달하는 것이고, 다른 하나는 평양까지 진격한 일본 육군에게 보낼, 서해를 통한 원활한 보급물자 수송로를 확보하는 것이었다. 그런 도요토미 히데요시의 전략은 이순신 장군이 바다를 장악함으로써 보급선이 끊기게 되었고, 조선 점령에 대한 꿈을 접을 수밖에 없게 했던 것이다.

유성룡은 『징비록』에서 이순신이 제해권을 장악할 수 있었던 것은 한산도대첩1592년 때문이라고 밝히고 있다. 한산도는 일본 수군이 호남으로 가는 해로 상 전략적 요충지로, 평양까지 진격한 일본군은 이순신 때문에 바다를 통한 보급의 길이 막히자 버티지 못하고 추위와 굶주림에 남쪽으로 후퇴할 수밖에 없었다.

도고는 국가의 적극적 지원을 받으면서 전쟁을 치렀다.

그러나 이순신 장군은 왕과 신하들의 시기, 질투, 모함, 심지어 훼방까지 받아 가면서 승리했다. 도고는 전쟁에 필요한 군수 및 물자를 국가로부터 충분한 지원을 받았으나 이순신은 식량 조달, 선박 건조, 무기 생산, 의류 및 보급품 등을 스스로 조달하면서 전쟁을 했다. 오히려 중앙에 물자를 보내기까지 했다.

그렇다면 이순신 장군은 전략가로서 얼마나 뛰어났기에 일본 최고의 해군 제독인 도고 헤이하치로까지도 인정하도록 만들었을까? 『손자병법』은 가장 이상적인 승리는 전승全勝이라고 했다. 이순신의 전승은 싸우지 않고 이기고, 싸워야 하는 경우 최소의 희생으로 승리하고, 싸움마다 승리한 전승의 리더였다.

전략 연구의 세계적 권위자이자 경제 전략의 창시자인 마이클 포터 하버드대 교수는 전승하는 리더가 되기 위한 4가지 단계를 제시한다. 전승하는 리더의 4가지 조건은 패러다임 변화의 파악, 대응 전략의 수립, 전략 실행을 위한 시스템의 개발, 시스템의 능력을 최대한 발휘할 수 있는 독창적 문화의 개발 등이다.

전승하는 리더로서 이순신 장군이 보여 준 전략은 무엇일까?

1단계는 패러다임의 변화를 파악하는 것이다.

이순신 장군은 임진왜란이 발발하기 1년 2개월 전에 전라좌수사로 부임한 직후부터 일본군이 쳐들어올 것을 확신하고, 이에 대해 철저히 대비했다. 통찰력 있는 지도자는 대세의 흐름이 겉으로 드러나기 전에 미리 파악하여 철저히 대비한다. 이는 실전 전략 4단계 중 1단계인 '패러다임 변화의 파악'이다.

2단계는 대응전략 수립, 즉 일본 수군과 싸워 이길 수 있는 '함포 주도형 전략'을 수립했다.

일본 역사학자인 안도 히코타로오가 "이순신의 함포 주도형 해전은 서양에 비해 거의 3세기나 앞선다." 라고 밝혔을 만큼 첨단 전술에 속한 것이었다.

3단계는 이런 전략을 실행할 수 있는 조직과 시스템에 대한 개발이다.

이순신은 병참 지원팀, 전략 및 전술팀, 전선 및 무기팀, 수군 재건팀, 정보 제공팀 등 많은 조직과 시스템을 개발했으며, 이들의 도움을 적재적소에 살 활용했다. 그리고 전략의 실행을 시스템화하는 데 성공했다.

4단계는 시스템의 능력을 최대한 발휘할 수 있게 하는 독창적 '문화'를 개발하는 것이다.

이순신 전문가로 알려진 임원빈 이순신연구소장은 『이순신 승리의 리더십』에서 이순신은 전문성, 신의, 배려, 솔선수범, 엄격한 규율, 창의적 사고, 의리, 정성, 정의감 등 9개의 덕목을 바탕으로 하는 독창적인 문화가 있었다고 밝혔다. 이순신은 또 가족 중시, 효도 사상 등 한국인이 중시하는 공동체 정신의 모범이 되는 문화를 자신의 부대에 성공적으로 접목함으로써 무적함대를 육성했다.

이순신 장군처럼 환경을 핑계로 삼아야 할 대상이 아닌, 극복해야 할 대상으로 여기고 주어진 역할과 책임에 집중한다면 도태되는 일 없이 어떤 위기도 극복할 수 있을 것이다. 탐 피터스는 "리더십이란 변화를 사랑하는 것을 배우는 것이다."라고 말했다.

현명한 리더들은 변화에 저항하기보다는 변화를 준비하며 주도하는 것을 즐기는 사람이다. 이순신 장군이 그랬다. 변화하고 혁신하는 것만이 미래를 보장할 수 있는 확실한 방안이라는 것을 알았기 때문이다.

수익이 지상 과제인 기업에 있어서 전략이란 기업이 추구하는 비전이나 목표를 달성하기 위해 구체적으로 비전을 설정하고, 그 비전을 이루기 위한 논리를 말한다. 패러다임이 급변하는 시대에는 그 변화를 모르면 실전 전략의 수립조차 불가능하다. 이 때문에 실전 전략을 익히고자 한다면 패러다임 변화에 대한 관심부터 가져야 한다.

이 팀장이 전하는
홍보 전략 노하우

전략이란 무엇을 포기할 것인지 묻는 과정이다.

_ 마이클 포터Michael E. Porter, 하버드대 교수

　새로운 홍보 아이디어는 기자들이 좋아하는 아이템 중 하나다. 사회적 이슈를 가장 잘 끌어내는 시민단체들은 기발한 아이디어로 언론에 자주 등장하곤 한다. 아이디어는 심사숙고하거나 토론의 과정을 통해 찾아낸 것이다. 그럴 때 예전에도 없었고, 앞으로도 없을 것 같은 창의적인 아이디어가 된다. 인기있는 것을 대충 모방해서는 성공하기 힘들다는 것을 그들은 뼛속 깊이 이해하고 있음이 분명하다. 홍보하는 사람들이라면 그들의 아이디어를 참고해볼 필요가 있다.

　아이디어에 관한 명언은 광고계의 신으로 불리는 데이비드 오길비David Ogilvy, 19111~1999의 말이 유명하다. 그의 책 『오길비 온 애드버타이징

Ogilvy on Advertising』에 보면 이런 말이 있다.

"30년 이상 지속되는 광고를 만들 수 있는 빅 아이디어를 생각하지 못하면 결코 이름을 날리거나 성공할 수 없다. 빅 아이디어는 무의식 중에 찾아온다."

한편으로 오길비는 '그러나 무의식이 체계화되지 않으면 아이디어는 엉뚱한 방향으로 흐르고 만다'고 조언한다. 무의식이 작동할 수 있는 충분한 정보가 머릿속으로 제공되어야 하고, 불쑥 떠오르는 아이디어를 체계적으로 정리해야 한다는 것이다.

사실 아이디어는 책상 앞에 앉아 생각만 한다고 해서 떠오르는 게 아니다. 언론 홍보뿐만 아니라 생활에 도움이 되는 아이디어 또한 신문이나 방송은 물론 영화나 드라마에서, 소설이나 시 속에서, 그리고 개그맨이나 정치인의 입을 통해서도 찾을 수 있다. 더구나 그 아이디어가 예전에 없던 새로운 것이라면 언론은 더 큰 관심을 가질 것이다. 새로운 아이디어는 그 자체가 트렌드요, 뉴스가 될 수 있기 때문이다.

문제는 미디어를 통해 접한 그 아이디어를 우리 기업과 어떻게 연관시키고, 홍보에 적용하느냐이다. 성공한다면 긍정적인 기업 이미지를 제고하는 데 좋은 기회가 될 것이다.

빛나는 아이디어는 문득 솟아나는 경우가 많기 때문에 산책을 한다든지 영화를 본다든지 아니면 서점이나 도서관에서 책을 뒤적인다든지 주변 분위기를 자신에게 맞게 바꿔볼 것을 제안한다.

다음은 홍보 전략을 수립하는 기본적인 단계이다.

장기전략 수립

언론 홍보를 통해 알려진 기업의 브랜드와 이미지가 지속적으로 이어
질 수 있도록 중장기적인 계획이 있어야 한다. 그것이 중장기 홍보 전략
이다.

홍보 조직을 갖춘 웬만한 대기업이 아니고는 홍보 전략을 가지고 있
는 곳은 드물다. 그나마 있다고 해도 연간 홍보계획을 운영하는 곳이 대
부분이다. 군이나 지자체 등 공무원 조직 말고는 3년 이상의 중장기 계
획을 세우기는 현실적으로 힘들다. 민간기업에서는 한해 경영 성과에
따라 홍보 예산의 변동폭이 크기 때문이다.

무슨 일이든지 치밀한 전략 없이는 크게 성공하기 힘들다. 특히 언론
홍보의 경우에는 체계적인 전략을 정하고 더불어 그에 따른 구체적인
실행계획 없이는 성공하기 어렵다. '자고 일어나니 유명해졌더라'는 얘
기 속에는 실제로 많은 노력이 담겨져 있다.

홍보실에서는 그 노력들이 고스란히 보이지만 기자들은 그 노력에 대
해 알지 못하는 경우도 있다. 장기 전략은 언론 보도가 일회성으로 끝나
지 않고 계속 이어질 수 있도록 미리 계획을 세워 두는 것을 말한다. 이
미 한 번 보도가 나간 기사가 또다른 기사를 불러일으킬 때, 언론 홍보
는 성공을 거두었다고 말할 수 있다.

하지만 후속 기사를 유도할 수 있으면 좋겠지만 그렇지 못 하다고 해
도 실망할 것은 없다. 장기적인 틀 안에서 이루어진다면 그 자체로 의미
가 있으며, 평가를 통해 다른 기사를 기획하면 된다. 평가를 마쳤으면 상
기 전략을 재검토할 필요가 있다. 언론에 보도된 기사의 논조 분석을 통

해 원래 의도했던 바와 언론에 보도된 내용이 차이가 있다면 그 차이를 좁혀야 한다. 그 차이를 좁히기 위해 우리가 언론의 방향에 맞출 것인지 아니면 언론을 우리가 의도하는 방향으로 유도할 것인지를 결정해야 한다. 그 과정에서 전략을 수정하거나 새롭게 추가해야 한다는 것이다.

하지만 언론에 보도되도록 해야 하는 입장에서는 꼭 가져가야 할 핵심 메시지를 흔들지 않는 선이라면 고집을 피우기보다는 유연하게 전략을 짤 필요가 있다. 간혹 무조건 보도를 해야 한다는 식으로 흘러간다면 언론에 보도가 많이 되어도 내부적으로 큰 효과가 없는 경우도 많다.

언론 홍보의 궁극적인 목표는 기업 입장에서는 '기업 경영에 도움이 되어야 하는 것'이고, 기자 입장에서는 '사회적인 트렌드를 만들고 이를 기업의 경영 활동에 도움이 될 수 있도록 만드는 것'이다.

만약 광고 예산이 있다면 광고와 연관 짓는 것도 고민해보자. 하지만 광고와 연관 짓는 데는 전략이 없다면 실패할 가능성이 높다. 광고와 홍보 모두 기업의 이미지를 긍정적으로 알리기 위한 방법인데, 두 가지는 각각 나름의 전략과 실행 방법이 다르다. 기업은 두 가지의 차별성에 대한 이해없이 운영할 경우 실패할 수 있다. 대기업에는 광고와 홍보 각 분야 전문가들이 포진해 있어 각각 개별적으로는 성공할 수 있지만 상호 시너지를 통한 큰 성과를 거두기 위해서는 사안마다 어떤 것을 우선 순위에 두고 일을 진행할지 사전 검토나 협의가 필요하다.

비록 홍보뿐만이 아니라 모든 일이 그렇듯이 주먹구구식 방법으로는 성공하기 힘들다. 인터넷 등이 발달하면서 특히, 정보를 다루는 언론은 변화가 빠르다. 세상이 주목할 만한 이슈가 생기면 세상이 뒤집히기라도 한 것처럼 달려들다가 언제 그랬냐는 듯 한순간 잠잠해지는 게 언론이다. 이런 언론에 대응하기 위해서는 광고와 홍보에 대한 체계적이고 치밀한 전략과 실행 계획에 대한 수립 여부가 무엇보다 중요하다.

차별화된 전략

성공한 일에는 드러나든 드러나지 않든 분명 뛰어난 전략이 있다. 더구나 요즘 홍보는 신문이나 방송 등 고전적인 매체뿐 아니라 인터넷과 SNS 등 다양한 매체들을 엮어 종합적으로 실행하는 것이 대세다. 그럼에도 '홍보 전략'이라는 말은 흔하지만 제대로 수립하고 실행한다는 것은 쉬운 일이 아니다. 물론 그 평가는 해당 사안이 마무리된 뒤 결과를 통해 알 수 있겠지만 말이다.

전략을 잘 세운다는 것은 앞서 말한 단계별 매체 전략을 통해 지속적으로 이어지는 어젠다를 확보하고 이슈를 선점하는 것이다. 시대와 사회는 변한다. 그 변화의 중심에는 분명 이슈가 있다. 지속적으로 이슈를 생산해 내고 언론으로부터 관심을 끌 수 있는 기삿거리를 만들어 내야 한다. 언론은 갈등과 쟁점을 좋아하는 습성이 있으므로 지속적인 사회적 이슈를 생산해야 언론의 주목을 받을 수 있다. 그 이슈와 연관 짓는 것이 언론 홍보 성공의 관건이다.

물론 사전에 매체별 특성에 맞는 공략이 선행되어야 한다. 신문은 종합지, 경제지, 전문지 등이 있고 각각 지면마다 특색이 있으므로 이를 전략적으로 공략하기 위해서는 정기적인 '지면 분석'이 필수적이다. 또한 방송은 뉴스 외에 다양한 프로그램이 있는데, 프로그램마다 요구하는 콘셉트가 있으므로 그에 맞는 아이템을 찾아야 한다. 홍보 인력이 많다면 각 매체별로 담당자를 정해 정기적으로 분석하고 전략을 세워 실행할 수 있지만 여의치 않다면 전문 홍보대행사를 운영하는 것도 방법이다. 물론 전문 홍보대행사는 비용이 많이 들기 때문에 시기성이나 효과성 등에서 사전에 면밀한 검토가 필수적이다.

앞서 언급했지만 매체는 각기 선호하는 콘텐츠나 스타일이 다르다. 따라서 전체를 아우르는 전략을 세운 뒤에 각각의 매체에 적합한 실행 계획을 세워야 한다.

예를 들면 종합지는 사회에 기여할 수 있는 사회성 있는 기사와 따뜻한 인간미를 엿볼 수 있는 사람들의 얘기를 좋아한다. 경제지는 숫자를 좋아하며, 세계든 한국이든 경제가 어렵든 살아나든 그 모든 것이 뉴스가 된다.

홍보 주니어들은 긍정적이거나 합리적인 정보만 뉴스가 된다고 생각하는 경향이 있는데, 그렇지 않다. 이러한 언론의 특성을 고려한 뒤에 어떤 매체를 공략할 것인지도 전략에 포함시켜야 한다.

어떤 사안을 홍보할 때 전략과 전술을 수립하는 과정에서 어떤 매체가 가장 적합할지도 함께 정하면 언론 홍보에 효과를 거둘 수 있다. 예를 들어 어떤 제품에 대해 홍보를 하고자 한다면 인터넷 매체를 통해서 관련 정보나 뉴스를 먼저 알린 후 종합지에서 사회적인 의미와 국민적인 파급 효과에 대한 보도를 하고, 다음에 경제지를 통해 경제적 효과나 트렌드에 대한 관심을 부각시킨 뒤 방송에서 이를 다루게 하는 식이다. 이러한 매체 전략은 홍보와 광고를 맞물려 통합적IMC, Intergrated Maketing Communication으로 기획했을 때 큰 성과를 거둘 수 있다.

전략에 맞는 전술 수립

구축하고자 하는 이미지를 정했다면 전략을 수립하고 그에 맞는 구체적인 실행 전술도 세워야 한다. 한 가지 전술, 한 가지 매체만 사용하기보다는 단계별로 여러 매체를 활용하는 다양한 전술을 세우는 것이 좋다. 원칙은 전략에 기반한 전술이 만들어져야 한다는 것이다. 전술이 없거나 주먹구구로 홍보를 하다 보면 언론 홍보를 왜 하는지에 대한 본연의 목표는 잊어버리고, 실적에 급급해 '한 번 해보자!'는 식으로 흐르는 경우가 있다.

전략은 유연해야 한다. 시기와 상황이 바뀌면 달라져야 한다. 전술도 마찬가지다. 소비자들의 기호와 취향은 시대에 따라 변하며, 또한 기자들의 관심도 트렌드에 따라 함께 변하기 마련이다. 그에 맞춰 전략도 변해야 한다.

또한 전술은 반드시 트렌드를 반영해야 한다. 트렌드는 단순히 문화적 유행만을 뜻하는 것이 아니다. 그 유행 너머 시대적인 화두를 읽고 그것을 전술 속에 녹여 넣어야 한다.

소비자들은 시대적인 트렌드에 민감하다. 언론이 가장 중시하는 아이템은 시대적 트렌드에 부합하거나 사회적 트렌드를 선도하는 것이다. 크게 보도가 나가기를 원한다면 현재 사회적으로 이슈가 되고 있는 트렌드를 찾아서 보도자료를 만들어야 한다. 언론의 습성은 스스로 사회적 트렌드를 선도한다고 믿기 때문에 그 콘셉트를 잘 잡아낸다면 의외로 쉽게 언론 보도로 연결될 것이다.

기업 이미지 기획

언론 홍보의 목적은 전혀 알려지지 않은 기업이나 그 기업과 관련된 뉴스를 알리거나 혹은 이미 알려진 기업 평판이나 인물의 명성을 관리하는 것이다. 그리고 기업과 관련한 이슈 등에 대응하거나 여론을 관리하는 일이다. 기업을 알리기 위해서는 우선 어떤 이미지를 구축할 것인지 구체적으로 정해야 한다. 기술력을 부각시킬 것인지, 제품의 디자인을 홍보할 것인지, 아니면 매출과 시장점유율을 드러낼 것인지, 취업준비생들의 관심을 나타낼 것인지, 사회공헌 내용에 포커스를 맞출 것인지 선택하는 것이다.

현대 사회에서 이미지의 중요성은 날이 갈수록 더해간다. 언론 홍보에서도 마찬가지다. 이렇듯 이미지가 중요해진 것은 인터넷을 비롯한 매스컴의 발달 때문이다. 신문과 방송 그리고 인터넷 등 미디어는 많아지고 사람들도 이를 통해 알려지는 이미지를 현실로 이해하고 받아들이는 경향이 늘어가고 있다. 세상 모든 것이 이미지가 있어야 통하는 세상이 된 것이다.

홍보에서 요구하는 이미지는 대부분 있는 그대로의 모습이 아니다.

기획과 연출이 가미된 것이다. 외부에 보여 주고자 하는 이미지를 정할 때 염두에 두어야 할 것은 사실에 기초해야 한다는 것이다. 사실에 기초한다는 것은 보여 주고자 하는 이미지를 객관적으로 입증할 수 있는 근거가 있어야 한다는 것이다. 아무 근거 없이 원하는 이미지를 고객들에게 강요할 경우, 여론으로부터 무시될 가능성이 높고 따라서 홍보 역시 실패할 확률이 높다. 기업 이미지는 연출은 허용되지만 조작을 해서는 절대로 안 된다. 언론은 객관성만큼 도덕성도 중요한 문제이기 때문이다. 자칫 도덕성 논란이 불거질 경우 큰 타격을 입을 수 있다.

트렌드 제시

기자들은 새로운 아이디어와 함께 새로운 트렌드를 제시한 아이템을 좋아한다. 새롭고 특별한 이슈를 찾아다니는 기자들의 특성 탓도 있지만 새로운 트렌드를 기다리는 것은 독자들 역시 마찬가지다. 이런 상황을 놓치지 않고 기자들에게 새로운 아이디어를 가미해 트렌드의 변화를 모색하는 보도자료를 배포한다면 기자들은 그 기업과 홍보맨에게 호감을 가질 것이고, 기사로 보도되도록 하는 데도 긍정적으로 작용할 것이다.

언론이 좋아하는 트렌드를 읽는 법은 의외로 간단하다.

일단 가장 쉬운 방법은 회사에서 구독하는 신문을 읽는 것이다. 신문을 읽다 보면 우리 회사와 관련 있는 내용이 있을 것이고, 1주일 이상을 분석해보면 기자들의 관심사가 무엇인지 알게 될 것이다. 아울러 사회적으로 관심이 집중되고 있는 이슈도 파악할 수 있다. 그 트렌드는 점차 방송으로 옮겨갈 수 있다.

앞서 말했지만 언론은 트렌드에 민감하다. 그리고 자신들의 지면과 프로그램을 통해 새로운 트렌드를 제시하고 사회 변화를 주도하기를 원한다. 시장에서 점유율을 높이기 위해서는 우선 선점하는 것이 중요한데 트렌드 역시 주도하기 위해서는 선점하는 것이 관건이다. 언론 홍보 역시 트렌드를 선점하는 언론의 특성을 파악하고, 기자에게 정보를 제공하면 성공할 수 있다.

매력적인 키워드

신문이나 방송 등 언론은 함축적인 것을 좋아한다. 지면이나 방송 시간이 한정되어 있고, 그 공간을 최소한의 콘텐츠로 채워야 하기 때문이다. 결과적으로 언론 홍보 전략을 세울 때는 몇 개의 단어로 압축해서 노출시켰을 때, 고객에게 쉽게 기억된다는 점을 명심하는 것이 좋다. 물론 쉽지는 않겠지만 말이다.

여기서 말하는 몇 개의 단어를 '키워드Key-Word'라고 한다. 매력적인 키워드는 그 자체로 기사 제목이 되기도 하고, 내용 전체를 아우르기 때문에 시간과 노력을 투자할수록 효과적이다.

그렇다면, 성공적인 키워드는 어떤 요소를 갖고 있을까?

언론을 통한 홍보에 성공하기 위한 요소로는 섹시한 아이템, 시의적절한 타이밍, 재치 있는 메시지 등이 있다.

첫 번째, 섹시함은 키워드를 본 기자들의 시선을 끌 수 있어야 한다는 것이다.

두 번째, 시의적절함은 트렌드를 반영했는가이다.

트렌드야말로 성공적인 언론 홍보를 위해 가장 중요한 요소라고 생각한다.

세 번째, 재치 있음은 말 그대로 순간적인 센스나 감각을 말한다.

역시 키워드를 빛나게 하는 중요한 요소임에 틀림없다.

언론 홍보에 성공하기 위해서는 이처럼 기자들의 관심을 끌 수 있는 키워드를 찾아내야 한다.

사실 언론 홍보는 홍보맨으로 발을 들여놓은 뒤 어느 단계에 도달하면 물 흐르 듯이 자연스럽게 업무를 수행해 나갈 수 있게 된다. 이는 언론의 고유한 특성이기는 하지만 이를 추진하는 홍보맨의 전략 능력에 달려 있다는 것을 명심해야 한다.

전략 실패 사례에서 배우기

'내 방식은 이미 시장에서 통했어.' 성공에 도취하는 순간 실패의 길을 걷는다.

_ 시드니 핑켈스타인(Cydney Finkelstein), 미국 다트머스대학교 교수

우리들 대부분은 실패에서 무언가 배워야겠다는 의지는 있으나 노력
은? 글쎄다. 리더들은 대부분 실패를 인정하려고 하지 않으려 한다.

성공을 위해서는 과거 실패의 원인을 잘 따져보고 분석하는 것도 중
요하다. 진정한 혁신과 성공은 때로는 창조적 실패에서 나오는 만큼 실
패를 두려워하지 않는 조직 분위기를 조성한다는 의미에서 실패 사례는
의미가 있다. 성공보다 실패의 원인을 먼저 찾아보는 것은 투자의 귀재
워런 버핏이 즐겨 사용하는 방법이다. 그는 항상 몇 년 뒤에 성공이 아
니라 실패할 수 있다는 사실을 가정하고, 그 원인과 리스트를 만들어서
분석해보라고 권한다.

전략도 마찬가지다. 제대로 수립했다고 하더라도 실패할 수 있다. 한

번 크게 성공한 사람도 바로 패자로 추락하는 경우가 많다.

기업이 단기적으로 성공하려면 최소한 2가지는 잘해야 한다. 하나는 패러다임 변화를 파악하는 것이고, 다른 하나는 이에 대응하는 전략을 제대로 수립하는 것이다.

여기에서 말하는 전략은 실전 전략 4단계 중 제2단계에 해당되는 좁은 의미의 전략을 의미한다. 실전 전략의 3번째 단계인 시스템을 제대로 개발하지 못해도 전략만 제대로 수립하면 어느 정도 성공은 가능하다.

하지만 모든 전략이 성공하는 것은 아니다. 전략은 좁은 의미의 전략과 넓은 의미의 전략으로 나눌 수 있다. 전략이 성공하지 못할 때의 전략이란 보통 좁은 의미의 전략을 의미한다. 그런 전략이 성공하지 못하는 이유는 무엇인가?

첫째, 아무리 뛰어난 전략이라도 급변하는 환경에 대해 모르거나 무시하면 성공하지 못한다.

예를 들어 한국전쟁 당시 맥아더 장군은 인천상륙작전으로 전세를 역전시킨 후 후퇴하는 북한군을 추격했는데, 압록강까지 진격하고 통일을 목전에 둔 상황에서 예상치 못했던 중공군과 조우하게 된다. 그는 적이 바뀐 줄도 모르고 적에 대해서도 잘 몰랐기 때문에 중공군과의 초기 전투에서 패배했다.

당시 2군단장으로 참전했던 백선엽 장군은 초기 패배의 원인을 2가지로 분석했다. 하나는 항일전, 국공내전을 통해 상당한 전술 능력을 갖춘 중공군에 대해 아무것도 모르고 있었다는 것이고, 다른 하나는 중공군의 기습공격 등 전투 방식에 대비하지 못한 것이라고 했다.

반면 중공군은 미군, 한국군에 대해 치밀하게 분석하고 있었다. 당시 중공군 부사령관 덩화가 작성한 보고서에 나타난 미군과 한국군의 실정은 이러했다.

"미군은 전차와 포병, 공군이 강하나 보병은 약하다. 죽음을 두려워 해서 과감한 공격이나 진지 사수에 대한 의지가 없다. 낮에만 행동하고 야간전투, 근접전에는 아주 미숙하며, 보급품이 끊기면 바로 전의를 상실하고, 후방이 차단되면 스스로 물러난다. 한국군은 모든 면에서 미숙하다. 훈련이 절대적으로 부족하다. 한국군 1개 사단은 화력과 전투력 면에서 미군 사단의 3분의 1도 안 되지만 전의는 어느 정도 갖추고 있다."

둘째, 뛰어난 전략도 더 위대한 전략을 만나면 패배하게 된다.

장제스는 미국의 적극적인 지원을 받았지만 마오쩌둥과 중국 대륙을 차지하기 위한 전쟁에서 패한 후 대만으로 도망쳤다. 그는 일본 육군사관학교에서 공부했고, 부하 엘리트들도 일본에서 공부한 사람들이 많았다. 그들은 일본군의 군사 전략을 많이 사용했는데, 마오쩌둥 군대는 그에 대해 잘 알고 있었다.

반면 마오쩌둥의 전략은 독창적이었다. 장제스 군대는 도시 점령 전략을 중시해서 병력을 많은 도시에 분산시켜 주둔했지만 마오쩌둥 군대는 게릴라 전략을 채택해서 필요에 따라 병력을 집중할 수 있었고, 그럼으로써 국민의 대다수인 농민을 우군으로 만드는 데 성공했다.

셋째, 전략은 아무리 뛰어나도 지도자만 그 목표에 대해 알고 있을 뿐 부하들은 모르고 있다면 실패한다.

예를 들어 태평양전쟁의 미드웨이해전에서 일본 야마모토 사령관의 전략 목표는 미 항공모함을 유인해서 항공 결전으로 격파하는 것이었다. 그러나 전략 목표가 잘못 전달되어 부하들 중 일부는 목표를 미드웨이 섬 정복으로 착각했다고 한다.

넷째, 전략은 전술, 전술은 전투로 잘 연결되어야 한다.
이 3가지는 일사분란하게 진행되어야 한다. 위대한 전략도 전술이나 전투가 잘못되면 실패할 수밖에 없다.

다섯째, 군사 전략은 아무리 뛰어나도 국가의 대전략과 맞지 않으면 실패한다.
예를 들어 베트남전쟁 때 미국 국가 전략의 하나는 남베트남 정부가 유지되는 것이었는데, 남베트남 정부는 부패와 무능으로 스스로 유지하기 어려울 정도였다. 이것이 결국 미국 군사 전략의 실패로 나타났고, 베트남전에서 패배하는 결과를 낳게 되었다.

여섯째, 전략이 아무리 뛰어나도 이를 실현할 수 있는 시스템이 미흡하면 그 전략은 실패한다. 조직 문화가 미숙해도 실패한다. 또한 패러다임 변화를 잘못 판단해도 실패한다.

일곱째, 복수의 전략이 필요할 때 1가지 전략만 사용한다면 아무리 위대한 전략이라고 해도 성공하지 못 한다.
삼성과 애플은 부품 시장에서는 협력 전략, 제품 시장에서는 경쟁 전략, 특히 시장에서는 전쟁 전략을 수립한다고 알려져 있다.

마지막으로 위의 요인들이 복합적으로 발생하면 뛰어난 전략도 실패할 확률이 높아진다. 뛰어난 전략이 성공하지 못하는 이유는 실전 전략 4단계의 4가지 요소(패러다임 변화-전략 구축-시스템 구축-문화)를 살펴보면 이해할 수 있다.

아래 몇 가지 실패 사례에서 전략이 성공하지 못한 이유를 찾아보자.

천재 전략가, 나폴레옹의 실패

인류사에서 최고의 전략가 중 한 명으로 평가받는 나폴레옹도 실패를 피해갈 수 없었다. 그는 사병에서 황제가 되기까지 채 10년이 걸리지 않았다. 하지만 유럽의 많은 전쟁에서 연전연승하며 승승장구하던 나폴레옹은 지나치게 오만해진 나머지 1812년 여름에 60만 명의 대군으로 러시아를 침공했다가 실패를 맛보게 된다. 러시아 공략에 20만 마리의 말을 동원하고 엄청난 양의 와인까지 가져갔을 정도로 전격전 통해 승리하고자 전략을 세웠으나 러시아 군대가 후퇴를 거듭하면서 나폴레옹 군대를 러시아 깊숙이 끌어들이면서 '청야전술'로 보급이 끊긴 나폴레옹 군대를 상대하면서 대패를 당하게 되었던 것이다. 나폴레옹 군은 식량 조달이 끊기고 혹독한 추위가 닥쳐오면서 결국 무릎을 꿇고 말았다.

나폴레옹의 러시아 원정 실패에 대한 소식을 접한 프로이센, 오스트리아, 영국, 러시아는 연합군을 만들었으며, 프랑스를 침공하여 1814년 파리를 점령했다. 프랑스는 점령했던 땅을 연합국에 모두 되돌려 주어야 했고, 프랑스 영토는 1790년대 수준으로 되돌아갔다. 나폴레옹 또한 엘바섬으로 유배되었고, 이후 워털루전투에서 다시 패해 몰락하고 만다.

세계 휴대폰 시장 No.1 노키아의 몰락

휴대폰 세계 1위 기업 노키아Nokia는 전략의 실패 사례로 가장 많이 거론된다. 노키아는 아날로그 휴대폰 시장의 최강자였다. 150년 전통의 노키아는 종이, 고무장화, 타이어, 케이블과 TV까지 생산하던 종합기업이었다. 그러나 1993년 노키아는 폭발적인 수요를 보인 휴대전화 시장에 전념하기 위해 다른 사업들을 전부 포기했다. 당시 유럽은 휴대전화를 제조하는 유일한 지역이어서 유럽 우편전기통신회의CEPT는 1982년부터 디지털통신 공통규격 마련을 담당할 실무그룹 GSMGroup Special Mobile을 발족하고 GSMGlobal System for Mobile Communication이라는 세계 표준규격을 1991년 4월에 만들기에 이른다. 이에 따라 미국의 여러 통신업체들조차 이를 채택하게 되면서 노키아는 미국의 모토로라를 제치고 1996년 세계 제1의 휴대전화 제조업체로 등극한다. 2011년까지 13년 동안 휴대전화 시장에서 40%를 웃도는 시장점유율 세계 1위를 차지했던 핀란드의 국민기업이다.

노키아는 인터넷은 물론 SMS, 전자우편, 팩스 기능까지 탑재된 최초의 스마트폰을 개발했던 기업이었다. 노키아는 2000년에 출시된 최초의 스마트폰이라고 할 수 있는 에릭슨380 모델에 이미 터치스크린을 장착했고, 에릭슨·모토롤라·마쓰시타와 공동으로 개발한 뒤 2008년 독점 사용을 위해 인수한 스마트폰 운영체제인 심비안의 최초 버전을 사용하고 있었다.

그러나 노키아는 스마트폰으로 기업 방향을 전환하는 데 실패했고 애플의 스마트폰^{아이폰}이 등장하면서 나락으로 떨어졌다. 노키아는 이미 2004년에 터치 스크린 휴대폰을 개발했음에도 불구하고 이미 휴대폰이 날개 돋친 듯 팔리는 상황이었으므로로 자기만족에 빠진 경영진이 이를 무시했기 때문이었다. 노키아는 스마트폰 중심으로 재편되는 모바일 시장의 흐름에 대응하지 못한 데다 스마트폰 운영체제의 개발마저 실패하면서 위기를 맞게 되었다.

이후 애플에서 스마트폰을 출시하자 노키아는 일순간에 몰락의 길을 걷기 시작했다. CEO는 물론 30년간 노키아를 이끌었던 핵심 임원들도 줄줄이 물러났다. 사상 최초의 외국인 CEO 스티븐 엘롭이 영입되었지만 노키아는 1998년 모토로라를 앞지르고 휴대폰 분야 세계 최강자 자리에 오른 지 14년 만에 그 자리를 삼성전자에게 내주었다. 결국 2013년 9월 휴대전화 사업부를 마이크로소프트사에 매각한 후 네트워크 분야를 중심으로 사업을 재편했다.

노키아는 한때 핀란드 수출의 4분의 1, 법인세의 5분의 1 이상을 차지했던 기업이었다. 매출액은 정부 예산보다 많을 정도였고, 핀란드 경제가 노키아 경제라고 할 정도였다. 세계 시장 점유율은 50퍼센트를 넘을 때도 있었다. 노키아는 핀란드인의, 자존심이었고, 전 세계 경영대학마다 성공기업 사례로 노키아를 가르칠 정도였다.

그러나 주지하다시피 몰락의 길로 들어섰다. 노키아의 몰락 원인은 무엇일까? 전문가들이 보는 노키아의 실패 요인은 다음과 같다.

첫째, 패러다임 변화를 제대로 읽지 못했다.

혁신적인 최초의 제품을 개발했지만 소비자에게 스마트폰의 개념과 필요성을 이해시키지 못했다. 심지어 노키아는 터치스크린을 아이폰보다 무려 2년 먼저 개발했지만, 시장에서 가능성이 없을 것으로 판단하고 개발을 중단했다. 소프트웨어가 하드웨어보다 더 중요하게 되는 일은 없을 것이라는 게 이유였다.

둘째, 전략 면에서 완벽하게 실패했다.

애플이 아이폰을 출시하자 노키아 엔지니어들은 아이폰의 단점들만 지적하며 안이하게 시장에 대응했다. 그들은 아이폰 생산 원가가 너무 높다거나 터치스크린이 충격에 약하다는 등 단점만 지적했다. 스마트폰 같은 혁신적인 제품의 개발보다 비용 관리 쪽으로 기업의 방향을 틀었다. 이 때문에 첨단 기술자나 혁신담당 인재들이 애플, 삼성전자 등 경쟁 기업으로 떠났다.

경영진들은 노키아의 심비안 운영체제Symbian OS를 버리고 MS 윈도폰 OS로 결정했다. MS 윈도폰은 개발에 여러 달이 소요되었으므로 상당 기간 공백 상태에 놓일 수밖에 없었다. 아이폰의 강점을 파악하고 시장의 반응에 대처하는 자세를 보였다면 아이폰보다 더 나은 스마트폰을 출시했을 수도 있고 스마트폰의 판도는 바뀌었을 수도 있다.

셋째, 시스템이 관료화되었다.

폐쇄적인 기업문화는 경영진의 오판을 자초했다. 여러 실패 요인들이 있었다고 하더라도 이를 수용하고 새로운 돌파구를 결정하고 혁신을 추진할 수 있는 경영진과 기업문화가 있었다면 노키아의 몰락은 막을 수 있었을지도 모른다. 노키아의 조직 구조는 매우 복잡하고 의사결정에 다수의 사람들이 관여하게 되어 있었다.

생산 공장과 직원의 수도 과다했다. 노키아의 혁신적 시스템은 비용 절약형 시스템으로 변했다. 자율적이고 민주적인 커뮤니케이션 시스템이 효과적이라는 것을 알면서도 시간만 낭비하고 무의미한 내부 커뮤니케이션에 집착했다. 경쟁사 평가 착오는 물론 일관성 없고 이기적인 조직문화는 노키아의 몰락을 앞당겼다.

넷째, 기업문화가 오만했다.

노키아가 몰락하는 일은 없을 것이라고 과신했다. 오만한 문화, 경직적인 문화, 혁신보다 비용관리 치중 등의 문화가 노키아를 몰락하게 만들었다. 게다가 내부 분열로 골든타임을 놓쳤다. 노키아는 아이폰의 IOS 체제보다 먼저 표준이 된 심비안 체제를 보유하고도 후발 주자에 밀렸다. 시장에 대응해 심비안을 보완 개선하고 활용하려는 팀과 새로운 운영체제인 미고MeeGo를 개발하려는 팀으로 분열되어 두 팀이 엄청난 시간과 재원을 낭비해 대응할 수 있는 시간을 놓쳤다. 특히 경쟁이 치열한 시장에서 타이밍은 무엇보다 중요함에도 불구하고 내부에서 서로 이전투구하는 사이에 시장의 주도권은 후발주자에게 넘어가고 말았다.

일본이 미드웨이해전에 패배한 본질

노나카 이쿠지로 등 일본의 대표적인 전략가 6명은 태평양전쟁 당시 미드웨이전투, 오키나와전투 등 미국과의 전투에서 일본이 패배한 원인을 분석한 결과를 『일본 제국은 왜 실패하였는가?』라는 책으로 출간했다.

이 책은 일본에서 100만 부 이상 팔리며 베스트셀러에 올랐는데, 일본의 주된 실패 원인으로 전략 실패와 조직 실패 2가지가 맞물려 있다고 지적했다. 특히 미국의 군대 조직은 시스템으로 작동하지만 일본의 군대 조직은 시스템보다 인맥이나 인간관계 중심으로 작동하는 것이 큰 문제라고 보았다.

전략에 있어서는 첫째, 명확한 전략 개념이 부족하고 둘째, 급격한 변화에 적응하기 어려우며 셋째, 획기적인 혁신이 힘들다.

또한 조직에 있어서는 첫째, 집단이 서로 통합하는 데 부담이 크고 둘째, 결정하는 데 오랜 시간이 필요하며 셋째, 집단 사고 때문에 이단을 배제하는 경향이 있다고 분석했다.

당시 일본은 전쟁을 하기에 앞서 독일이 영국을 점령하고 일본이 중국을 굴복시키면 미국은 전의를 상실하여 일본에 협상을 제의해올 것으로 희망적인 관측을 했는데, 이는 명백한 오판이었다. 일본 육군 내부에 이미 미국과 전쟁하면 승산이 없다는 보고서가 상부에 보고되었음에도 육군 수뇌부는 이를 무시했다. 러일전쟁, 중일전쟁에서 승리한 일본은 미국과의 전쟁에서도 승리할 수 있을 것으로 착각한 것이다.

또한 해전에서도 더 큰 전함과 함포를 장착한 일본이 승리할 것으로 믿었다. 그러나 일본 전함 무사시호와 야마모토호는 앞서 살폈던 것처럼 미국 전함이 아니라 전투기에 의해 철저히 궤멸되다시피 했다.

일본은 전쟁 패러다임 변화를 알지 못했다. 일본 육군은 정신력을 강조하면서 백병총검주의를 신봉했고 항공전에 미숙한 일본 해군은 함대 결전에만 치중한 나머지 미국에 앞선 전투력에도 불구하고 미드웨이해전에서 항공 모함 4척을 모두 잃었다. 또한 군대 내 문화도 미국에 현저히 뒤떨어졌다. 가미가제식 자살특공대를 운영한 것도 패착이었다.

역사상 세계 최강국, 몽골제국의 몰락

몽골 제국이 점령했던 영토는 면적만 해도 로마제국의 2배나 된다. 그러나 원나라를 건국한 쿠빌라이 칸칭기즈칸의 손자의 사망과 더불어 몽골은 몰락의 길로 들어섰다. 리샹은 저서 『중국제국 쇠망사』에서 몽골제국의 몰락이 원나라의 몰락과 더불어 시작되었다고 지적한다. 그리고 몽골제국의 몰락 원인을 다음과 같이 설명했다.

첫째, 세계 정복이라는 칭기즈칸의 전략이 제국 경영이라는 패러다임으로 바뀌었음에도 이에 대한 대응을 제대로 하지 못했다. 이른바 업그레이드를 하지 못한 것이다.

칭기즈칸의 자손들은 방대한 제국을 분할 통치하느라 잦은 불화를 일으켰다. 다양한 국민, 영토로 구성된 제국 경영에 대한 경험이 부족했다.

둘째, 제국 경영 전략이 부재했다.

칭기즈칸의 성공 요인은 고도의 기동성 우수한 무기, 전략의 천재성 및 빼어난 전술의 4가지이다. 이는 다른 나라를 정복하는 데 필요한 성공 요인이었다. 그러나 제국의 경영 전략과 전술은 찾아보기 어렵다.

셋째, 국가관리 시스템의 불안이다.

원나라의 지도층은 소수의 몽골족이고 피지배층은 방대한 인구의 중국인이었다. 중국인에 대한 차별이 심했고 이들을 잘 리드하지도 못했다. 국민에 대한 메시지도 불분명했다. 국가관리 시스템이 불안할 수밖에 없었다.

넷째, 칭기즈칸 후예들의 '무武 숭상, 문文 경시'의 오만한 문화가 제국 경영에 맞지 않았다. 원나라는 국민의 직업을 관리, 아전, 승려, 도사, 의사, 기술자, 목공, 매춘부, 유생, 거지의 10등급으로 나누었다. 주로 중국인인 유생들은 백정만도 못한 취급을 받았다.

세계 최초로 디지털카메라를 개발한 코닥의 몰락

세계 최초로 디지털카메라를 개발한 코닥은 카메라 필름업계의 제왕으로 군림하며 신기술 개발을 줄기차게 이어갔다. 위성 기술을 활용한 고품질 필름으로 세계를 석권하던 1975년에 코닥의 연구원 스티브 새슨은 세계 최초로 필름이 없는 디지털카메라를 개발했다. 100×100 픽셀 센

서가 들어 있고 무게는 4kg 미만이며 개발하기까지 1년 정도가 걸렸다.

하지만 코닥은 아날로그 필름을 유지하기 위해 기술을 숨기고 외면했다. 그 결과, 1980년대 디지털카메라가 등장하면서 코닥은 경쟁력을 잃고 급속도로 몰락하기 시작했다. 최초로 디지털카메라를 개발하고도 오늘날 디지털 시장에서 코닥이 밀려난 이유는 무엇일까?

디지털 시대가 도달하면서 경쟁자들이 관련 기술 개발에 집중했던 반면 코닥은 총 수익률 70%에 육박하는 수익성 높은 아날로그 필름 사업에 대한 미련을 버리지 못했다. 수 년간 소형 카메라와 디지털식으로 암호화된 필름, 포토 CD 같은 하이브리드 기술 등을 통해 필름의 아날로그 수명을 연장하려고만 했다. 미국 로체스터 본사에 발이 묶인 디지털이미징사업부는 필름과 디지털 사이에 시너지 효과를 내야 한다는 압박을 받았고, 이미 최초의 디지털 기술 잠재력을 보유하고 있었음에도 불구하고 코닥은 꽃 한번 피우지 못하고 스러지고 말았다.

디지털카메라의 등장 이후 여성에서 남성으로 주 사용자 층이 급변했음에도 코닥은 여전히 여성 상대 마케팅에 집착했고 휴대폰이나 PC를 통해서도 이미지를 볼 수 있었지만 인화 필름에 대한 미련을 버리지 못해 결국 몰락이라는 길을 걷고 말았다. 코닥 역시 노키아와 마찬가지로 매출이 정체되는 등 기업 몰락의 전조가 있었음에도 불구하고 경영자들은 개선에 대한 의지는 물론 혁신에 대한 의사결정도 없었다.

디지털카메라의 등장이라는 예상하지 못한 변수 앞에서 무너진 코닥, 아그파와 함께 세계 3대 필름 회사였던 후지는 코닥과 아그파와 달리

위기 속에서 변화와 혁신을 통해 더욱 강한 기업으로 재탄생했다.

급격한 디지털 물결은 후지에게 사업 다각화를 통해 성장할 수 있는 기회가 되었다. 후지는 과감하게 기존 사업을 포기하고 위협에 대처하는 방법을 선택했다. 그동안 회사의 주력 부문이었던 필름 부문을 중심으로 대규모 구조조정을 실행하고, 평판 디스플레이, 화장품, 제약 등으로 사업 확장을 시도했다. 다만 무조건 사업을 확장하는 것이 아니라 '필름'이라는 핵심 사업이 아닌 '기술'이라는 핵심 역량에 집중하면서 불확실한 환경에 유연하게 대처하며 사업을 확대해 나간다. 그러한 노력으로 급격한 디지털 물결 속에서 후지는 강한 기업으로 재탄생할 수 있었던 것이다.

캐논 역시 아날로그 카메라에서 디지털로 빠르게 전환하며 세계 정상에 올랐다. 캐논은 필름 카메라를 꾸준히 생산해왔지만 아날로그에서 디지털로 빠르게 전환했다. 이후 렌즈 교환식 디지털카메라를 개발하여 독일과 미국 업체를 누르고 세계 정상에 올랐다.

시대의 변화와 패러다임을 읽는 눈은 중요하다. 소비자가 필요로 하는 신기술을 개발하고 특허를 선점한 캐논은 결국 승자가 됐고, 과거에 안주했던 100년 기업 코닥은 경쟁력을 잃고 결국 역사의 뒤안길로 사라졌다.

기업은 방향을 정했다면 그 방향으로 힘을 모아야 하고 경쟁자보다 더 바른 속도로 나아가야 생존할 수 있다. 노키아보다 늦었던 애플이, 코닥보다 늦었던 캐논이 선행주자를 따라잡은 것은 물론 최강자로 올라설 수 있었던 것은 힘과 속도에서 경쟁자들을 능가했기 때문이다. 힘과 속도를 집중시킨 리더의 강한 추진력도 큰 역할을 했다. 애플과 코닥 사례는 사내외의 다양한 의견을 듣는 것도 중요하지만 그것을 분석하고 빠르게 의사결정을 내려 실행하는 것 또한 중요하다는 것을 보여 준다.

지금까지 세계적으로 유명한 개인, 기업, 국가 및 제국의 실전 전략 실패 사례를 살펴보았다.

승자는 패러다임 변화를 알고, 패자는 모른다. 승자에게는 올바른 전략이 있으나 패자는 없다. 승자는 시스템이 좋으나 패자는 없거나 별로다. 승자는 독창적 문화가 있으나 패자는 없다.

그리고 어떠한 패배든 그 주된 원인은 '전략의 실패'에서 찾을 수 있다.

실패의 10계명

성공하는 전략은 실패에서 나온다. 본질은 현상이 아니라 근본 원인이다.

문제가 생겼을 때 현상만 쫓아서는 결코 해결할 수 없다. 그 속에 숨은 본질을

찾아야 답이 나온다.

_ 도널드 키오Donald R. Keough

도널드 R. 키오Donald R. Keough 전 코카콜라 회장은 1981년부터 1993년
까지 코카콜라 컴퍼니 사장이자 COOChief Operating Officer를 역임하며 워런
버핏으로부터 '미스터 코카콜라'로 불린 전설적인 경영인이다.

도널드 R. 키오는 재직 중에 세계 지사를 열심히 방문했는데, 그때마
다 공항으로 마중을 나온 현지 관리자들은 커다란 성공을 거둔 영업소
로 그를 데려가고 싶어 했다.

그러나 그는 도중에 불쑥 차를 세워 아무 매장에나 들어가서 일선 직
원들을 만났다. 현장 직원들과의 솔직한 대화를 통해 회사 경영의 개선

점을 찾아보고 싶었기 때문이다.

그는 저서『실패하는 사람들의 10가지 습관』에서 기업이 다음의 10가지를 하면 확실한 실패에 이를 것이라고 말했다. 그는 코카콜라에서 43년간 일하고, 맥도날드와〈워싱턴포스트〉등에서 이사를 지내는 등 거대 기업에서 오랫동안 일한 자신의 경험과 주변에서 관찰한 수많은 사례를 통해 실패하는 사람들의 공통된 특성을 책에 담았다. 그에 따르면, 실패하는 사람은 대부분 모험이 필요한 시점에도 그것을 기피한다.

20세기 초반에 실재했던 100대 기업들 중 아직까지 명맥을 이어가고 있는 기업이 16개뿐이라는 것은 경영자들이 현재의 성과에 안주하면서 새로운 시도를 하는 것을 두려워했기 때문이다.

완벽한 기업은 없다. 10가지 실패의 습관은 코카콜라를 비롯한 세계적인 기업 내부에도 있었다. 다만 그는 이런 습관들을 제거해가는 노력을 기울였다고 한다. 경쟁자가 치고 올라오는데도 자신은 변화하지 않은 채 완고한 입장을 고수하는 것도 실패 요인이다. 코카콜라가 1947년에서 1954년까지 펩시콜라가 크게 성장하던 시기에 매출 답보 상태였던 것도 경영진이 시대의 변화에 적응하지 못했기 때문이다.

그는 코카콜라에서 근무했을 때 스스로를 '몸값 비싼 잡부'라 부르면서 사장이 가지고 있는 권위에서 벗어나고자 노력했다. 그는 관료주의는 내부의 직원이 서로 대립하고 서로에게 불리한 방향으로 작동된다는 것을 누구보다 잘 알고 있었다. 그래서 타 부서를 헐뜯기 위해 자신을 찾아오는 일을 금지시켜 부서 간 갈등이나 대립을 최소화하기 위해 노력했다.

그는 성공의 비결이라는 것은 이 세상에 없다고 단정하며, 오히려 자신이 걸어온 실패 속에서 '반면지교半面之交'의 교훈을 얻을 것을 권했다. 그는 이를 '실패의 10계명'이라고 불렀는데, 그가 제안한 10계명은 시종일관 반어적이다.

1. 새로운 일에 도전하지 말 것
2. 고집불통이 될 것
3. 내가 최고라고 생각하고 외부와 담을 쌓을 것
4. 잘못은 나에게 없고 항상 다른 사람에게 있다고 생각할 것
5. 법을 아슬아슬하게 피하면서 사업할 것
6. 깊이 생각하지 말 것
7. 외부 전문가와 자문위원에게 전적으로 의존할 것
8. 관료화 될 것
9. 혼동되게 메시지를 보낼 것
10. 미래를 두려워할 것

워런 버핏이 한때 미국에서 가장 유능한 기업인 중 한 명으로 손꼽은 그는 어떤 기업이든 10가지 중 단 한 가지라도 해당된다면 이미 그 기업에 적신호가 켜진 것이므로 즉시 문제를 해결하라고 말했다.

"가만 내버려 두면 양들은 풀이 없어질 때까지 들판의 풀을 뜯어먹지만 호모사피엔스지혜가 있는 사람들은 더 많은 풀을 찾아 떠나거나 스스로 풀을 기른다."

미래에 관해 신중하고 조심스러운 태도를 취하는 것과 걷잡을 수 없는 두려움에 사로잡히는 것과는 분명 큰 차이가 있다.

'하인리히 법칙'이라는 게 있다. 한 번의 대형 사고가 발생했을 때, 이미 29번의 경미한 사고가 있었고, 그 주변에서는 300번의 이상 징후가 있었다는 것이다. 실패에는 반드시 어떤 이유와 의미가 존재함을 역설하는 것이다.

홍보 업무를 수행하다 보면, 수많은 시행착오와 실패를 겪으면서 성장하고 배우게 된다. 실패를 했다는 것은 일단 시도를 했다는 증거이다. 시도하지 않으면 아무런 일도 일어나지 않는다. 아무런 시도조차 하지 않았다는 것은 ×1이 아니라 ×0이 된다. 그런 의미에서 시작은 반이 아니라 절반을 넘어 90%가 될 수도 있다.

꼭 홍보가 아니더라도 인생은 실패하고 또 극복하면서 대처하는 방법을 배우는 것이다. 실패조차 경험하지 못한 사람은 진정한 성공을 할 수 없다. 실패를 경험할 수 있다는 것에 감사하자. 실패를 위기가 아니라, 스스로 조절할 수 있는 기회로 만드는 것은 자신의 몫이다.

마음 먹었으면 시작해라. 나머지는 어떻게든 된다.

〈포브스〉 최고경영자였던 말콤 포브스Malcolm Forbes,1919~1990가 그랬다.

"실패도 배우는 게 있으면 성공이다."

손자병법에서 배우는 전략

전략이 없으면 적의 선동에 넘어가 이용당할 수 있지만, 행간을 읽을 수 있다면 그런 선동에 맞서 싸울 수 있다. 이용할 것인가 아니면 이용당할 것인가? 이것은 당신이 전략이 있느냐 없느냐에 달려 있다.

인간은 선택의 기로에 섰거나, 실패했을 때 무의식적으로 전략을 떠올린다. 즉 '왜 내가 그 선택을 했는지, 앞으로는 어떤 길을 가야 하는지?'에 대해 생각하게 되어 있다. 성공한 사람들 중 상당수는 보통 사람보다 특별히 잘생긴 것도, 가문이 좋은 것도, 학벌이 더 좋은 것도 아니다. 그런데 어떻게 그 자리까지 올라가게 됐을까? 바로 전략적으로 생각하고, 행동하고, 말하는 '전략적 사고' 때문이다.

행동을 하기 전에 내가 하는 행동이 어떤 영향을 불러올 것인지 또 상대방은 어떤 반응을 보일 것인지 생각한다. 따라서 말을 하기 전 상대의 입장을 고려해 말하고 그 말이 불러올 직·간접적인 영향과 부작용까지 모두 감안한다. 그로 인해 다른 사람들에게 감동을 주고 또 마음까지 얻을 수 있다. 이것이 바로 '전략적 사고'다.

팀워크나 인적 네트워크가 중요한 사회에서는 혼자만 잘났다고 최고의 자리에 올라갈 수 있는 것이 아니다. 올라가더라도 경쟁자들이 언제 끌어내릴지 모른다. 치열한 경쟁사회에서 가장 중요한 능력이 바로 '전략적 능력'이다.

직장에서 별을 단 사람들을 임원이라고 한다. 그들 중에서『손자병법』을 한 번이라도 읽지 않은 사람이 있을까? 다만 읽지 않았다고 감출 뿐이다. 인문학 고전 중에는『논어』,『맹자』,『노자』,『장자』,『한비자韓非子』,『묵자墨子』 등 어마어마한 동양 고전들이 있지만 그중에서도 특히, 많은 비즈니스맨들의 관심과 사랑을 받고 있는 책이『손자병법』이다.

조조, 마오쩌둥, 보나파르트 나폴레옹, 보응우옌잡, 빌 게이츠. 손정의, 더글라스 맥아더, 헨리 키신저, 마크 주커버그, 도널드 트럼프. 이들은 한때 세상을 주름잡았거나 지금도 전 세계 사람들에게 영향을 미치고 있는 인물들이다. 따로 설명할 필요가 없는 유명한 인물들이다. 이들의 공통점은 모두『손자병법』을 읽었고 거기서 배운 내용을 바탕으로 생각하고, 행동해서 원하는 것을 얻어냈다는 점이다. 한때 전 유럽을 통일하고 황제까지 오른 나폴레옹은 전쟁터를 누빌 때도 항상『손자병법』을 품고 다녔고 또한 중국을 탄생시킨 마오쩌둥은『손자병법』을 늘 침대 곁에 두고 읽었다고 한다.

『손자병법』은 미국 MBA의 필독서, 미국 웨스트포인트 육군사관학교 군사전략 교재로까지 사용되는 등 명실상부한 세계 최고最古이자 최고最高의 고전이다. 『손자병법』은 단순한 군사 교과서가 아니다. 정치학의 보감이다. 세상의 평화를 지키고 모든 전쟁에서 이기기 위한 고전이라고 할 수 있다. 전쟁이나 전투에서 적을 제압하려면 적시적소에 적을 공격할 수 있는 전략이 있어야 한다. 그 전략을 수립할 때의 근거가 『손자병법』 안에 있다.

『손자병법』에서 전쟁은 아주 중요한 개념으로 직장생활뿐만 아니라 우리가 살아가는 일상의 삶에서도 많이 인용되고 있다. 사실 직장생활도 전쟁과 다름없다. 물론 지옥이라고 하는 사람도 있지만 아직 칼을 물고 덤비는 사람을 만나지 못해서 그런 것인지는 몰라도 지옥까지는 아닌 것 같다.

인생을 어떻게 살아갈 것인지, 또 어떤 고민을 하며 살아야 할 것인지 궁금하다면 『손자병법』을 읽어보자. 전쟁 같은 삶을 마주한 사람들, 자기의 삶을 제대로 살아가고 싶은 사람들이라면 어떤 전략을 갖고 가져야 할지 생각해보자.

지피지기 백전불태知彼知己 百戰不殆는 『손자병법』에서도 가장 많이 알려진 구절이다. '백전불태'는 백 번 싸워 백 번 모두 지지 않고 안 다치는 싸움을 한다는 말이다. 스포츠 경기에서도 가장 위대하고도 기분 좋은 승리가 부전승 아닌가? 패배한 사람 없이 승리했듯이 기업 역시 이렇게 돈을 벌면 가장 좋다. 을을 못살게 괴롭혀서 돈을 번다든지, 고객을 속여서 돈을 벌더라도 이익을 냈다고 할 수 없다. 탐욕이다. 당장은 괜찮을지라도 요즘 세상에 그랬다가는 불매운동을 당하거나 심할 경우 회사 문을 닫을 각오를 해야 한다. 그래서 기업마다 윤리경영을 강조하는 것이다. 회사에 비윤리적인 직원이 있다면 내보내야 한다. 회사를 말아먹을 수 있다. 그래서일까? 싸우지 않고 이기는 방법을 제시하는 『손자병법』에 많은 사람들이 관심을 갖는 이유다.

『손자병법』의 '싸우지 않고 이겨야 한다'는 말은 전략을 갖고 싸우라는 말이다. 이기는 곳에 '전략'이 있다. 과연 우리들은 전략적으로 생각하고, 전략적으로 싸우며, 전략적으로 살아가고 있는가?

『손자병법』에서는 전략을 3가지로 이야기한다. 첫 번째 시간, 두 번째 공간, 세 번째 속도가 그것이다.

첫 번째, 시간은 출기불의出其不意다.

어떤 타이밍에 공격할 것인가 고민하라는 것이다. 상대방이 전혀 예상하지 못한 시간에 출격하라는 뜻인데 기습공격을 하면 승산이 높다는 말이다. 결전의 상황이 되면 공기무비攻其無備, 출기불의出其不意, 차병가지승此兵家之勝, 즉 적이 대비하지 못한 곳으로 쳐들어가고, 적이 예상하지 못한 전략으로 공격하면 승리를 거둘 수 있다. 이렇게 전쟁에서 승리를 거두는 비밀을 설명하고 손자는 자신의 말을 한마디로 정리했다. "병자궤도야兵者詭道也", 즉 전쟁은 속이는 기술이다.

전쟁을 속이는 기술로 보는 '병자궤도'의 표현에 사로잡힐 필요는 없다. '궤도'라는 말에 집착하면 '손자는 병법을 기껏 사람을 속이는 기술로 보는 사람인가?'라고 생각할 수 있나. 즉 수단과 방법을 가리지 않고 승리에 혈안이 된 사람으로 보일 수 있다.

'병자궤도'의 핵심은 대비하지 못한 곳에 쳐들어가는 '공기무비'와 예상하지 못한 방안을 내는 '출기불의'를 압축한 표현일 뿐이다. 즉 전략은 적에 비해 내가 압도적인 역량을 갖지 못하고 있거나 불리한 상황에서 전쟁이나 전투를 벌여야 하는 상황에 대비하는 통찰이다. 유동적인 상황에서 적을 이기려면 결국 나를 최대한 감추고 상대를 파악해야 한다. 그것이 바로 '병자궤도'의 기본이라고 할 수 있다.

두 번째는 공간, 공기무비攻其無備다.

적이 준비하지 못한 곳을 공격하라는 것이다. 손자는 병이사립兵以詐立, 즉 "병법의 기본은 속이는 것이다." 라고 강조했다. '병이사립'은 적으로 하여금 잘못된 상황 판단, 잘못된 작전을 수립하도록 만들거나 상대가 그릇된 행동을 취하게 만드는 것으로, 그 방법은 정치 군사적 속임수, 사실의 왜곡, 거짓 정보 현혹 등 활용 방법이 무궁무진할 정도로 다양하다.

적을 속이고 적이 방비하지 못하는 곳을 공격하는 것, 즉 '공기무비'의 전략이 군사 모략 원칙의 최우선이라는 것이다. 이는 인류 전쟁사를 통해 여러 번 입증된 바 있다. 적이 예상하지 못한 시간, 경계하지 않는 장소에 갑작스럽게 기습을 가하면 군사적, 심리적으로 엄청난 효과를 누릴 수 있으며, 혼란 속에 상대가 판단 착오를 일으켜 거듭된 실패를 하도록 몰아갈 수 있다.

옛날에는 칼, 창 등 병기를 사용했고 기동력과 화력도 현대전에 비해 매우 미약했기 때문에 '공기무비'의 전략은 비교적 단거리 기습의 전략으로 여겼다.

"먼 길을 행군한 지친 군대가 기습한다는 말은 들어보지 못했다."

"천리를 행군하는 군대를 누군들 모르겠는가?"라고 말할 정도로 당시에는 원거리 기습은 상대에게 쉽게 발각되어 '공기무비'의 모략을 사용하기 힘들었다. 그래서 '공기무비'의 전략은 반드시 상대를 속이는 '병이사립'이 반드시 선행되어야 했다.

세 번째는 속도, '병자귀속兵者貴速'이다.

어떤 속도로 나갈 것인지 선택하라는 것이다. 속도는 무조건 빠른 것이 좋은가? 아니면 느린 것이 좋은가? 모든 것은 처해 있는 상황에 맞는 속도가 좋다. 『손자병법』에서는 속도를 4가지로 분류해서 말하고 있다. 가장 빠른 속도는 풍風, 바람처럼 빠른 속도를 말한다. 가장 느린 속도는 림林, 숲처럼 느린 속도다. 그리고 가장 기습적인 속도는 화火, 불처럼 인정사정없이 들이치는 속도다. 마지막으로 움직이지 않는 속도는 산山, 산처럼 그대로 있는 것을 말한다.

풍림화산風林火山, 때로는 바람처럼 빠르게, 때로는 숲처럼 느리게, 때로는 불처럼 기습적으로, 때로는 산처럼 움직이지 않는 것이다. 과연 우리는 속도 조절을 잘 하고 있는가?

엘빈 토플러는 이렇게 말했다.

"인류 역사 중 단 3주 동안만 지구상에 전쟁이 없었다. 그러므로 인류의 역사는 전쟁의 역사다."

전쟁에서 최적의 타이밍, 최적의 장소, 최적의 속도는 그때그때 상황에 따라 다르다. 손자는 상황을 고려하지 않고 항상 같은 타이밍, 같은 장소, 같은 속도로 싸우면 매번 패할 것이라고 했다.

전략도 여러 가지가 있지만 가장 높은 단계는 시간과 공간 그리고 속도를 면밀하게 고려하는 것이다. 즉 언제 출격하느냐, 어디를 공격하느냐, 어떤 속도로 나아가느냐는 것이다.

실제로 세상살이가 전쟁터라고 느끼는 사람이 많다. 이해관계가 복잡하게 얽혀 있는 홍보 역시 마찬가지다. 그러니 무턱대고 '어떻게든 되겠지.' 라든가, '운에 맡기자.' 라는 식은 백전백패의 지름길임이 분명하다.

전략적 사고를 배우는 게 사는 길이다. 홍보맨들 특히, 전략적인 홍보에 대한 로망이 있는 홍보맨들은 아래 『손자병법』에서 말하는 전략의 3대 축을 반드시 명심하자.

출기불의^{出其不意} : 출격해라, 상대방이 의도하지 못한 시간에!

공기무비^{攻其無備} : 공격해라, 상대방이 준비하지 못한 공간으로!

병자귀속^{兵者貴速} : 나아가라, 상대방이 생각하지 못한 속도로!

매체 전략의 핵심, IMC

어제의 규칙이 날마다 무너지며 빠르게 변화하는 세상에서 정말로 성공을
거두려면, 용감해지는 동시에 일상적이고 친숙한 것을 거부하는 법을
배워야 한다.

- 스티브 잡스Steve Jobs

홍보에 활용되는 미디어는 여러 가지다. 신문, 방송, 잡지, 온라인 등
의 언론과 소셜미디어, 방송 프로그램, 오프라인 행사 및 야외 구조물 등
등을 활용해 노출을 늘리는 것은 일정 기간 동안 홍보 업무를 경험한 사
람이라면 누구나 할 수 있다.

그러나 이것만 가지고는 부족하다. 매체 노출을 늘리는 것과 대중에
게 임펙트 있는 메시지를 전달해 긍정적 피드백을 얻어내는 것은 전혀
다른 이야기다. 메시지의 문제이기도 하고 메시지 노출에 대한 미묘한
시간차, 메시지를 전달하는 매체별 톤&매너Tone & Manner 등에 관한 매체

전략의 문제이기도 하다.

홍보맨은 여러 미디어와 메시지를 가지고 '지휘'를 하는 사람이다. 여론의 흐름을 잘 보고 있다가 적절한 시기에, 적절한 메시지를, 적절한 미디어를 통해 던진다. 그로 인해 변화된 호흡과 여론을 역시 잘 관찰하면서 적절한 타이밍에 다음 행동을 취한다. 이런 의미에서 보면 홍보맨은 스스로를 오케스트라 지휘자라고 생각하면서 각종 미디어를 연주자, 메시지를 지휘봉이라고 가정한 뒤 행동한다면 훨씬 좋은 성과를 거둘 수 있을 것이다.

IMC^{Integrated Marketing Communication}는 매체 전략의 핵심으로 마케팅에서 많이 쓰이는 기법이다. 마케팅에서 커뮤니케이션 효과를 극대화하기 위해 TV, 신문, 잡지, 인터넷을 비롯한 SNS 등에 진행하는 광고와 PR, 프로모션 판촉 활동 등을 종합적으로 진행하는 것을 말한다. 광고뿐만 아니라 홍보 영역에서도 IMC는 중요하고, 필요하다.

그렇다면 IMC는 어떻게 수행하면 좋을까?

제일 먼저 해야 할 일은 해당 홍보 조직이 활용할 수 있는 미디어 자원의 목록을 만드는 것이다. 오케스트라를 예로 들면 단원들을 파악하는 것이라 생각하면 된다. 활용 가능한 미디어 자원들의 숫자는 많지만 이를 신부 활용할 수는 없다. 예산 문제, 인력 문제, 효율성 등 감안해야 할 문제가 한둘이 아니다. 또한 너무 많은 미디어를 활용하는 것은 부정적인 결과로 이어질 확률이 높다. 무조건 많은 미디어에 더 많이 노출한다고 해서 더 효과적인 것은 아니다. 사용 가능한 자원을 목록으로 만들어 적절히 활용하는 역량이 그래서 중요하다.

그렇다면 어떤 자원이 필요하고 어떤 자원이 필요하지 않은지는 어떻게 분별할까? 이 부분은 다소 주관적이다. 홍보맨 혹은 홍보 조직이 잘 다룰 수 있는 자원이 필요한 자원이라고 생각한다. 잘 다루지 못하는 미디어를 동원하는 것은 자칫 역효과로 이어진다. 역량도 안 되는 지휘자가 오케스트라를 지휘한다고 가정해보자. 결과가 긍정적일 수 있을까? 오히려 오케스트라 조직에 불협화음만 불러 일으킴으로써 지휘자는 그나마 갖고 있던 권한도 잃게 될 것이다.

홍보도 마찬가지다. 언론 홍보 외에는 전혀 경험이 없는 사람이 갑자기 노출을 늘리겠다고 소셜 미디어를 남용한다든가, 한 번도 진행해 본적 없는 대규모 오프라인 행사를 개최하는 것은 아마도 십중팔구 '실패' 내지는 '절반의 성공'으로 이어질 것이다.

모르는 자원을 충동적으로 쓰는 것은 결코 긍정적인 방법이 아니다. 따라서 본인이 혹은 조직이 잘 활용할 수 있는 미디어를 선택해야 한다. 새로운 미디어를 활용해보고 싶다면, 그 분야에 경험 많은 전문가의 도움을 받거나 최소한의 노출을 먼저 경험해보는 정도에서 활용해야 할 것이다. 세상일이란 게 조급하게 서둘러서 제대로 되는 일이 어디 있겠는가? 서두르면 일을 망친다.

홍보에서도 미디어들의 대략적 위치가 정해져 있다. 홍보맨들도 주로 사용하는 매체와 주로 모니터링을 하는 매체를 가까이 배치할 수 있다. 즉 일반적으로 생각하듯이 언론만이 홍보의 주 매체가 아니라는 말이다. 요즘처럼 유튜브는 물론 SNS 등 개인 매체가 발달한 여건에서는 더욱 그렇다.

홍보는 대중 혹은 타깃을 설득하고 또 움직이도록 하는 일이다. 목적에 따라 대중이나 타깃을 움직일 수 있는 더 좋은 매체 전략이 있거나 공중을 감동시킬 수 있는 제2의 수단이 있다면 그게 정답이 될 것이다.

홍보맨은 언론 홍보 계획 단계에서 자신이 가장 주력으로 활용할 매체와 보조로 사용할 매체를 대략적으로 결정한다. 각 매체들이 언제, 어떤 역할을 하게 될 것인지 계획을 세워둬야 한다. 주력 매체는 전체적인 홍보 스토리 라인을 그리는 것이다. 보조 매체들은 때로는 주력 매체를 보조하기도 하고, 복제하기도, 확산을 위해 활용하기도 한다. 물론 경우에 따라 중간에 주력 매체가 바뀔 수도 있다.

홍보맨은 각 미디어들과 공중의 반응을 모니터링 하면서 적절한 타이밍을 미세하게 조정한다. 만약 예상과 전혀 다른 반응이 나온다면 전체적인 매체 전략을 재조정하고 매체별 메시지도 다시 점검해야 한다. 각 미디어에 투입되는 메시지는 홍보 전략 콘셉트를 고려하여 서로 조화로운 음색을 낼 수 있도록 한다. 다양한 미디어라고 해서 서로 다른 콘셉트의 이야기를 해서는 안 된다. 같은 콘셉트를 유지하되 타깃을 설득하고 움직이는 데 도움이 될 수 있도록 치밀하게 메시지를 변형해야 한다.

또한 홍보맨은 여론의 추이와 호흡을 잘 지켜보면서 적절히 대응할 수 있어야 한다. 중요한 것은 각 매체를 통한 메시지와 피드백이 상호 조화를 이뤄야 한다는 점이다. 서로 다른 내용의 얘기가 나오는 것은 있을 수 있다. 그러나 서로 대치된다든가 의도한 콘셉트와 완전히 다른 내용이 보도되어서는 안 된다. 화음이 어울리지 않는다면 묵음시키는 것이 오케스트라의 기본 원칙이다.

홍보의 매체 전략이라는 것은 얼핏 보면 간단해 보이지만 사실은 매우 까다로운, 고도의 역량을 필요로 하는 일이다. 흉내를 낼 수는 있겠지만, '제대로 IMC가 되도록' 하려면 결코 만만한 일이 아니다.

지휘봉을 휘두른다고 누구나 지휘자가 될 수 있는 것은 아니다. 중요한 것은 멋진 음색과 화음을 만들어 내는 것이고, 이를 통해 사람의 마음을 움직이는 것이 궁극의 목적이다. 특히 홍보 조직 운영에서 실력 중심으로 인재를 활용해야 하는 이유다. 홍보맨이 가슴 깊이 간직하고 기억해야 하는 점이다.

마지막으로 매체 전략에 대한 이야기가 나왔으니 '메이저 매체와 마이너 매체'에 대해 간단히 언급해보자. 과거 메이저 매체와 마이너 매체를 구분하는 기준은 해당 매체를 보거나 듣는視聽 사람들의 숫자, 즉 '매체력'에 있었다. 그러나 2010년대 이후에는 이러한 기준만으로 메이저와 마이너를 구분하기가 어렵게 됐다. 포털 사이트와 소셜미디어 때문이다.

좋은 기사는 포털 사이트 메인에 올라 클릭을 유도하며 엄청난 열독률로 이어지기도 하고, 소셜미디어를 통한 무한 확산으로 이어질 수도 있다. 그러다 보면 외면했던 언론들이 관심을 갖고 다시 보도가 될 수도 있다. 이러한 언론 환경의 변화에 따라 최근에는 메이저와 마이너를 구분하는 기준으로 '취재력'이 추가된다. 즉 그 매체의 기자들이 얼마나 취재 역량을 지니고 있는가? 하는 것이 매체력 이상으로 중요한 요인이 된 것이다. 결국 사람들의 눈길을 끌고 읽어볼 만한 기사를 만들 수 있는 취재력을 가진 매체는 메이저 매체인 셈이다. 반면 어뷰징abusing만 일

삼고 타 매체의 기사를 베끼고 재편집만 한다면 이는 마이너 매체가 된다.

그러나 함부로 '이 매체는 메이저이고 이 매체는 마이너'라고 규정짓는 것은 위험하다. 그러한 분류와 규정은 결국 여러 매체 전략에서도 알게 모르게 드러나게 된다. '매체 차별'은 홍보에 있어 절대적인 금기 사항이다. 속으로 이런저런 생각을 하더라도 드러내놓고 차별하지 말라는 말이다. 기자 앞에서 섣부르게 메이저와 마이너로 매체를 나누었다가는 큰 낭패를 당할 수 있다.

덧붙이자면, 메이저 매체에 보도되는 기사만 의미가 있고 다른 매체 기사는 의미가 없다는 식의 단편적인 생각은 홍보맨들이 IMC 전략을 수립하고 실행하는 데도 제약이 된다. 이는 이슈 관리 단계에서도 부정적인 영향을 미칠 확률이 높다. 합리적인 선택을 할 수 없는 게 인생이라고 하더라도 다른 사람을 자극하고 조직에 피해가 될 수 있는 선택은 하지 말아야 한다.

사안에 따라 온라인 기사가 더 강력하게 작용할 수 있는 세상이 되었다. 전략적 마인드를 갖춘 현명한 홍보맨이라면 과거의 프레임에 갇혀 현재를 보지 못한 채 미래를 예단하는 우를 범해서는 안 된다.

우회하는 전략, 우직지계

천하에 물보다 더 부드럽고 약한 것은 없지만 단단하고 강한 것을 공격하는 데는,

그것을 이길 수 있는 것이 없고 이를 대신할 것이 없다.

약한 것이 강한 것을 이기고, 부드러운 것이 굳센 것을 이기는 것을

천하에 모르는 이 없지만, 아무도 행하지 못한다.

고로 성인은 "나라의 더러움을 받아들이는 사람이 사직의 주인이요,

나라의 상서롭지 못함을 받아들이는 사람이 천하의 왕이 되는 것이다." 라고

했다. 바른말은 마치 반대로 들린다.

_『도덕경』「78장」

정언약반正言若反, 바른말은 반대로 들린다.

노자는 '정언약반' 기법을 즐겨 썼다. 부드러움이 단단함을 이기고 양
보하는 자가 앞서간다고 했다. 또 공을 세우고도 이름을 내세우지 않고,
빛나도 눈부시지 않고, 곧아도 방자하시 않다고도 했다.

물은 유리컵에 담으면 마시는 물이 되고, 세숫대야에 담으면 씻는 물이 된다. 어떤 그릇에 담기느냐에 따라 그 용도가 결정된다.

말은 말투가 그릇의 역할을 한다. 유난히 언변이 좋은 사람들이 있는데, 같은 말이라도 목소리가 부드러운 탓도 있지만 직설적이 아니라 우회적인 표현으로 본인의 의사를 전달하는 것 이상의 효과를 거둔다.

물론 본인의 부단한 노력과 지적인 자산이 풍부한 탓도 있으나 이러한 화법을 '담언미중談言微中'이라고 한다. '완곡한 말로 정곡을 찌른다'는 뜻이다.

『손자병법』「군쟁軍爭」편에도 비슷한 말이 나온다.

先知迂直之計者勝 此軍爭之法也 (선지우직지계자승 차군쟁지법야)
우회와 직진의 장단점을 아는 자는 승리할 것이다. 이것이 군쟁의 방법이다.

덧붙여 '군쟁軍爭의 어려움은 돌아가는 길을 직행하는 길인 듯이 가고 불리한 우환을 이로움으로 만드는 데 있다. 그러므로 그 길은 돌아가기도 하고, 미끼를 던져 적을 유인하기도 하고, 상대방보다 늦게 출발하고서도 먼저 도달하기도 한다. 이런 사람이 우직지계迂直之計를 아는 사람이다.' 라고 했다.

우직지계는 '가까운 길을 곧게만 가는 것이 아니라 돌아갈 줄도 알아야 한다'는 병법의 지혜이다. 병법의 핵심은 상대의 허점을 알아내고 교란시켜서 적을 오판에 빠뜨리는 것이다. 전쟁사에 남은 수많은 명전투는 병력으로나 전세로나 월등하게 열세에 빠진 쪽이 어떻게 해서 이겼는지를 보여 준다. 국가의 힘과 전략의 싸움인 전쟁에서 우직지계는 상식을 뒤집는 사고가 병법의 기본이라는 것을 말해 준다.

우직지계의 '직直'은 글자 그대로 접근하기 쉬운 빠른 길, 편안하게 곧
바로 가는 길을 뜻하고, '우迂'는 좁고 돌아가는 길, 힘들고 구불구불한
길을 말한다. 우직지계의 핵심은 바로 이러한 우를 직으로, 곧 불리함을
유리함으로 전환하는 데 있다. 요컨대 가파른 산을 올라갈 때 아래에서
정상까지 직선으로 올라가는 사람은 없다. 정상까지 직진으로 올라가면
뒤집히기 쉽다. 하지만 지그재그로 우회로를 만들어 올라가면 시간이
걸리더라도 쉽게 올라갈 수 있다. 이것이 우직지계의 이치다.

동서고금을 초월해 위대한 전략가들은 모두 우직지계의 전략을 활용
한 고수들이었다. 군사 전략 관점에서 보면 적이 예상하지 못한 시간과
장소, 방법으로 간접 공격하는 것이 유리하다는 것이다.
사업이나 인간관계에 있어서도 마찬가지다. 이는『손자병법』의 우직
지계에 뿌리를 두고 있다. 손자는 적진으로 곧바로 공격하는 것이 아니
라 미리 적정을 살펴 승리가 확실한 기회를 포착한 뒤에 공격할 것을 강
조했다.
『손자병법』에 나오는 직공直功을 피해야 할 8가지 상황은 다음과 같다.

첫째, 적이 높은 언덕에 진을 치고 있을 때
둘째, 적이 언덕을 등지고 있을 때
셋째, 적이 거짓으로 패주한 척할 때
넷째, 적의 사기가 왕성할 때

다섯째, 아군을 유인하기 위한 병사를 미끼로 보낼 때

여섯째, 적이 사력을 다해 철수 중일 때

일곱째, 퇴로 없이 포위되었을 때

여덟째, 막다른 골목에 몰려 있을 때

이럴 때는 직공하면 안 된다. 이런 경우에 돌진한다면 자멸을 면치 못한다. 일상생활 속에서도 직장 상사, 인생 선배, 우호적이지 않은 고객이나 거래처, 심지어 아랫사람에게도 직공이나 직언을 피하는 것이 좋을 때가 많다.

우리 일상의 삶에서도 우직지계의 지혜는 중요하다. 어느 음식점 주인이 무조건 돈을 벌겠다는 생각을 접고 최고의 식재료로 정성껏 음식을 만들었더니 손님들이 몰려들었다거나, 거래처를 도우며 사업을 했더니 자신의 사업도 덩달아 잘되었다는 얘기는 더이상 새로운 얘기가 아니다.

미국 정치학자·핵전략 전문가로 성공한 헨리 키신저^{Henry Alfred Kissinger}는 유대인계 독일 이민자 출신으로 1943년 미국에 귀화, 하버드대학을 졸업했다. 제2차 대전에 참전하여 상관으로부터 우수한 두뇌를 인정받기도 했는데, 그에 따르면 서양인들은 클라우제비츠의 『전쟁론』이 강조하듯이 적의 중심을 찾아서 직접 공격하는 것을 중시하지만, 동양인들은 『손자병법』이 강조한 것처럼 적의 전략이나 외교관계를 먼저 공격하는 등 간접 공격을 중시한다고 말했다.

하지만 '직直'이라고 단점만 있는 것이 아니다. 문제 해결이 필요할 때에는 당사자가, 단도직입적으로, 핵심부터 파고들어야 할 때도 있는 법이다. 우迂와 직直 사이에서 어떤 결단을 내리느냐에 따라 리더의 성공 여부와 평가가 달린 것이다.

『손자병법』은 우직지계를 먼저 아는 사람이 승자가 될 수 있다고 했다. 지금과 같은 초경쟁 시대일수록 좁고, 멀고, 힘들더라도 돌아갈 줄 알아야 한다. 선뜻 내키지 않을 만큼 어려운 길이더라도 쉽고 편한 길로 만들 줄 알아야 한다. 즉 불리한 조건을 유리하게 바꿀 줄도 알아야 하는데, 이는 우직지계의 핵심 중 하나이다. 구부러지지 않는 길은 길이 아니라는 속담이 있고, 급할수록 돌아가라는 속담도 있다.

흔히 인생의 3대 불행은 소년 급제, 중년 상처, 노년 빈곤을 꼽는다. 젊은 나이에 출세가도를 직선으로 달리느라 정신없는 사람은 자신의 능력이 그 자리에 맞게 따라오지 못하게 됨은 물론 주위에 적까지 많이 만들면서 중도에 좌절하고 실패하는 경우가 많다. 무조건 돈을 빨리 버는 방법만 찾다 보면 돈도 사람도 놓치게 된다. 또 출세에 눈이 멀면 동료나 선후배는 물론 가정까지도 잃어버릴 수 있다. 주위 사람들과 잘 사귀고 그들에게 베풀기도 하면서 우迂의 길로 천천히 걸어가는 사람이 성공할 수도 있다.

20세기 세계 최고 명장 중 한 사람으로 손꼽히는 베트남의 보응우옌잡武元甲무원갑, 1911~2013년 장군은 프랑스군과 디엔비엔푸 전투를 승리로 이끌면서 길고 길었던 프랑스 식민통치를 끝낸 인물이다.

이 전투는 식민통치 아래 놓였던 약소국이 제국 열강과 싸워 승리한 첫 사례로, 이 전투에서 보응우옌잡 장군은 접근하기 쉬운 길이 아니라 정글을 통과하며 만든 우회로를 통해 프랑스군을 포위한다. 프랑스군은 이를 전혀 눈치채지 못했을 뿐 아니라 심지어 베트남군이 접근로에 지뢰, 철조망 등을 이중 삼중으로 설치해 놓은 탓에 전투에서 불리해졌을 때 후퇴조차 불가능했다.

보응우옌잡 장군이 만약 프랑스군 진지에 정면 공격을 시도했다면 계란으로 바위를 치는 격이었을 것이다. 우직지계의 전략으로 좁고, 힘들고, 어렵고, 돌아가는 정글에 길을 개척해 프랑스라는 강대국을 상대로 대승을 거둔 베트남의 보응우옌잡 장군 같은 '우직지계'의 고수가 되어 보자.

『논어』에서 공자는 "사람이 멀리 내다보지 못하면 반드시 가까운 곳에 근심이 있다人無遠慮 必有近憂인무원려 필유근우"고 말했다. 그저 눈앞에 보이는 일에만 연연하지 말고 미래를 먼저 생각하라는 말이다.

'우직지계'는 홍보맨에게도 꼭 필요한 사고방식이다. 실적에 급급해 기자와의 신뢰 구축 없이 자사 제품과 서비스만 어필하면 어떻게 될까?

언론 홍보의 기본 메커니즘인 '관계'를 이해하지 못하고 직진한다면 결코 성공할 수 없다. 시간이 좀 걸리더라도 보도자료를 전달하거나 제품과 서비스를 강조하기 전에 기자와의 신뢰 구축이 우선이다. 홍보맨으로서 자신부터 알려야 한다.

기자를 비롯해 고객을 처음 만나는 자리에서는 첫인상에 신경을 써야 한다. 첫 만남의 자리에서는 15초 안에 첫인상이 결정되므로 그 '15초'에 만전을 기해야 한다.

스페인의 투우사는 소 등의 급소에 칼을 꽂아 소를 쓰러뜨리는 것으로 투우의 하이라이트를 장식하는데 그때 걸리는 시간이 15초라고 한다. 비즈니스도 마찬가지다. 고객 접점에서 15초가 첫인상 관리, 신뢰 구축의 중요한 순간이다. TV 광고 시간이 15초로 구성된 것도 같은 맥락이다.

『성공하는 사람들의 7가지 습관』의 저자인 스티븐 코비의 아들인 스티븐 M.R. 코비는 그의 저서 『신뢰의 속도The Speed of Trust』에서 '신뢰가 높은 경우에 업무처리 속도가 빠르고 비용은 최소로 줄어든다'고 주장했다. 즉 신뢰를 구축하는 데 시간을 투자하는 것이 업무 진행이 더딘 것처럼 보일 수도 있지만 일단 신뢰 관계가 구축되면 제품과 서비스를 열심히 알리지 않아도 효율적인 홍보가 가능함을 시사하고 있는 것이다.

눈앞의 작은 이익, 작은 명예, 안일을 가져다 주는 길은 쉽고 빠른 길이다. 이런 길만 가는 사람은 유약한 인간이다. 사회생활이 어려운 것도 이런 쉬운 승리만을 쫓아다니는 사람들이 많기 때문이다. 물론 그들을 탓할 수만은 없다. 결국 내 탓이다. 고리타분한 고전이라고 무시하지 말고 전략적 사고를 키우기 위해 인문학 공부를 시작해보자.

위위구조와 감조유적

너는 너의 방식대로 전투를 해라. 나는 나의 방식으로 전투를 한다.

_ 마오쩌둥

고수의 대결일수록 사소한 요인이 결정적 역할을 할 때가 있다. 빌 게이츠의 마이크로소프트는 오랜 시간 소프트웨어 시장을 주도해 왔다. 하지만 영원할 것 같았던 마이크로소프트의 절대적 위상을 지금은 애플과 페이스북이 대신하고 있다.

주도권 확보는 생존과 관련된 문제다. 추종자가 되지 말고 개척자가 되라는 말을 많이 하는데, 이는 주도권을 확보하는 개척자가 되라는 뜻이다.

"전쟁을 잘하는 장수는 자신의 의도대로 상대를 움직이지, 상대에게 끌려다니지 않는다." 善戰者 致人而不致於人선전자 치인이불치어인

『손자병법』「허실虛實」편에 나오는 말이다.

손자는 싸움에서 승리하려면 '주도권'을 장악해서 적을 끌고 다녀야지 적에게 끌려다녀서는 안 된다고 강조했다.

기업도 마찬가지다. 한때 많은 휴대폰 제조사들이 선두주자인 노키아를 추월하기 위해 노력할 때 애플은 경쟁 판도 자체를 뒤집었다.

1970년대에 노키아는 고무장화와 화장지로 유명했던 기업이었지만 이후 20년간 세계 최초로 셀룰러 네트워크와 카폰으로 엄청난 성공을 거둬 무선전화 시장을 개척했다. 2000년대 초반까지 노키아는 지구상 스마트폰 시장의 절반을 장악한 유럽에서 가장 가치 있는 기업이었다.

2004년, 노키아의 엔지니어 몇 명이 혁신적인 전화기를 개발했다. 인터넷이 가능하고, 커다란 컬러 터치스크린에, 고해상도 카메라가 탑재된 전화기였다. 엔지니어들은 이 전화기에 어울리는 미친 아이디어를 하나 더 제안했는데 바로 '온라인 앱스토어'를 만들자는 것이었다. 노키아의 경영진들은 이 두 가지 아이디어를 모두 무시해버렸다. 그리고 3년 뒤 엔지니어들은 자신들의 아이디어가 샌프란시스코를 무대로 구체화되는 것을 목격했다. 스티브 잡스가 아이폰을 공개한 것이다.

5년 뒤 노키아는 결국 업계의 관심에서 멀어진 회사가 되어 있었고, 2013년에는 모바일 사업 부문을 매각했다. 모바일 사업이 정점이었던 때부터 매각 시점 사이에 노키아의 기업 가치는 대략 2,500억 달러 가까이 폭락한 반면 애플은 아이폰으로 절대 강자 노키아를 순식간에 패배자의 자리로 내몰았다. 경쟁자의 실實을 단번에 허虛로 만들고 시장의 판도를 뒤집었던 것이다. 실로 '허실전략'의 요체라고 할 수 있다.

계릉전투와 위위구조

중국 전국시대 제나라의 손빈은 뛰어난 전략으로 주도권을 확보해 전쟁을 승리로 이끈 전략가였다. 그가 보여준 허실전략은 지금 생각해도 놀라울 따름이다.『손빈병법孫臏兵法』을 지을 만큼 병법의 대가였던 손빈은 허실전략을 통해 일 대 십의 열세인 상황에서도 이길 수 있다는 것을 보여 주었다.『사기』「손자오기열전孫子吳起列傳」에 위魏나라를 포위해 조趙나라를 구한 '위위구조圍魏救趙' 전략이 나온다.

기원전 370년 위나라 무후가 죽고 그의 아들이 왕위에 오르니 그가 위 혜왕魏惠王, 재위: B.C. 370년~B.C. 334년이다. 위 혜왕의 시대 위나라는 기존 인재들이 모두 죽거나 은퇴했기 때문에 새롭게 인재를 뽑았는데, 이때 손빈과 동문수학을 했던 방연이 대장군이 된다.

손빈孫臏은 제나라 출신이고 방연龐涓은 위나라 출신이었다. 둘은 같은 스승 아래에서 공부를 했지만 방연은 시기심과 열등감이 많은 인물이었다. 그는 속으로 손무의 후손인 손빈이 자신보다 뛰어남을 알고 질투했으며, 결국 손빈을 제거하기 위해 위나라로 초청해 누명을 씌운 뒤 두 다리의 경골을 잘라내는 빈형을 받게 했다. 평생을 불구로 살았던 손빈이라는 그의 이름도 여기에서 얻게 되었다고 한다.

손빈은 미친 척 연기를 하며 목숨을 보존하다가 제나라 사신난의 도움으로 겨우 제나라로 탈출하는 데 성공했으며, 제나라 군사軍師가 되어 후일 위나라 대장군 방연과 결전을 치르게 된다.

B.C. 353년, 위魏가 합병했던 중산국이 독립하여 조趙나라의 속국이 되는 일이 일어났다. 이에 분노한 위 혜왕은 방연을 대장으로 삼아 병거 500승병력 8만 명을 이끌고 조나라로 쳐들어가 한단 땅을 포위하게 했다. 조 성후趙成侯가 크게 놀라 급히 초, 진, 제 3국에 사자를 보내 구원을 청했다. 이에 초 선왕楚宣王은 대부 경사景舍를 시켜 조나라를 구하게 했고, 진 효공秦孝公도 군사를 보내 조나라를 구하게 했다. 제 위왕齊威王 또한 장군 전기田忌와 손빈에게 제나라를 구원하도록 했는데, 이때 손빈이 제나라 위왕에게 계책을 내놓는다.

"지금 위魏·조趙가 서로 전투를 벌이고 있어 정예 병사는 모두 밖에서 기력이 쇠진하고 안에서는 노약자도 피폐했을 것입니다. 임금께선 군대를 이끌고 위나라의 도성 대량大梁으로 달려가 허점을 치는 것이 상책입니다. 그러면 그들은 반드시 조를 놔두고 자기 나리를 구할 것입니다. 일거에 조의 포위를 풀고 위를 패퇴시킬 수 있는 방법입니다."

제나라 군은 손빈의 의견에 따라 위나라 수도로 쳐들어갔다. 당시 한단성의 조나라 군사들은 제나라 군사가 오지 않자 이내 상심하여 얼마 후 한단이 마침내 위나라 군사의 공격에 굴복하고 말았다. 방연이 막 한단성으로 입성하려는 순간 군사가 급히 보고했다.

"제나라 장수 전기가 군사를 이끌고 우리의 양릉襄陵을 치러 가는 중입니다."

양릉은 위나라 도성 대량大樑과 매우 가까웠다. 방연은 크게 놀랐다.

"만일 양릉 땅을 잃게 되면 도성인 대량이 위험하다. 속히 돌아가 제나라 군사를 막지 않으면 안 된다."

방연이 회군을 하여 계릉桂陵 20리 밖에 이르렀을 때 제나라 군사와 만나게 되었다. 손빈은 위나라 군사가 한단의 포위를 풀고 급히 위나라로 돌아온다는 보고를 받고 만반의 준비를 갖추고 있었다. 손빈은 변형된 전도팔문진顛倒八門陣 진세를 펼쳤는데, 진세에 대해서 잘 몰랐던 방연은 대패하고 말았다. 이름하여 계릉桂陵전투다. 이를 계기로 손빈은 강국인 위나라를 상대로 승리하면서 무위를 떨치게 된다.

위위구조圍魏救趙, 즉 '위나라를 포위하여 조나라를 구원한다'는 전략으로 알려진 이 병법을 사용하여 제나라 군대는 황급히 본국으로 돌아가던 방연 부대를 상대로 승리를 거두었던 것이다.

위 혜왕魏惠王은 방연이 한단을 점령한 공을 인정하여 계릉의 패전을 용서해 주었다.

마릉전투와 감조유적

계릉전투 이후 12년이 흘렀다. 계릉전투 이후 전기와 손빈은 추기의 모함에 의해 위왕의 의심을 사서 관직에서 물러나 있을 때였다. 이 소식을 들은 위 혜왕은 다시 자신감을 얻고 전쟁을 준비하기 시작했는데, 당시 위나라를 위협하던 나라는 신불해를 등용하여 강성해진 한韓나라였다. 당연히 위나라와 한나라는 자주 충돌했다.

B.C. 342년 위나라는 방연을 보내 대대적으로 한나라를 침공했다. 이에 놀란 한 소후는 제나라에 도움을 청했다. 당시 제나라의 군주는 위왕의 아들인 선왕이었는데, 대신들은 한나라에 일찍 구원병을 보낼 것인지 나중에 보낼 것인지를 두고 의견이 분분했다.

결국 선왕이 손빈에게 의견을 묻자 손빈은 이렇게 대답했다.

"한나라와 위나라 두 군사가 아직 피폐하지 않은 상황에서 구원에 나서면 한나라는 편하게 전쟁을 구경만 하게 되고, 우리는 그들을 대신해 위험한 전쟁을 하게 되는 셈입니다. 그러니 우선 한나라에 구원군을 보낸다고 약속해 한나라를 안심시키도록 하십시오. 그러면 한나라는 우리를 믿고 전력을 다해 위나라 군사를 막을 것입니다. 위나라 역시 한나라를 멸망시키려고 힘을 다해 싸울 것입니다. 그리하여 한나라가 패망의 위기에 몰려 급히 구원이 필요할 때 도우면 됩니다. 그러면 우리는 한나라와 아주 가까워지고 이미 지친 위나라 군사도 쉽게 물리칠 수 있습니다. 이것으로 커다란 이익과 높은 명성을 동시에 얻을 수 있습니다."

그러나 손빈의 예상과는 달리 한나라 군사는 전력을 다해 싸우지 않았고, 다섯 번 싸워 다섯 번 모두 패했다. 결국 다급해진 한나라는 다시 제나라에 사자를 보냈다. 제나라 선왕은 전기와 손빈으로 하여금 한나라를 구원하도록 했다. 이때도 손빈은 위나라 수도 대량★梁을 공격하는 전략을 제시해 계릉전투에서처럼 위나라의 대량을 공격했다.

하지만 손빈의 계략을 예상하고 있던 방연은 다시 회군하여 대량을 향해 진격했다. 정면으로 맞서면 승산이 없다는 걸 알고 있었던 손빈이 전기에게 말했다.

"위나라 병사들은 본래 사납고 용맹해 제나라를 가벼이 보고 제나라 군사를 겁쟁이라 부르고 있습니다. 적을 얕보면 반드시 패하게 마련입니다. 우리 군사가 짐짓 약한 모습을 보인다면, 적은 더욱 교만해질 것입니다. 그런 적을 유인한 뒤에 계책을 써서 친다면, 단번에 승리할 수 있습니다."

이는 '교병지계驕兵之計', 곧 적을 교만하게 만든 뒤에 치는 계책이었다. 손빈이 방연의 기질을 파악하고 있었기에 가능한 전략이었다.

전기가 구체적인 계책을 묻자, 손빈은 이렇게 말했다.

"잘 싸우는 사람은 그 형세를 잘 이용하여 유리하게 이끌어 나갑니다. 병법에 '백 리를 쫓아가서 이익을 다투면 상장군을 잃고, 오십 리를 쫓아가서 이익을 다투면 군사의 절반을 잃는다'고 했습니다."

여기서 말한 병법은 곧 『손자병법』이다. 『손자병법』 「군쟁軍爭」편에 '밤낮으로 멈추지 않고 갑절로 행군하여 백 리를 달려가서 이익을 다툰다면, 삼군의 장군은 포로로 잡히고 굳센 병사는 앞서가지만 피곤한 병사는 뒤처지니 그 방법으로는 병력의 십분의 일만 도착하게 된다. 오십 리를 달려가서 이익을 다툰다면 상장군을 잃게 되니 그 방법으로는 절반만 도착하게 된다'는 내용이 나온다.

방연의 군사가 뒤쫓아올 것을 예상한 손빈은 첫째 날에는 아궁이 10만 개를 만들도록 했고, 다음 날에는 5만 개를, 그다음 날에는 2만 개를 만들도록 했다. 이른바 '감조유적減竈誘敵'이다. 이는 아궁이 숫자를 줄임으로써 제나라 병사들이 겁을 먹고 도주하는 것처럼 꾸며 적을 교만하게 만들려는 계책이었다. 과연 사흘째 되는 날, 방연은 기뻐하며 말했다.

"나는 일찍이 제나라 군사가 겁쟁이인 줄 알고 있었지만, 우리 땅에 들어온 지 사흘 만에 도망한 자가 절반이 넘는구나!"

그리고는 보병을 뒤에 남겨둔 채 날랜 정예병만 이끌고 이틀 길을 하루 만에 쫓아갔다. 손빈의 계책에 제대로 걸려든 것이다. 이는 방연이 병법을 몰랐기 때문이 아니라 적을 겁쟁이라 여기며 교만해졌기 때문에 병법을 간과한 것이었다.

방연이 군사를 이끌고 급히 추격해오는 동안 손빈이 그 속도를 계산해 보고는 저녁 무렵이면 위나라의 마릉馬陵에 이를 것으로 예측했다. 마릉은 길이 좁은 데다가 양쪽으로 험한 산이 솟아 있어 병사를 매복하기에 더없이 좋은 곳이었다. 손빈은 병사들에게 마릉에서 가장 큰 나무 하나만 남겨두고 나머지 나무를 모두 벤 후에 남겨 둔 나무 껍질을 벗겨내고 다음과 같이 써놓았다.

'방연, 이 나무 아래서 죽다!'

손빈은 쇠뇌 1만 개를 준비해 활솜씨가 좋은 군사들을 길 양쪽에 매복시키고는 이렇게 말했다.

"어두워진 뒤에 불빛이 일어나면 일제히 그곳을 향해 쏘도록 하라!"

과연 급히 추격하던 방연의 군사들은 밤이 되어서야 마릉에 이르렀다. 껍질이 벗겨진 나무 하나가 우뚝 솟아 있었고 방연이 불을 밝혀 비추게 했다. 방연이 글자를 채 읽기도 전에 제나라 군사들이 일제히 쇠뇌를 쏘았다. 혼란에 빠진 위나라 군사들은 허둥대며 흩어졌다. 방연은 스스로 지혜가 다하고 싸움에 졌다는 것을 알고 말했다. "드디어 그 어린놈이 명성을 떨치도록 만들었구나!" 그리고는 스스로 목을 찔러 죽었다.

승세를 탄 제나라 군사는 위나라 군대를 추격해 태자 신申을 포로로 잡고 위나라 군사 10만 명을 대파하는 대승을 거두었다. 계릉전투에 이어 마릉전투에서도 대승을 거둠으로써 손빈은 당대 최고의 병법가로 명성을 떨치게 되었으나 곧 제나라 내부의 권력다툼에 휘말리지 않기 위해 포상을 마다하고 『손빈병법』을 저술하며 은거 생활을 택한다.

마릉전투 이야기는 '허실전략'의 중요성을 말해 준다. 손빈은 방연의 자만심을 이용해 함정에 스스로 빠지게 함으로써 아군보다 세력이 강한 적을 무찔렀다. 손빈은 싸울 시간과 장소를 일방적으로 정했으며, 자신이 원하는 싸움터인 마릉까지 방연이 스스로 찾아오도록 만들었다. 그리고는 매복해 있다가 일방적으로 방연을 공격해서 그를 죽음으로 내몰았다.

싸움터에 먼저 도착한다는 것은 아군이 먼저 유리한 위치를 점한다는 것을 의미한다. 손빈은 마릉계곡에 미리 도착해 쉬면서 기다렸으나 방연 군대는 허겁지겁 달려오느라 피곤하고 지친 상태였다. 즉 싸울 시간과 장소를 알고 있는 손빈은 아군의 조건을 모두 '실'로 만들고, 반대로 아무것도 몰랐던 방연을 '허'로 만들었다.

나의 약점과 강점을 바로 알고 유리한 위치를 점할 때 주도권을 행사할 수 있다. 적이 최적의 상태에서 전투에 나서지 못하게 하고, 약할 때 공격해서 승리하는 것이 바로 허실전략의 요체이다. 이때 전투력에서 강하게 된 손빈 군대는 '실'이고, 약하게 된 방연의 군대는 '허'라고 볼 수 있다.

'허실'은 반드시 적과 아군이 대치하고 있는 상황에서 상대적인 역량의 크기를 나타낸다. 적이 '허'일 때 아군은 '실', 적이 '실'일 때 아군은 '허'가 된다.

보통 '허실'이라고 하면 손빈처럼 적의 '실'을 피하고 '허'를 공격하는 것을 말한다. 이처럼 허실전략은 싸움이라는 게임의 판을 바꾸고, 룰^{Rule}을 바꾸고, 새판을 짤 수 있도록 만든다.

마릉전투의 승리로 제나라는 중원을 장악하려는 위나라를 대신해 전국시대 최강국으로 거듭났다. 그러나 진나라의 동진을 철저하게 저지하고 있던 위나라는 마릉전투에서 패배해 정예병을 잃고 국력이 급격히 약해졌다. 이에 설상가상으로 상앙에 의해 강성해진 진나라에 서하를 빼앗기는 사건이 일어나는데 이는 결국 진나라가 동진하는 계기를 만들어 주고 말았다. 서하를 빼앗긴 후 위나라는 다시는 소생하지 못하고 전국시대 내내 진나라에 침략을 당하다 결국 진시황에 의해 멸망한다.

한편 서하를 얻은 진나라는 이를 기반으로 중원으로 진출하여 천하통일의 기반을 형성할 수 있게 되었고, 위나라를 크게 이긴 제나라는 강국이 되었다. 이로써 제나라는 서쪽의 진나라와 전국시대를 주도하는 위치에 설 수 있었으나 이후 중원을 차지한 진나라에게 주도권을 빼앗기면서 제나라 역시 진에 의해 멸망한다. 주도권을 쥐는 것이 얼마나 중요한지 말해 주는 사례다.

기정전략과 허실전략

> 잘 싸우는 사람은 적으로 하여금 나에게 오도록 하지
> 자기가 적에게 가지 않는다.
>
> _ 이세민 당 태종

전략Strategy이나 전술Tactics은 이제 상식에 속할 정도로 우리 주변에는 군사 용어들이 범람하고 있다. 승패를 겨루는 스포츠를 비롯해 정치나 기업 비즈니스 등 각 방면에서 전략은 필수 용어가 된 지 오래다. 심지어는 학교 현장에서도 입시 전략, 학습 전략을 운운할 정도로 군사 용어의 위세는 대단하다. 전략을 붙이면 제법 깊이가 있어 보이고 무게감도 실려 모두 애용하는 것 같다. 문제는 전략 개념에 대한 깊은 이해 없이 아무 곳에나 사용하는 데 있다.

군사 전략가인 클라우제비츠는 전쟁 계획을 대전략, 전략, 전술 등 세

가지로 나눴다. 대전략은 총체적 정치 목표를 뜻하는 것이고, 전략은 무엇을 할 것인가, 즉 장기적 근본적 계획이며, 전술은 전략을 실행하는 방법이다. 쉽게 말해 전략은 무엇을 할 것인가What To이고, 전술은 어떻게 할 것인가How To이다. 이 용어들은 엄연히 다른 개념이다.

비록 혼재되어 쓰고는 있지만 전략과 전술은 우리 일상생활에 없어서는 안 되는 중요한 키워드가 됐다. 국가든 기업이든 혹은 개인이든 간에 전략, 전술 없이 생존하기 힘든 세상이 온 것이다. 특히 전략과 전술을 적절히 구사하는 기술은 필수다.

『손자병법』은 전략을 배우고자 한다면 반드시 읽어야 할 고전으로 평가받고 있다. 우리가 병법을 전공으로 삼을 처지가 아니라면 도대체 왜 『손자병법』을 읽어야 하는 것일까? 『손자병법』을 통해 우리는 무엇을 배울 수 있을까?

복잡할 것 같은 이 질문의 대답은 의외로 간단하다. 병법의 달인이 되기 위해서가 아니라 『손자병법』의 전략적 사고를 익히기 위해서 읽는다. 많은 사람들은 『손자병법』을 읽으면서 그 안에 담긴 전략적 사고를 배울 수 있다.

『손자병법』에서 손자는 "전략이 있는데 전술이 없으면 이기기 어렵고, 전술은 있는데 전략이 없으면 패배를 자초하는 길이다."라는 말로 두 개념을 정리했다. 전략과 전술을 잘 조화롭게 운용해야 경쟁에서 이긴다는 의미이다. 요컨대 전략과 전술은 차원을 달리하며 세상을 구성하는 모든 개체들에게 하나의 방향을 제시하고 이를 현장에서 구현하는 방법을 알려 준다.

전략 전술은 머릿속에만 넣어두지 않고 행동으로 활용할 수 있어야 한다. 전략을 굳건히 지키며 변화무쌍한 전술을 구사하는 장수는 계책이 뛰어나다고 하고, 전술이 아무리 뛰어나다고 해도 전략을 자주 바꾸면 뛰어난 장수라 할 수 없다. 뛰어난 장수는 상황이 바뀌면 직면한 상황을 분석해 '전략을 수정해야 할까?', '어떤 전술이 유용할까?'를 고민해야 한다. 물이 장애물을 우회하고 웅덩이를 채워 흘러가듯이 변화에 따라 적용이 가능해야 한다. 이랬다저랬다 한다고 생각할 수도 있지만 전략이란 그런 것이다.

『손자병법』제5편 「병세兵勢」에 보면 싸움에서의 힘의 방향, 즉 세勢를 논한다. 손자는 격하게 흐르는 물살이 돌을 띄워 흐르게 만드는 것이 세勢라고 말한다激水之疾 至於漂石者 勢也 격수지질 지어표석자 세야. 또한 전쟁에서 세勢는 기정奇正에 불과하지만 그 변화는 헤아릴 수 없다戰勢不過奇正 奇正之變 不可勝窮也 전세불과기정 기정지변 불가승궁야. 또한 기정奇正에 대하여 전쟁은 정공正攻법으로 나서서 기책奇策으로 승리한다凡戰者 以正合 以奇勝 범전자 이정합 이기승"고 말했다.

전쟁과 같은 역동적인 상황에서 승리하기 위해서는 정공법으로 전쟁에 임하는 한편 기책으로 상대방의 허점을 노려야 한다는 의미다. 특히 전세戰勢를 유리하게 만들려면 격한 물살과 같이 힘을 집중하여 빠르게 공격하면서도 기책으로 상대방의 기세를 무너뜨려야 할 것이다.

정正을 기반으로 하되 기奇로써 이겨야 한다는 말은 조조曹操가 주석한 『손자약해孫子略解』에서 비롯되었는데, 이러한 해석은 기정의 관계를 도식화함으로써 생명력을 잃게 한 주범이다.

이와 달리 북경대 리링 교수는 기奇의 '기발함'에 주목한다. 기발함의 조건은 의도나 형태가 아니라 상대의 예상을 뛰어넘는 '의외성'이다. 기발한 작전이라도 상대가 읽고 있으면 기발한 것이 아니다.

형形이 보인다면 예상할 수 있다. 형이 보이지 않을 때 기발함이 살아난다. 결국, 상대의 예상을 넘어서는 기발함이 강력한 세勢를 드러내는 것이며, 승리의 결정적 계기를 만들어 내는 것이다.

여기서 정正은 무엇인가? 두 가지로 말할 수 있다. 눈에 보이는 유형전력有形戰力과 눈에 보이지 않는 무형전력無形戰力이다. 유형전력으로서 정은 힘의 실체를 말한다. 기업 경영 측면에서 본다면 CEO, 직원, 제품, 자본금, 매출 등 인적·물적 자산을 말한다.

무형전력에서의 정은 무엇인가? 기업 경영에서는 상도商道를 가리킨다. 또한 눈에 보이지 않는 기업가 정신, 창의력, 지적 노하우 등도 이에 해당된다.

비즈니스를 할 때는 우선적으로 이런 유·무형 전력인 정正을 잘 준비해야 한다.

『손자병법』 제6편 「허실虛實」은 기정奇正의 확대된 형태라고 할 수 있다. '군대의 형세는 견실한 곳을 피하고 허점을 공격한다'는 원문 역시 상대의 예상을 뛰어넘는 기발함의 중요성을 반복하고 있다. 여기서 간과하지 말아야 할 점은 '상대성'이다.

모든 전쟁과 전투는 상호 작용의 결과다. 그러므로 "적의 변화에 따라 승리를 빼앗는 사람을 신神"이라 하는 것이다. 신의 경지에 오른 장수만이 상황 변화에 적절히 대응하며 적의 허점을 놓치지 않기 때문이다.

기정전략

　기정奇正전략은 허실虛實전략과 함께 『손자병법』의 양대 축을 이루는 주요 전략이다. 쉽게 말하면 주력부대가 아니라 별동대를 활용해 적의 측변을 치는 전략이라고 할 수 있다. 오늘날 비즈니스에서는 주력사업이 아닌 부가 사업을 통해 매출과 이익을 늘리고, 부가 사업을 통해 위기에 빠진 회사를 되살려 내는 전략으로 활용될 수 있다.

　적을 이기기 위해서는 상대가 예상하지 못한 기상천외한 전략이 있어야 한다. 이를 기奇의 전략이라고 한다. 『손자병법』에 따르면 남도 알고 나도 아는 방법은 정正의 전략이다. 남도 알고 나도 아는 방법으로 싸우면 누가 이기는가? 정의 전략은 상대와 맞서 패배하지 않기 위한 전략이다. "정석으로 싸운다"는 말은 전쟁에서 정의 전략으로 싸운다는 말과 같다. 『손자병법』은 기정전략을 "정으로 맞서고 기로써 승리를 결정짓는 것"이라고 설명한다.

　첫째, 정을 정으로 이기는 것이 불가능할 때, 기로써 쉽게 이기는 방법을 찾는다. 기에서 승리하면 정에서도 보너스 같은 승리가 가능하다. 기로써 전쟁의 판도를 바꿀 수 있다.

　둘째, 정으로 맞설 수 있어야 기를 쓸 수 있다. 직구가 있어야 변화구도 먹힌다. 정만 있고 기가 없으면 기정전략이 아니다. 그 반대도 마찬가지다. 기는 정이 있는 상황에서 가능하다.

　셋째, 기가 상대에게 잘 알려지게 되면 정으로 변한다. 정은 기, 기는 정으로 변화할 수 있고 또한 변화할 수 있게 해야 한다. 정과 기 사이에 경계가 없어지기도 한다.

넷째, 기와 정, 그리고 그 전환은 상대에게 드러나지 않게 해야 한다. 기는 무궁무진한 승리의 비법을 나타낸다. 다양한 승리의 기회를 창출할 수 있음을 의미한다. 위기를 기회로 승화시키는 지혜를 암시한다.

한문으로 '奇'는 큰 대大 자에 옳을 가可를 더한 것인데, 거기에는 많은 뜻이 담겨 있다. 상대방에게 예상 밖의 결과를 안겨 주는 것은 모두 기奇에 속한다. 이는 아무리 어려운 문제에 직면하더라도 기상천외한 해결책이 있음을 시사한다.

누구의 입장에서 기상천외하다는 것인가? 항상 상대방의 입장에서 그러하다는 것이다. 가령 나는 기상천외한 유머라고 생각해서 꺼냈는데, 썰렁한 반응을 보인다는 건 상대방이 이미 알고 있기 때문이다. 상대방에게는 이미 정이 되었다는 것이다. 우리가 일상생활에서 당면하는 많은 문제도 기와 정으로 나누어 볼 수 있다.

상대를 정으로 생각하고 이를 앞설 수 있는 기를 생각하는 것이 기정 전략의 핵심이다. 반대로 나를 정으로 보고, 남을 아래로 끌어내리는 것은 네거티브 전략이고, 장기적으로는 패하는 전략이다. 남다른 기 전략으로 눈부신 성장과 경쟁력을 끌어올렸으나, 정에 안주하고 방심한다면 언제든 다시 추락할 수 있음을 직시해야 한다.

상대도 알고 나도 아는 정의 전략은 지지 않기 위한 전략이다. 승리하기 위해서는 상대가 예상치 못한, 기상천외한 기의 전략이 있어야 한다. 그리고 상대가 누구든 항상 상대를 정으로 생각하고 이를 뛰어넘을 수 있는 기奇를 생각해야 한다.

허실전략

『손자병법』「허실」편에는 "싸움을 잘하는 자는 적을 조종하지, 적에게 조종당하지 않는다.善戰者 致人而不致於人 선전자 치인이불치어인"는 말이 나온다.

힘이 월등하게 차이 나지 않으면 누구든지 쉽게 싸움을 걸려고 덤비지 않는다. 힘의 균형이 한쪽으로 완전히 기울었다고 생각하면 공격을 하려고 할 것이다. 이를 활용하려면 실제로 내가 가진 전력을 100% 드러낼 것이 아니라 50%만 드러내 상대에게 자신이 유리하다고 판단하게할 수 있다. 상대가 내 50% 전력을 전부로 판단해 침략을 하면 우리는 드러난 50%와 숨긴 50%를 합쳐 적에게 커다란 타격을 줄 수 있다.

허실전략은 아무리 열세에 놓였다고 하더라도 주도권을 갖고 게임의 룰과 판을 바꾸고 그 가운데 적의 허를 찾거나 적의 강점을 허로 만들어 공격함으로써 이기는 전략이다. 허실전략을 잘하면 1:10의 상황에서도 이길 수 있다. 허실전략은 기정전략과 융합하면 더욱 큰 역량을 발휘할 수 있다.

허실은 반드시 적과 아군이 대치하고 있는 상황에서 상대적인 역량의 크기를 나타낸다. 적이 '허'일 때 아군은 '실', 적이 '실'일 때 아군은 '허'가 된다. 그런데 '허'가 '실'이 아니라 '허실'이라고 하면 보통 손빈처럼 적의 '실'을 피하고 '허'를 공격하는 것을 말한다. 손자가 말했다.

"적을 공격할 때 마치 숫돌로 계란을 치듯 하는 것이 허실이다."

하지만 전투에서는 적과 아군이 움직이기 때문에 서로의 허실은 계속 바뀔 수 있다. 이 때문에 적의 '실'이 '허'로, 아군의 '실'이 '허'로 바뀌기도 한다. 전투력에 영향을 미칠 수 있는 모든 요소는 다 그렇게 만들 수 있다. 이처럼 허실전략은 싸움이라는 게임의 판을 바꾸고, 룰을 바꾸고 판도 새로 짤 수 있게 만드는 것이다.

단순하게 약함은 '허'로, 강함은 '실'로 생각하면 안 된다. 허와 실은 반드시 상대와의 대치 상태에서 상대와 비교해 판단해야 한다. 또 실은 실력과 명백히 다르다.

아군이 아무리 기다려도 적이 나타나지 않거나 적이 미리 알고 피해 가면 아군은 '허', 적군은 '실'이 된다. 며칠 동안 매복해서 기다리는데도 나타나지 않는다면 내가 적의 덫에 걸렸을 수도 있다.

이처럼 허실은 항상 상대를 기준으로 역량의 강약을 따진다는 사실을 잊지 말자. 약점 없는 강자도 없으려니와 강점 없는 약자도 없다. 진정한 실력은 허실과 허실전략을 모두 아는 것이다.

적과의 싸움에서 승리하려면 주도적으로 적의 '실'을 피하고 '허'를 찾거나 또는 실을 허로 만든 다음 타격할 수 있어야 한다.

그 방법에는 어떤 것들이 있는가?

『전략의 신』송병락 지음에 의하면 상대의 허를 공격하는 5가지 방법은 다음과 같다.

첫째, 기만술과 위장술로 적을 혼동시켜 약점을 드러내게 만든 다음에 공격한다.

앞서 손빈은 기만술로 방연을 혼동시켜 '허'는 모두 드러나게 만든 다음에 공격해서 아주 쉽게 승리했다. 적으로 하여금 가급적 실수를 많이 저지르도록 유도하는 것이 중요하다.

경험 많은 면접관은 응시자에게 예상치 못한 질문을 해서 허실을 드러나게 만든다. 넬슨은 혼전을 통하여 적이 허를 드러내도록 만들어서 공격하는 것을 즐겼다. 트라팔가해전에서도 그렇게 하여 승리한 후 영국이 제해권을 장악할 수 있었다. 하지만 영국이 미국을 식민통치할 때 잘 훈련되고 우수한 무기를 가진 영국 군대가 소규모 인디언들의 매복에 걸려 전멸한 경우도 비일비재하다.

둘째, 싸울 장소와 시점을 안다.

손빈은 싸움터의 지형 조건과 천후天候를 파악해서 방연과 싸울 장소와 시간을 정했다. 싸울 장소와 시간을 알고 있는 손빈은 살았고 몰랐던 방연은 목숨을 잃었다. 가장 좋은 것은 손빈처럼 자신이 원하는 싸움을, 원하는 시간에 하는 것이다.

셋째, 공격 방향을 잘 선택한다.

전쟁의 고수는 적의 '허'나 급소를 공격하는데, 적이 예상하지 못한 시간과 장소에 적의 방비가 허술한 곳, 지키지 못할 곳을 공격하고, 적이 공격해도 성공하지 못하게 수비한다. 이에 대해 손자는 다음과 같이 말했다.

"공격하여 반드시 취할 수 있는 것은 적이 방비하지 않는 곳을 공격하기 때문이고, 수비를 반드시 견고하게 할 수 있는 것은 적이 공격해서 취할 수 없는 곳을 시키기 때문이다."

넷째, 상대는 분산시키고 우리는 집중한다.

아군은 집중하고 적은 분산시킨 다음, 집중된 병력으로 분산된 적을 격파하는 것이다.

다섯째, 적의 변화에 따른 유연한 대응으로 승리를 취한다.

승자는 적의 상황 변화에 따라서 용병술을 달리한다. 손자는 "흐르는 물은 지형에 따라 모양을 달리하므로 고정된 형태가 없고, 군대의 싸움에도 고정된 형세가 없다"고 했다.

이처럼 형의 궁극은 무형이다. 물과 같은 무형이 많은 유형을 이긴다. 전쟁에는 하나의 정답이 없다. 정답이 없는 것이 정답이고, 규칙이 없는 것이 규칙이다. 기업 조직과 경영에도 마찬가지다. 고정적인 틀에 얽매이면 안 된다. 손자는 말했다.

"상대의 변화에 따라 유연하게 대응해서 승리를 취하는 사람은 신이라고 부른다."

규모의 열세에도 불구하고 우세는 어느 영역에서든 가능하다. 이는 허실전략을 얼마나 효과적으로 활용했는가에서 비롯된다. 그렇다면 상대의 허실은 어떻게 찾아내야 하는가?

『손자병법』은 적의 허실을 찾아내는 방법으로 책策, 작作, 형形, 각角의 4가지를 강조한다.

첫째, 책策은 허실을 계산하는 것이다.

손자는 적의 계책을 분석하여 그 강점과 약점 및 득실을 계산해야 한다고 말한다. 옛날 중국에서는 적과 아군의 득실을 여러 면에서 비교하여 득이 하나 있을 때마다 막대기를 한 개씩 놓았다. 이것이 '산算'의 유래이다. 막대기 수가 많아질수록 유리한 것은 말할 것도 없다.『손자병법』이 제1편을「계計」로 시작하는 것도 이와 관련이 있다.

마오쩌둥은 한국전쟁에 참전하기 전에 한국전 참전의 득실을 참모들과 며칠에 걸쳐 이른 새벽부터 밤늦게까지 따지고 계산했다고 한다. 그는 평생 가장 어려운 결정을 두 가지 했다고 했는데, 하나는 1946년 장제스와의 완전한 결별 선언이고 또 하나는 한국전쟁 참전이라고 말한 바 있다.

둘째, 작作은 적을 면밀하게 정찰하는 것이다.

셋째, 형形은 아군의 위장된 허를 노출하는 것이다. 속임수로 적의 약한 부분과 급소 등 허실을 드러나게 한다.

넷째, 각角은 소규모 탐색이다. 소규모 탐색전을 통하여 적의 허실을 꼼꼼하게 체크하는 것이다.

허와 실은 싸움의 무수한 국면에서 다양하게 발생할 수 있다. 그러므로『손자병법』은 전략적인 사람이라면 허실전략으로 승리할 수 있는 조건을 얼마든지 만들어 낼 수 있다고 전한다.

기업의 환경 만큼이나 홍보의 환경은 복잡하고 또한 국면은 다양하다. 정답이 없는 것 같지만 때로는 피해를 최소화해야 하고 때로는 적은 성과라도 거두어야 할 때가 있다. 기정전략과 허실전략을 배우고 익힌다면 가능하지 않을까?

CHAPTER 2

인문학으로
승부하라

리더십

홍보에 리더십이 필요한 이유

중요한 일은 다만 자기에게 지금 부여된 길을 한결같이 똑바로 나아가고,
그것을 다른 사람들과 비교하지 않는 것이다.

_ 헤르만 헤세

주 52시간 근무로 인해 기업의 패러다임이 변하고 있다. 이제는 근무 시간이 중요한 것이 아니라 우수한 직무 역량을 갖고 얼마나 몰입하느냐가 중요해졌다.

워라밸Work and Life Balance 이 뜨는 이유는 분명하다. 한국경제를 이끌어 왔던 기업들도 기존의 성장 패러다임의 한계에 봉착했기 때문이다.

업무 생산성 향상을 위해서는 비효율적인 업무나 불필요한 일 줄이기 work diet를 비롯해 업무와 관련한 제도와 시스템을 개선해 갈 필요가 있다. 그 중심에 리더십을 갖춘 리더가 있어야 해당 조직도 발전할 수 있다. 사실상 직장인들의 직장과 직무에 대한 만족도는 리더에 의해 좌우

된다. 리더가 조직원들의 사기와 팀워크를 결정하는 셈이다.

2018년 5월, 대한상공회의소와 맥킨지가 내놓은 「한국 기업의 기업 문화와 조직 건강도 2차 진단 보고서」에 따르면, 후진적 기업문화 요소로 지적받았던 습관적인 야근이 2년 전보다 다소 개선됐으나 여전히 낙제 수준인 것으로 나타났다.

전통적 인식과 달리 현재는 작업 환경과 조직 문화를 중요하게 생각한다. 직장인들도 입사하고 싶은, 일하고 싶은 회사에 대한 명확한 인식을 갖게 되었다. MZ세대로 불리는 젊은 세대는 적더라도 리더와 조직원들이 서로 존중하고 배려하는 개방적인 기업문화를 가진 회사에서 일하고 싶어 하는 경향이 있다. 회사를 단지 돈만 버는 곳이 아니라 사회인, 직장인으로서 자신의 능력을 계발하고 또 발휘함으로써 조직으로부터 인정받고 보상받으며 자신의 꿈을 실현할 수 있는 조직을 더 선호하게 된다. 당연히 회사 전체적인 분위기도 중요하고 조직 문화도 중요하다. 하지만 결정적인 요소는 리더십이다. 리더십이 필요한 이유는 다음과 같다.

첫째, 조직원들은 리더를 보면서 일한다.

조직원들이 가장 많은 영향을 받는 사람은 바로 리더다. 조직원들은 리더에 따라 일에 대한 즐거움을 갖기도 하고 불만을 가지기도 한다.

둘째, 팀원 입장에서 팀장은 경영진의 대변인이다.

크든 작든 조직을 책임지고 있는 리더는 사실상 경영층을 대변한다고 볼 수 있다. 조직원들은 리더의 리더십에 따라 해당 조직의 전반적 문화를 이해하고 넘어가기 때문이다. 그래서 경영진은 리더들과의 최대한 소통하는 것이 좋다.

셋째, 리더는 조직원 입장에서의 롤모델이다.

조직원들은 리더를 바라볼 때 향후 미래 비전이자 롤모델로 바라본다. 그렇기 때문에 리더는 롤모델로서의 역할을 감안하여 훌륭한 리더십을 발휘해야 한다. 즉 리더는 조직원들에게 비전을 심어 줄 수 있어야 한다.

넷째, 리더는 프로페셔널이 되어야 한다.

리더는 업무적으로는 반드시 해당 직무에서 프로가 되어야 한다. 게다가 리더로서 직원들을 관리하는 리더십도 제대로 보여 주어야 한다. 해당 업무에서 오랜 경험과 잔뼈가 굵은 사람이 리더가 될 가능성이 많다. 당연히 해당 업무에서 최고의 전문성을 가져야 하는 것은 당연하다. 업무 능력 외에도 관리 능력이 갖추어지면 금상첨화일 것이다.

때로는 업무 능력의 전문성은 부족해도 최소한 관리 능력이 뛰어나다면 리더 역할을 수행할 수 있다. 반대로 리더가 업무 능력은 탁월하지만 관리 능력이 부족하다면 조직의 성과 창출에는 방해가 될 수 있다.

다섯째, 리더는 무엇보다도 조직원들이 출근하고 싶은 회사, 조직원들이 리더를 믿고 따르는 조직 분위기를 만들어야 한다.

직장생활에서 스트레스의 핵심은 업무적으로 바쁘고 힘든 것이라고 생각하는 경향이 많다. 틀린 말은 아니지만 한편으로는 직장에서 함께 일하는 조직원들과의 조직 분위기가 매우 중요하다. 조직원들이 출근하고 싶은 직장 분위기를 만들어야 한다는 점에서 리더의 역할이 중요한 이유다.

손자병법과 홍보 리더십

경쟁자만 바라본다면 그가 새로운 것을 할 때까지 기다려야 하지만
고객에 집중하면 선구자가 될 것이다.

_제프 베조스 Jeff Bezos

기업에서 홍보 조직을 총괄하는 리더의 책임과 역할은 여느 조직의 리더가 갖는 책임과 역할에 견줘 조금도 뒤지지 않는다. 대외 언론이나 고객 등 이해관계자와의 접점에 있는 홍보맨들의 책임과 역할은 오히려 더 무겁고 엄중할 수 있다. '홍보 조직의 리더로 누구를 세울 것인가?' 하는 문제는 기업의 평판과 직결되기 때문에 더없이 중요하다.

기업의 평판은 이슈와 위기를 어떻게 관리하느냐에 달려 있다. ㄱ 평판을 책임지는 홍보 리더의 임명은 아무리 강조해도 지나치지 않는다. 그렇다면 이처럼 중요한 홍보 조직의 리더는 어떤 역량을 갖추어야 할까?

지智, 신信, 인仁, 용勇, 엄嚴이다.

춘추전국시대 병법의 신神 손무가 『손자병법』에서 장수가 갖춰야 할 덕목으로 제시한 5가지이다.

먼저 지혜로운 리더로서 올바른 판단을 해야 하고, 명령을 따르는 병사와의 신의를 지킬 것이며, 인자한 성품으로 병사들을 감화시켜야 하고, 전장에서 앞장서는 용기를 가져야 한다고 설파했다. 하지만 이것이 전부가 아니었다. 항상 자신에게 엄격하고 흐트러지지 않을 것을 당부했다. 장수가 갖춰야 할 이 다섯 가지 덕목은 수천 년이 흐른 지금도 유효하다.

손자는 이런 사람들이야말로 국가를 지키고 백성을 살리며 위기에서도 시간과 공간, 그리고 속도를 만들어 낼 수 있고 승리의 전략으로 마침내 승리하는 진정한 장군, 진정한 리더라고 강조했다.

『손자병법』 「모공」편에서 손자는 조직 구성원들의 마음을 하나로 묶는 것이 리더의 중요한 역할 중 하나라고 했는데, 이때 등장한 조건이 '오사칠계五事七計'이다. 오사는 전쟁에서 따져야 할 다섯 가지 요건, 즉道·天·地·將·法도·천·지·장·법으로 도의, 기상, 지리, 장수, 법제를 말한다. 손자는 '知之者勝 不知之者不勝지지자승 부지지자불승', 즉 이를 아는 자는 이기고, 알지 못하는 자는 이기지 못 한다'고 했다.

또한 칠계는 장수는 어느 쪽이 더 유능한가, 기상과 지리는 어느 쪽에 유리한가, 병사들은 어느 쪽이 더 훈련이 잘되었는가 등 승패를 가늠해 볼 수 있는 7가지 기준이다.

이를 홍보에 적용하면 오사 중 도의는 제품과 서비스의 가치, 기상은 고객의 니즈, 지리는 제품과 서비스의 포지션, 장수는 리더, 법제는 비교우위에 서기 위한 조건 등이라고 할 수 있다.

리더는 구성원들의 마음을 하나로 묶어야 하는 사람이다. '상하동욕자승上下同欲者勝'이라는 말이 있다. 여기에서 '상하上下'는 장수와 병사의 수직적 관계뿐만 아니라 병사 간에 수평적인 좌우 관계도 포함된다. 리더가 구성원들을 어떻게, 얼마나 묶을 수 있느냐에 따라 조직의 성과는 달라진다. 조직이 성과를 달성하는 데 리더의 역할은 90% 이상이다. 홍보맨들이 역량을 얼마나 발휘하느냐 여부에 기업의 흥망성쇠가 달려 있다. 홍보 조직 역시 홍보맨들의 마음을 하나로 묶어야할 리더의 역할이 중요하다.『손자병법』에서 장군이 갖추어야 할 조건으로 제시한 지智, 신信, 인仁, 용勇, 엄嚴의 다섯 가지 덕목을 홍보 관점에서 재해석해보면 다음과 같다.

첫 번째 덕목은 실력이다.

그 실력이란 어떤 실력을 말하는가? 병법을 줄줄 외우고 이론이나 꿰고 있는 그런 실력이 아니다. 손자는 실력은 오로지 현장에 있다고 말한다.『손자병법』에서 현장은 네 가지로 나뉘는데 이 현장만큼은 완벽하게 장악하고 있어야 한다.

'산전수전 다 겪었다'는 말이 있다. 산전수전 다 겪은 사람은 능력 있는 사람이라고 할 수 있다. 산에서 싸우는 전투 현장에 대한 확실한 자기만의 장악력이 있어야 한다. 그리고, 물에 빠졌을 때, 남들은 답이 없다고 할 때 해답을 찾아 낼 수 있는 능력이 있어야 한다. 늪에서도 마찬가지다. 산에서 싸워보고 물에도 빠져보고 또 늪에도 빠져봤는가? 누구 하나 도움 청할 데 없는 곳에서도, 어떤 상황에서도 흔들리지 않고 공간을 확보하고 타이밍을 찾아내 살아날 수 있는 사람인가? 라는 질문을 이

시대의 리더들은 스스로에게 해야 한다.

대기업의 CEO든 작은 규모의 가게 사장이든 저마다 애가 끓는 깊은 시름이 있다. 리더는 '시름의 본질이 뭘까?'를 고민해야 한다. 줄이라도 잘 서서 승진할까? 아니면 어떻게 해서든 떼돈을 벌어볼까? 그런 고민을 하고 있다면 리더나 장수가 되어서는 안 된다.

리더가 무엇인가? 3명이 일하는 가게를 운영해도 리더다. 리더는 무엇을 하는 사람인가? 전략으로 나와 함께하는 사람들을 살려야 할 책임이 있고, 내가 몸담고 있는 조직을 꿋꿋이 지키며 조직의 생존을 위해 남들이 예상하지 못한 시간에, 준비되지 않은 빈 곳을 찾아낼 수 있는 사람이다. 남들이 예측할 수 없는 전략으로 큰 승리를 만들어 내겠다는 철학이 없으면 장군을 하지 말라는 것이 『손자병법』에서 하는 얘기다.

『손자병법』13편 중 첫 번째인 「시계」편 첫 장에는 전쟁에 대한 정의가 나온다.

兵者國之大事 死生之地 存亡之道 不可不察也
(병자 국지대사 사생지지 존망지도 불가불찰야)
전쟁은 국가의 중대한 일이다. 국민의 생사와 국가의 존망이 기로에 서게 되는 것이니 신중히 살피지 않으면 안 된다.

조직의 생존과 관련되어 있기 때문에 리더는 매 순간순간 판단과 결정을 대충 내려서는 안 된다는 것이 『손자병법』 「시계」편 첫 구절에서 하는 말이다. 대충 싸워서는 안 되고 싸워야 한다면 전략을 세워 신중하게 싸움에 나서야 한다는 의미다.

『손자병법』에서는 이러한 철학과 전략을 가지고 싸우는 사람을 진정한 장군이라고 정의하고 있다. 마지막까지 답을 찾아낼 수 있는 실력이야말로 진짜 실력이다. 학벌을 내세우고 라이센스 몇 개 있다고 자만하다가 잘못 판단해서 수많은 사람들에게 피해를 입히고 또 자신을 믿고 투자한 사람들을 망하게 만드는 사람이라면 리더라고 얘기도 꺼내지 말라. 철저하게 현장에 가서 가장 현실적인 대안을 제시할 수 있는 사람이 진짜 실력 있는 장수라고 할 수 있다.

두 번째 덕목은 '상생의 소신을 갖고 있는가?'이다.

知彼知己 百戰不殆지피지기 백전불태. 백번 싸워서 백번 모두 지지 않고 살아남겠다는 소신을 가져야 한다. 적어도 이런 소신이 있어야 밑에 있는 부하들이 그를 신뢰하지 않겠는가? 생각해보라. 도무지 신뢰할 수 없는 사람을 누가 좋아하겠는가?

저 사람은 나하고 같이 가겠다는 사람이다. 죽어도 같이 죽고 살아도 같이 살겠다는 소신을 가진 사람이어야 부하들이 신뢰하고 그를 따른다. 믿음과 상생의 소신, 이것이 장군의 두 번째 조건이다.

세 번째 덕목은 인자함이다.

장군은 따뜻한 마음을 가진 사람이다. 이것이 휴머니즘 네트워크다. 따뜻한 인간미로 주변 사람들의 마음을 얻고 있는가?

인자함은 관념적인 것이 아니다. 아주 구체적인 것이다. 어질 인仁은 사람 인人 자와 두 이二 자가 합쳐진 글자다. 사람은 혼자 존재할 수 없다. 공존해야 한다. 어진 장군은 병사들 먹여놓고 먹는 사람, 병사들 입혀 놓고 입는 사람, 병사들 재워놓고 자는 사람이다. 인자함의 실천에 대해 병법에서 하는 얘기가 있다.

나와 함께 있는 사람들 덕분에 오늘 내가 이 자리에 있는 것이다. 이런 마인드를 갖고 직원들을 바라보고 고객을 바라보아야 한다. 어디 가서 '나 잘 났다'고 하지 말라. 함께 일하는 동료들에게 항상 고마워해야 한다. 그들이 있기 때문에 지금 내가 잘 살고 있는 것이다. 옆에 있는 동료에게 "당신이 없었으면 내 인생도 없었을 것"이라고, "고맙다"고 말해 주자. 출근길에 만나는 동료들에게 먼저 인사해보자. 이러한 인격, 상생의 소신, 그리고 현장을 꿰뚫어 보는 통찰력과 실력을 가진 리더가 『손자병법』에서 말하는 보국과 안민을 이끌어 나갈 수 있는 장군감이요, 리더라고 할 수 있다.

네 번째 덕목은 용기다.

전쟁에서 패하면 나부터 책임지는 것이 용기다. 문제가 생기면 "전부 저 사람 때문에 그랬다"고 말하는 것이 보통사람들의 모습이다. 장군은 무엇을 하는 사람인가? 장군이 책임을 지지 않으면 누가 지겠는가? 장군은 책임을 지는 사람이다. 책임을 묻는 사람이 아니다. 책임을 지기 싫다면 병사를 하면 된다. 병사는 장군이 가라는 대로 가는 것뿐이다. 하지만 결정도 못하고 책임도 지지 않으려 하는 장군이 얼마나 많은가? 장군이라면 끝까지 자신에게 책임을 물어야 한다. 그래야 진정한 장군이고 리더다.

예로부터 용장 밑에 약졸 없다는 말이 있다. 책임지겠다는 용장 밑에 비겁한 병사는 없다. 어질고 따뜻한 장군 밑에 배신자는 없다. 현장을 꿰고 있는 장군 밑에 꾀를 부리는 병사가 있을 수 없다. 다시 말해, 아랫사람이 배신을 하든 겁쟁이든 또 꾀를 부리든 그들만의 문제가 아니다. 그렇게 만든 몰인정하고, 현장도 꿰지 못하고 제 혼자만 살겠다고 책임을 피하려는 장군이 있기 때문에 병사들이 그렇게 된 것이다. 모든 게 리더십 없는 장군 탓이다.

『손자병법』에 가장 심취했던 사람 중 한 명인 나폴레옹이 한 말을 리더라면 새겨들어야 한다.

"어느 군대든 문제 사병은 없다. 문제 장교만 있을 뿐이다."

다섯 번째 덕목은 마인드다.

엄격한 조직 체계와 시스템을 운영할 수 있는 마인드가 있어야 한다. 조직이 무엇인가? 전쟁에서 승리하기 위해서는 엄격한 체계가 필수적이다. 오른팔이니까 봐 주고 예외니까 봐 주고, 그것은 승리하는 군대가 아니다. 조직이라고 하는 것은 반드시 적용될 수 있는 룰rule이 필요하다. 『삼국지』에 좋은 예가 있다. 바로 '읍참마속泣斬馬謖'이다.

제갈공명이 오른팔 마속을 가정성 전투에 내보냈다. 그리고 "가정성은 보급로니까 너는 지키기만 하고 절대로 나가서 싸우지 말라. 출전하면 너는 군령에 따라 처벌을 받게 된다"고 명령했다. 하지만 젊고 공명심이 높았던 마속은 제갈공명의 명을 어기고 석상의 꾐에 빠져 나가 싸웠다가 대패해 가정을 빼앗기고 겨우 목숨을 건져 돌아온다.

당신이 제갈공명이라면 병력을 다 잃고 혼자 살아온 마속을 어떻게 처리해야 할까? 제갈공명은 고민이 많았다. 오른팔을 살리자니 조직의 시스템이 무너지고 조직의 시스템을 찾자니 오른팔을 잃게 된다. 읍참 마속, 읍泣 자는 울기는 우는데 눈물 흘리지 않고 우는 것을 말한다. 소리 없이 눈물을 흘리면서 마속을 참수한 제갈공명의 사례는 리더의 자세를 보여 준다.

요즘 시대는 한 사람 한 사람이 모두 리더가 될 자격이 있다. 책임을 진다면 그가 바로 리더고 장군이다. 우리들의 얘기일 수밖에 없는 이유다.『손자병법』에 통달한 사람 중에 소프트뱅크 손정의 회장의 자서전을 보면 이런 말이 나온다.

"열아홉 살 때부터 지금까지 살아오는 동안 내게 가장 큰 영향을 준 것은『손자병법』이다. 하루에도 몇 번씩 장군이 가져야 할 5가지 조건을 외우면서 잠이 들었다."

현장에서 고민하고 현장에서 답을 찾고 있는가?

나 혼자만의 승리가 아니라 주변의 사람들과 같이 살겠다는 상생의 소신으로 그들의 신뢰를 끌어내고 있는가?

따뜻한 인간미로 주변 사람들에게 먼저 마음을 오픈함으로써 그들의 마음을 얻어내고 있는가?

문제가 생겼을 때 용기와 책임감을 가지고 책임을 지겠다고 외칠 수 있는가?

공과 사를 구별해 엄격한 룰과 시스템을 제대로 적용시키고 있는가?

손정의 회장은 왜 그토록『손자병법』을 좋아했을까?

지智, 신信, 인仁, 용勇, 엄嚴. 이러한 철학과 전략, 그리고 덕목을 가진 리더가 있으면 현장의 분위기가 바뀐다. 『손자병법』에서는 형세形勢가 바뀐다는 표현을 썼다. 조직의 형세와 구조Structure, 분위기가 바뀐다. 손자가 꿈꾸는 조직의 형세가 거기에 있다. 회사에도 사세가 있고 분위기가 있다. 그것을 기업문화Corporate Culture라고 한다. 그래서 훌륭한 리더는 그 조직의 구조를 만들고 분위기를 바꾸고 문화를 만들어 낸다.

'어떤 형세를 만들어야 할까?'라는 『손자병법』의 질문에 가장 중요한 것은 '상하동욕자승上下同欲者勝', 즉 같은 꿈을 꾸고 있는가? 하는 것이다. 『손자병법』에서는 그 조직이 정말 좋은 분위기라면 조직의 상부와 아래의 조직이 같은 목표, 같은 꿈을 꾸고 있는가? 똘똘 뭉쳐 있는가? 묻는다. 해답은 상하동욕자승이 가장 좋은 분위기라고 말한다. '죽어도 같이 죽고 살아도 같이 살겠다'는 마음으로 같은 배를 타고 있는가? 리더가 이런 형세만 만들어 준다면 그 조직은 영원할 수 있다. 명심하자. 상하가 똘똘 뭉친 조직은 결코 무너지지 않는다.

『손자병법』에 유명한 말이 또 있다. 오월동주吳越同舟. 오나라와 월나라가 서로 원수지간이지만 같은 배를 타는 순간, 그들은 형제가 되고 가족이 된다는 것이다. 같은 배에 태우는 것이야말로 가장 좋은 형세를 만들어 낸다고 할 수 있다. '자금이 있어야 하나?' '무기가 있어야 하나?' 물론 그것도 중요하지만 똘똘 뭉치는 분위기, 상하가 하나가 되면 이긴다.

회사도 마찬가지다. 조직원들을 뭉치게 할 수 있는 리더십을 가진 사람이 위대한 리더이다. 우리도 예전부터 배우지 않았는가? 가화만사성, 집안이 똘똘 뭉치면 그 집안은 하는 일마다 잘된다고.

『손자병법』「구지九地」편에는 '상산 솔연常山率然'이라는 뱀 얘기가 나온다.

'상산에 솔연이라는 뱀이 산다. 영원히 죽지 않는 불사의 뱀이다. 누군가 뱀의 머리를 때리면 꼬리가 달려들고, 누군가 꼬리를 때리면 머리가 와서 구해 주는 상산에 사는 솔연은 영원히 죽지 않는 불사의 뱀이다. 감히 묻건대, 솔연처럼 병력을 부릴 수 있겠는가? 전장의 성패가 거기에 달렸다.'

손자는 이것을 집단 행동의 모범이라고 찬양했다. 적에 대한 단결과 결연한 의지를 상징한다. 장수는 군대를 솔연처럼 만들어야 승리한다. 아무리 쳐내고 잘라내도 살아 움직이는 끈질긴 저항정신과 진취성이 바로 솔연이다. 조직론에서 볼 때 개개인의 힘이 모여 구성되는 전체의 강력한 힘, 그것이 '솔연'이다. 리더가 집단의 단결력을 보여 주면서 개개인의 특성을 잘 살린 화합의 힘을 끌어낸다면 솔연의 모습에 가까워질 수 있을 것이다.

과연 우리들은 똘똘 뭉치고 있나? 우리 회사는 과연 똘똘 뭉치고 있나? 결코 쉽지 않다. 같은 배를 태운다는 것은 결코 쉽지 않은 일이다. 그래서 장군은 늘 자신을 낮춰야 한다. 지시한다고 해서 부하들이 무조건 따라오는 세상이 아니다. 그들의 눈높이에서 바라보아야 한다. 이것이 『손자병법』에서 얘기하는 승리하는 조직의 첫 번째 형세다.

손자는 장수가 전쟁에 돌입하면 5가지 위태로움을 경계해야 한다고 지적다. "용맹이 지나쳐 죽고자 한다면 반드시 죽임을 당할 것이요必死可殺, 반드시 살길만을 모색한다면 사로잡히게 될 것이며必生可虜, 분을 이기지 못하여 빨리 움직이면 모욕을 당할 것이며忿速可侮, 성품이 지나치게 깨끗하면 치욕을 당할 수도 있으며廉潔可辱, 백성들을 지나치게 사랑하면 번민하게 될 것이다愛民可煩."

군대를 파멸시키고 스스로를 죽게 하는 것은 이 5가지의 위태로움을 잘 관리하지 못했기 때문이라고 말한다.

이순신 장군이 23번 싸워 모두 승리한 것은 이길 수 있는 싸움만 했기 때문이다. 선승구전先勝求戰, 이기는 군대의 특징이다. 질 싸움은 하지 말아야 하고 싸우기 전에 이길 수 있는지를 미리 판단하고 싸우라는 것이다. 삼도수군통제사가 되고 300척이 넘는 전함이 있었지만 '왜군을 먼저 치라!'는 선조의 명령에 '노No'라고 말했다. 왕의 명령이었지만 통제사 직을 내놓더라도 승산 없는 싸움은 하지 않았다. 이길 수 없는 싸움을 해야 한다면 먼저 이길 수 있는 형세를 만들어놓고 싸워야 한다. 이순신 장군도 명량해전 발발 전에 울돌목 지형과 물살을 파악해 두었기 때문에 13척으로 133척의 일본 수군을 물리칠 수 있었다. 나를 알고 적을 알면 백번 싸워도 위태롭지 않다知彼知己 百戰不殆는 말을 실천한 것이다.

『손자병법』「시계」편에 승산勝算이라는 말이 나온다. 승산을 분석해보고 아니다 싶으면 출전하면 안 된다. 기업의 승산 여부도 도천지장법道天地將法에 달렸다. 구성원이 같은 길道을 가는가? 외부 상황天과 내부 역량地을 파악하고 있는가? 위기관리 능력·신뢰·인간미·책임지는 용기·신상필벌을 갖춘 유능한 장수將가 이끄는가? 물자 보급과 자금 운영法이 잘 되는가?

쉬울 것 같지만 결코 쉽지 않다. 대부분 감정에 얽매이기 때문에 철저하게 분석하기 어렵다. 전략적이고 이성적이며 합리적으로 생각하는 조직의 형세를 만들어 내면 그 조직은 승리한다. 그래서 승산이 된 후에 공격해도 되면 공격하고 승산이 없으면 후퇴도 필요하다.

인생을 살면서 꼭 돌격만 할 필요는 없다. 분명 안 되는 게임인데 억지로 밀어붙일 필요가 없다. 인생이란 게 그렇다. 하루라도 빨리 깨닫는 것이 관건이다. 「삼십육계」 마지막 계책인 '주위상走爲上'에 따르면 때로는 도망가는 것도 상책이다. 내가 힘들고 승산이 없으면 한 걸음 물러나는 것도 전략이다.

지금은 공격해야 될 때인가? 아니면 잠시 쉬어 가야 할 때인가? 아니면 뒤로 물러날 때인가?

그렇다고 계속 물러나라는 것은 아니다. 작전상 후퇴, 얼마나 멋진 전략인가?

『손자병법』에 '진불구명 퇴불피죄進不求名 退不避罪'라고 했다. '진격할 때는 명예를 추구하지 않으며, 퇴각할 때에는 죄를 피하지 말아야 한다'는 말이다. 괜한 공명심으로 공격에 나서지 말라는 충고다. 또 도망쳤다고 죄를 받을지언정 퇴각해야 할 상황이라면 과감히 물러나야 하는 게 리더가 할 일이다. 진퇴에 대한 명확한 판단이다.

세상을 살다 보면 나아가는 결정을 할 때도 있고, 뒤로 물러나는 결정을 해야 할 때도 있다. 문책을 당할까봐 주춤거리는 것도 인생에 있어 나쁜 태도 중 하나다.

진격과 후퇴의 판단에 대한 기준은 남의 칭찬과 비난이 아니다. 오로지 나와 함께 하는 사람들과 살아남아야 한다, 내가 몸담고 있는 이 조직을 끝까지 살리고 지켜내야 한다, 그 고민에 의해서만 공격과 후퇴를 결정해야지, 남의 눈치를 보고 남의 칭찬과 비난에 연연하지 말라는 것이다. 남에게 칭찬받으려고 무리한 진격 명령을 내리고, 문책받을까 두려워 후퇴를 결정하지 못한다면 조직을 책임지는 리더로서 자격이 없다. 리더라면 오로지 자신이 맡고 있는 조직의 생존과 조직원들의 생존을 기준으로 진퇴를 결정해야 한다.

『손자병법』은 2,500년 전 병법서임에도 지금 우리가 살아가는 철학이 고스란히 담겨 있다. 우리는 똘똘 뭉치고 있는가? 우리는 합리적인 판단을 내리고 있는가? 우리는 따뜻한 인간미로 교감하고 있는가? 특히 우리는 같이 살아남아야 한다는 위대한 공감대를 유지하고 있는가? 이런 것들은 손자가 꿈꾸는 전쟁터에서 살아남기 위한 중요한 전략이다.

『손자병법』에 나오는 수없이 많은 문구 중에 전승불복戰勝不復이라는 문구가 있다. 승리는 영원히 반복되지 않는다, 상황이 바뀌면 전술도 바뀐다는 것이다. 전쟁에서 이기는 방법은 두 번 반복되지 않는다는 것인데 무슨 뜻일까?

적의 상황에 따라 전략과 전술을 변화시켜야 승리할 수 있다는 말이다. 사람들은 승리했다고 생각하는 순간 그것이 영원히 계속될 줄 알고 착각에 빠진다. 어제 싸웠던 그 공간에서, 어제 싸웠던 그 속도로, 어제의 그 타이밍으로 오늘도 똑같이 싸우면 당연히 패배할 수밖에 없다.

새로운 싸움은 새로운 속도를 내야 하고 새로운 공간을 찾아야 하며 또 새로운 타이밍을 찾아야 한다. 전쟁에서 한번 이긴 것은 완벽하게 이긴 것이 아니다. 새로운 승리를 위해 끊임없이 변화하라고 『손자병법』은 강조한다. 그래서 '전승불복'은 『손자병법』의 가장 핵심적인 구절 중 하나다.

승리는 영원히 반복되지 않는다. 승리했다고 자만하지 말고, 항상 나를 낮추고 늘 새로운 공간으로 나아가자. 언제나 새로운 속도를 만들어라. 끊임없이 타이밍을 찾아내라.

고전이란 것이 무엇인가? 오랜 세월 동안 살아남았기 때문에 검증된 것이다. 『손자병법』을 통해 우리는 홍보 리더로서 어떤 철학을 갖고 어떻게 일해야 할까? 끊임없이 생각해야 한다.

요즘 난세라는 말을 많이 한다.

난세가 무엇인가? 난세일수록 우리는 기본으로 돌아가야 한다. 기본이라는 것은 또 무엇인가? '기본이 무엇인가?'라는 고민 때문에 우리는 『손자병법』을 읽는지도 모른다.

결국 기본이란 뭔지를 성찰하는 과정에서 성실, 정직과 같은 가치야말로 이 시대가 원하는 가장 큰 원칙이 아닐까 생각해본다. 많은 사람들이 기본으로 돌아갔으면 한다. 그 해답은 인문학에 있다. 비록 2,500년이나 된 오래된 책이지만 『손자병법』을 통해 이 시대의 홍보맨들은 어떻게 살아야 할 것인가? 어떤 리더가 될 것인가? 그에 대한 답을 찾을 수 있기를 기대해본다.

리더의 유형과 특성

> 때때로 어떤 것의 가치는 그것을 통해 무엇을 얻느냐가 아니라 그것을 위해
> 어떤 대가를 치러야 하는가에 달려 있다.
>
> _ 니체Friedrich Wilhelm Nietzsche

　리더의 책임과 역할에 조직의 운명이 달려 있다. 리더는 조직원들이
가진 역량을 최대한 끌어내도록 해야 한다.

　이상적인 리더의 유형은 무엇일까? 한국 사회에서 대부분의 리더들
은 '똑부형똑똑하고 부지런한 리더' 리더이다. 그들은 본인을 포함해 부하 직원
들도 똑부형 리더가 되기를 기대하며, 함께 근무하는 팀원들도 똑부형
리더를 기대할 것이다. 우리 사회의 교육 방향성이 똑부형 리더의 덕목
을 이상적인 리더십으로 가르쳐왔고, 그렇게 배워왔고, 길들여져 있기
때문이다. 즉 리더는 가장 똑똑하고 스마트한 업무 역량을 갖춰야 하고,
동시에 성실성을 갖춰야 한다고 배워 왔다.

대부분의 리더들은 스스로 똑똑하고 부지런하다고 생각한다. 그래서 리더가 되었고, 지도자 역할을 하고 있다고 생각한다. 자기도취와 자기연민이라는 인간의 보편적 특징이 섞여 만들어 낸 착각이다.

현실에서 리더와 참모 유형은 4가지가 있다. 관건은 리더와 참모의 조합이다. 리더가 '똑부', '똑게똑똑하고 게으른 리더'라면 참모가 어떤 유형인지에 따라 심각한 문제가 생기지는 않을 것이다. 반면 리더가 '멍부멍청하고 부지런한 리더'거나 '멍게멍청하고 게으른 리더'라면 어떨까? 참모는 반드시 똑부나 똑게로서 역할을 해야 한다. 그래야 지도력이 무너지지 않고 원하는 성과를 낼 수 있다.

리더는 물론이고 참모가 욕먹는 것을 두려워하는 유형이라면, 결단을 내려야 할 때 결단하지 못하고, 이도 저도 아닌 상태로 우물쭈물하다가 통으로 욕먹고 지도력을 상실하는 낭패를 볼 것이다.

리더의 스타일은 업무 능력을 기준으로 똑똑한 리더, 멍청한 리더로 나뉘고, 성실성과 관련해서는 부지런한 리더, 게으른 리더로 나뉜다. 우생학적 분류도 있을 수 있지만 언제인가부터 사람들은 이를 섞어 똑부, 똑게, 멍부, 멍게라고 부른다.

이는 원래 지도자와 참모의 유형을 분류하는 방법 중 하나였다. 19세기 독일 프로이센왕국의 육군 참모총장을 역임한 몰트케 백작Moltke the Elder, 1800-1891이 사용한 방법이라고 알려져 있다. 몰트케 백작은 비스마르크 수상, 룬 백작과 함께 독일제국의 3대 영웅으로 인정받는 사람이다.

『The Lazy project manager』2009년와 『The Lazy Winner』2011년를 쓴 피터 테일러Peter Taylor에 의하면, 몰트케 백작은 휘하 부하들의 유형을 그들의

정신적&육체적 특성mental and physical characteristics에 따라 4가지로 분류했다. 이를 몰트케 백작의 분류Leadership Analysis Grid라고 한다.

몰트케 백작의 방법을 바탕으로 피터 테일러는 『The intelligence of laziness』라는 책에서 '똑똑함, 멍청함, 부지런함, 게으름'으로 분류했다.

① A유형멍게형: mentally dull and physically lazy – 군대에서 높은 위치까지 승진은 할 수도 있음.
② B유형똑부형: mentally bright and physically energetic – 훌륭한 리더는 아님. 지휘보다는 시키는 일을 제대로 하는 위치. 중간급 장교(관리자).
③ C유형멍부형: mentally dull but physically energetic – 군대에서 내쫓아야 하는 유형.
④ D유형똑게형: mentally bright and yet physically lazy – 군대 최고 지휘관이 될 수 있는 유형.

최근 한국의 비즈니스 상황에서는 똑부형 리더십보다 '똑게형 리더십'이 더 적합하다는 게 지배적이다. 왜 똑게형 리더가 더 적합하다고 생각할까? 먼저, 똑게형 리더의 특성을 알아보자.

첫째, 똑게형 리더는 완벽하지만 조금은 틈을 보여 준다.

인간미가 있다. 리더가 너무 완벽하면 (완벽할 리 없다. 완벽하고자 할 뿐이다) 부하 직원들이 근접하기가 힘들다. 업무 역량 차원이든 리더십 차원이든 적절한 틈새가 필요하다.

사람에게도 적당한 여백이 필요하다. 부하 직원들이 리더에게 다가올 때 심리적 부담감을 최대한 없애 주어야 한다.

둘째, 큰 그림과 일의 의미를 부여한다.

구성원들이 자기가 속한 조직 내에서 어떤 역할을 해야 하는지 제대로 인식할 수 있도록 해야 한다. 그런 후에 각자의 업무와 함께 본인들이 하는 일에 대한 의미를 잘 이해하도록 해야 한다. 구성원들이 업무에 임할 때 일의 의미를 잘 이해하는 것이 궁극적으로 본인 스스로의 자율성과 창의성을 키우게 된다는 것을 리더도 이해해야 한다.

셋째, 보고의 리드 타임Lead time을 확보하여 최대한 구성원들의 창의성을 이끌어 낸다.

리더는 아주 긴박한 사안이 아니라면 최대한 부하 직원들로 하여금 충분히 검토한 후에 보고하게끔 시간적 여유를 주어야 한다. 보고의 리드 타임에 여유가 없을 경우, 부하 직원들은 자율성과 창의성을 발휘하기 힘들게 된다.

넷째, 부하 직원들의 의견을 잘 듣는다.

리더라면 때로는 알고 있는 내용이라도 본인이 먼저 나서지 않고 오히려 부하 직원들의 의견을 최대한 듣는 노력을 해 줄 필요가 있다. 특히 부하 직원들이 하는 말을 중간에 끊는 행위는 자제해야 한다.

다섯째, 직원들에게 권한을 위임한다.

권한 위임을 통해 직원들이 능력을 충분히 발휘할 수 있는 환경을 조성해 주어야 한다. 리더로서 권한을 위임한다는 것 자체가 부하 직원들을 신뢰한다는 의미다. 리더로부터 강한 신뢰를 받는 부하들은 보다 더 열심히 업무에 임하게 될 것이다. 리더는 알고 있다. 리더로서 자격이 없기 때문에 권한을 위임하지 못 하는 것이다.

여섯째, 직장생활을 즐기는 모습을 보여 준다.

리더가 워라벨을 챙긴다. 연월차 휴가, 여름 휴가 등을 잘 활용하여 충분히 리프레시를 한다. 리더가 솔선수범하여 일을 열심히 하는 것 이상으로 휴식도 열심히 즐긴다는 것을 보여 줄 수 있다. '열심히 일한 당신, 제대로 즐겨라.' 라는 콘셉트가 조직 내에 만연하도록 만들어가는 것이 바로 똑게형 리더의 전형이다.

일반적으로 사업 초기나 규모가 작은 조직의 경우에는 '똑부형 리더' 한 명의 똑똑함과 부지런함이 조직의 성과에 큰 영향을 미친다. 하지만 조직이 점차 발전해 큰 조직이 되면 똑게형 리더가 더 적합하다.

대기업과 같은 규모가 큰 조직에서는 똑부형 리더 본인은 리더로서 열심히 일한다고 스스로 만족하겠지만 지나칠 정도로 일하면 자칫 부하 직원들의 사기 저하로 인해 조직 능력이 떨어질 수도 있음을 경계해야 한다. 그 결과 점차 업무 성과도 떨어지는 악순환에 빠질 수 있다.

일본 전국시대를 통일한 오다 노부나가, 도요토미 히데요시, 도쿠가와 이에야스 등 세 사람의 리더십을 빗댄 일화가 있다. "울지 않는 두견

새가 있다. 어찌할 것인가?"에서 세 사람의 태도가 확연하게 달랐다는 것으로, 각자의 통치력을 빗대어 비교한 일화다. 노부나가는 단칼에 죽인 다음에 우는 두견새를 데려왔고, 히데요시는 수단과 방법을 가리지 않고 울게 만들었고, 이에야스는 두견새가 울 때까지 기다렸다고 한다. 세 명의 통치자 모두 그렇게 단적인 유형은 아니었지만 그런 특징이 두드러졌을 것이다.

'나라면 울지 않는 두견새를 어떻게 울도록 할 것인가?' 하는 질문을 할 수 있다는 것만으로도 이 일화는 큰 의미가 있다.

상사를 평가할 때 '단순함'이 힘을 발휘할 때가 있다. 또 상사를 포함한 모든 사람의 경우 그 사람의 일반적인 평가가 있을 수 있다. 강자에게 약하고, 약자에게 모질며, 자신의 이익(주로 권력, 명예, 돈)을 쫓아 다니며 고약한 냄새를 풍기는 사람도 있고, 반면 은은한 향기를 풍기는 사람도 있다. 남에게 말은 못 해도 혼자 있을 때는 자기가 어떤 유형의 사람인지 본인은 알 수 있다. 똑부, 똑게, 멍부, 멍게. 나는 어떤 유형이고 단점을 극복하려면 무엇을 보완해야 할 것인가?

오늘날과 같이 급변하는 경영 환경일수록 조직 전체 구성원들의 사기는 매우 중요하다. 똑게형이 아니더라도 리더의 역할 중 가장 중요한 것이 바로 '부하의 육성'이다. 리더는 큰 그림을 보고 비전을 설정하면서 회사가 가야 할 방향성을 고민해야 한다. 부하들과의 충분한 교감과 권한 위임을 통해 실제로는 그들이 일을 잘 진행할 수 있도록 코칭하고 조언하는 것이다. 그러자면 똑게형 리더같이 시간적 여유와 심리적 여유를 가져야 한다.

물론 한국적인 정서로는 쉽지 않다. 이제 부지런하기만한 리더십이 미덕이던 시절은 지났다. 세상이 변했는데 리더가 옛날 방식에 사로잡혀 있으면 본인의 의지와 관계없이 조직에 피해를 줄 수도 있음을 이해해야 한다. 기업들이 끊임없이 리더십 교육을 진행하는 이유다.

높은 자리에 있을수록 더 힘든 게 사실이지만 명확한 비전을 제시하고 목표를 달성하기 위해 제대로 일하며Work Right 함께 노력하면서 같이 고생하는 모습을 구성원들에게 먼저 보여 주는 솔선수범하는 모습이 리더십의 원천이다.

홍보 리더의 소통 리더십

"太上不知有之 其次親而譽之 其次畏之 其次侮之

(태상부지유지 기차친이예지 기차외지 기차모지)

최상의 지도자는 백성들이 그가 있는지 없는지도 모르는 것이며

그 밑의 지도자는 백성들이 사랑하고 존경하는 것이며

그 아래 지도자는 백성들이 두려워하는 것이며

최악의 지도자는 백성들이 미워하는 것이다."

_『도덕경』「17장」

리더가 아니더라도 소통 능력은 홍보맨으로서 갖추어야 할 아주 중요한 덕목이다. 훌륭한 소통 능력을 가진 리더들은 자기 자신을 분명하게 표현하고, 소통을 통해 어려운 상황을 극복하는 것은 물론, 다른 사람들의 지지를 쉽게 이끌어 낸다.

2016년, 중앙일보가 시민 3,061명에게 '국외 인물 중 가장 매력적인 리더와 그 이유'에 대해 조사했다. 사람들이 가장 많이 언급한 인물은 누구일까? 조사 결과, 오바마 전 미국 대통령이 1위8.7%였다. 오바마의 '상대방을 이해하는 소통 능력'이 선정 이유였다. 오바마는 재임 기간 자신과 생각이 다른 사람의 주장이라도 경청하고 포용하는 자세를 보여줬다는 평가를 받았다.

　김종영 서울대 기초교육원 교수는 "자신과 생각이 다른 사람의 주장도 경청하고 포용하는 자세가 오바마를 매력적인 리더로 만들었다."고 설명했다. 김 교수는 특히 "미래사회는 오바마처럼 다양한 생각의 차이를 조율할 줄 아는 커뮤니케이션 능력이 기업과 사회에서 가장 중요한 역량이 될 것"이라고 전망했다.

　한국에서 가장 훌륭한 임금으로 추앙받는 세종대왕도 소통 능력이 탁월했던 것으로 알려져 있다. 세종은 어전회의에서 "경들은 어찌 생각하시오?"라는 말을 자주 했다고 전한다. 박현모 세종리더십연구소장은 "강력한 왕권을 가진 군주지만 모든 결정을 신하들과 의논해 내렸다."고 설명했다. 실제로 세종은 임금으로 있던 32년간 임금이 신하와 함께 공부하거나 국사를 논하는 '경연'을 1,898회나 마련했다. 아버지인 태종이 18년간 경연을 60여 회에 그친 것과 비교하면 어마어마한 수치다.

　소통은 리더십의 차이를 만드는 역량이 아니라 리더가 되기 위한 필수조건이다. 과거 고성장시대에는 리더가 중요한 자원과 정보를 독점하고 일방통행적인 지시와 의사결정으로 조직을 이끌어 가는 강력한 영웅적 리더십이 가능했다. 좋은 팔로워십의 기준은 그런 리더를 묵묵히 따르며 정해진 길을 벗어나지 않는 것이었다. 하지만 초가속, 초연결, 초융합의 시대, 도전하는 다양한 문제들이 복잡하게 얽혀 있고 치열한 경쟁이 벌어지고 있는 지금은 리더 혼자 판단하고, 결정하고, 감당하기엔 리스크와 불확실성이 너무 커졌다.

커뮤니티를 커뮤니케이션communication하는 공동체라고 정의할 때 기업은 '커뮤니티community'가 될 수 있다. 기업은 '목표지향형 조직'인 동시에 사람들이 모여 많은 시간을 함께 보내는 커뮤니티다. 사람들이 조직 내 다른 구성원들에게 원하는 것은 '공감과 존중의 커뮤니케이션'이다. 공동체 구성원은 업무에 대한 성취감뿐 아니라 소속감·안정감·신뢰감 같은 다양한 가치를 추구한다.

잭 웰치 전 GE 회장은 "GE가 커뮤니케이션 단절로 벽이 생기는 대기업이 아니라 서로 자유롭게 대화하고 재밌게 일하는 '구멍가게' 방식의 회사가 됐으면 좋겠다"고 말했다. 그 역시 일찌감치 '커뮤니티로서의 기업관'을 간파한 것이다.

좋은 조직의 공통점은 뭘까?

명확한 목표 설정, 가치 공유, 적절한 역할 분담 등 여러 가지를 꼽을 수 있겠지만 '커뮤니케이션 역량'도 빼놓을 수 없는 핵심 요인 중 하나다. 조직의 커뮤니케이션 역량을 높이려면 적절한 소통 채널을 개설하고 임직원을 교육, 훈련시켜야 한다.

하지만 뭐니 뭐니 해도 가장 중요한 건 리더의 역할이다.

리더의 언행은 늘 모두의 주목을 받는다. 구성원들은 리더를 역할 모델로 삼아 리더의 말과 행동을 학습한다. 또한 리더가 발신하는 메시지나 리더의 커뮤니케이션 방식은 조직의 성과나 사기에 결정적 영향력을 행사한다. 따라서 아무리 유능한 리더라 해도 구성원들과의 소통에 실패한다면 자신의 능력을 충분히 발휘할 기회조차 잃어버리기 십상이다. 그런데도 많은 조직과 리더가 소통 능력의 중요성을 가볍게 여긴다.

연구에 의하면, 리더가 직원들에게 더 많은 정보를 공유하고 그들을 의사결정에 참여시킬 때 직원들은 더 높은 수준의 책임감과 심리적 주인의식을 가진다. 조직의 경쟁력은 구성원들의 관심과 참여로부터 나온다. 질문을 허용하지 않는 리더와 질문을 하지 않는 구성원들이 많은 조직에게 미래는 없다. 직원은 '왜'라는 질문을 거리낌 없이 던지고, 리더는 질문하는 직원의 관심과 적극성을 인정하고 공감하며 적극적으로 소통할 때 조직의 변화와 성공은 시작된다.

리더는 '자신만이 옳다'라는 편견에서 벗어나야 한다. 또한 생각나는 대로 행동하거나 말하지 않고 그것이 상대방에게 주는 인지 및 정서적 느낌을 염두에 두어야 한다. 그리고 직원들이 특별한 용기를 갖지 않아도 자유롭게 '왜'에 대해 질문하고, '왜'에 대해 설명하고, '왜'에 대해 서로 의견을 교환할 수 있는 분위기를 만들어 주어야 한다.

리더가 리더답게 소통하지 못하면 조직에 많은 피해를 입힌다. 리더의 커뮤니케이션 장애로 인한 기업의 커뮤니케이션 단절은 단기적 성과 저하만 가져오는 게 아니다. 우선 상사와 부하 사이에 갈등이 생겨 조직 내 의사소통에 높은 장벽을 만든다. 또한 정보의 흐름이 단절되고 신념과 목표 공유가 어려워진다. 이런 부작용이 쌓이면 조직이나 기업의 경쟁력 약화로 이어질 수 있다. 결국 리더의 소통 부재나 무능은 조직을 망친다.

조직의 구성원은 좋은 리더를 기대하고, 리더 역시 좋은 구성원을 희망한다. 좋은 사람을 원하는 것은 피차일반이다. 미래지향적으로 조직원과 함께 현재의 문제를 해결하고, 조직원의 관점에서 경청하고 수용하는 리더가 좋은 리더이다. 함께 하고 싶은 지장, 덕장, 용장, 복장을 겸비한 사람이 좋은 리더이다.

현재 리더 역할을 하고 있거나 혹은 리더가 되고자 하는 이들은 자신의 커뮤니케이션 역량을 점검해볼 필요가 있다. 리더는 커뮤니케이터 communicator의 또 다른 이름이기 때문이다.

리더십을 발휘하기에 좋은 조직을 가진 리더는 없다. 최적의 리더십으로 조직의 목표와 목적을 달성해야 한다.

노자는 "태상부지유지太上不知有之"라고 말했다. 리더의 존재만 느끼게 해도 리더십이 발휘되는 리더가 최고의 지도자라는 말이다. 리더의 존재를 군이 드러내지 않아도 조직원들의 요구와 희망, 욕구, 감정이 무엇인지 알고 조직원이 열정과 포부를 갖게 하는 리더가 되어야 한다. 홍보맨은 항상 자기 자신이 일하는 분야에 대한 지식과 지혜, 그리고 인성을 키워 미래의 리더로서의 역할을 준비해야 하는 사람이다.

당신이 홍보 리더라면 조직원들이 주인정신, 참여정신, 책임정신과 소신을 갖고 업무를 추진할 수 있도록, 내면으로부터 동기를 유발시켜 자부심, 자신감, 자긍심을 갖도록 해야 한다.

때로는 전략보다 덕이 필요하다

당신과 만나는 모든 사람들이 당신과 헤어질 때에는
더 행복해질 수 있도록 해라.

_ 마더 테레사Mother Teresa

　고객과의 관계에서 어떤 것을 채워가야 할지 고민하는 것은 꼭 홍보
맨이 아니더라도 비즈니스맨들에게는 당연지사다. 그 관계는 개인과 개
인에서 출발하지만 회사 동료는 물론 사회적인 네크워크 관계로까지 발
전한다. 성공의 지름길은 인간관계에 있다고 말한다. 진실한 대인관계
는 당신의 인생에 엄청난 이익을 안겨 줄 것이다. 직장에서는 승진하거
나 성과를 잘 받을 수 있도록 도와 주고, 동료들에게 당신의 아이디어가
칭찬받을 수 있도록 도와 준다.

　관계는 좋은 기억이 쌓였을 때 발전이 가능하다. "인생 별 거 없다"고
쉽게 말할 수도 있지만 긍정적인 관계가 되기까지는 많은 노력과 희생,

이해와 배려가 필요하다는 것을 우리는 알고 있다.

'작은 차이가 일류一流를 만든다'는 말이 있다. 그 차이는 바로 가치의 차이다. 고객의 모든 것을 기억하고 섬기도록 노력하자. 세심하게 기억하고 진정성 있게 섬길 때 차원 높은 홍보맨으로 성공할 수 있다. 홍보 업무를 하면서 그런 관계를 맺은 기자들이 있다면 진짜 '홍보라는 게 별거 아니구나.' 하고 생각이 드는 경지가 된다. 그때 홍보는 그야말로 특별한 비결이 필요 없을 것이다. 당신이 만나는 기자들의 이름을 기억하고, 그들의 인격과 취향을 존중하고, 그들에게 성심껏 대했다면 그 노력들이 결실을 맺은 것뿐이다. '정직하게 섬기겠다'는 진심이 통했다는 생각이 들면 하루하루가 감사하다.

요즘에는 페이스북 등 SNS나 카카오톡, 문자 메시지 등 모바일 위주로 의사소통이 이루어진다. 최대한 빠르고 간결하게 핵심을 전달해야 한다. 급변하는 시대 변화를 따라잡기도 벅차고, 사방에서 쏟아지는 막대한 정보를 소화하기도 어려운 실정이다. 이런 상황에서 홍보맨들은 간결하면서 핵심을 파고드는 문장을 구사해야 한다. 때로는 독창적인 진단과 처방을 돌직구처럼 던질 수 있어야 한다.

인간관계는 무엇보다 진지한 문제다. 대수롭지 않게 여기고 간과하면 안 된다. 인생을 살면서 인간관계가 중요하다는 것은 누구나 익히 아는 바이다. 다만, 실제로 실행에 옮기는 데는 실용적인 매뉴얼이 필요하다. 그렇지 않으면 어제의 실수를 오늘도 되풀이하기 십상이다.

'사람이 가장 큰 자산이다.' 라고 말하면서도 정작 인간관계에 소홀한 태도는 아예 버려야 한다. 인간관계를 성공적으로 이끌어 가기 위해서는 충분한 시간을 들여 나를 성찰하고, 적절한 아이디어를 끄집어내고, 그 아이디어들을 하나하나 실행에 옮겨야 한다. 사람을 대하는 데는 만병통치약 같은 처방이 있을 수 없다. 흑백으로 나눌 만큼 명쾌하게 행동하기란 쉽지 않다.

공감능력이 부족한 사람은 이기적이고 자기중심적이므로 인간관계에 실패하기 쉽다. 자신의 이익과 감정에는 충실하면서도 타인의 아픔과 괴로움에는 별로 공감하지 못하기 때문이다. 매사를 내로남불 식으로 처리하므로 주위 사람들이 좋아하지 않고 가까이 하지 않으려 거리를 두기 마련이다. 일이 잘못되면 모든 원인을 주변으로 돌리고 남탓을 하면서 자신을 돌아볼 줄 모르니 삶이 개선될 리가 없다. 이利만 따지고 의義가 없으니 당연히 덕德을 쌓지 못한 것이다. 결국 인간관계도 좋지 못하니 그 삶이 성공할 수가 없는 것이다.

공자는 '기소불욕물시어인己所不欲勿施於人'이라고 했다. 『논어』「위령공衛靈公」 편에 전한다. 제자 자공이 "제가 평생동안 실천할 수 있는 말이 있습니까?"라고 묻자 공자가 해 준 말이다.

"자신이 원하지 않으면 다른 사람에게도 시키지 말아야 한다."

인간들은 반대의 행태에 익숙해 있다. 내가 하기 싫은 것을 남에게 대신시키고, 내게 좋은 것은 남들보다 앞서 해치워버리는 이기심이 판을 친다. 당연히 인간관계는 삭막해지고 갈등이 끊이지 않는다.

홍보맨이 만나는 사람들마다 자신의 이익만 따져 행동한다면 어떻게 될까? 스스로 자신은 정무적이라고 생각할지 몰라도 상대방은 산머리를 굴린다고 판단한다.

때로는 전략보다 덕이 필요한 경우가 있다.

영국의 유명한 동기부여 전문가인 폴 맥기Paul Mcgee의 저서 『사람과 함께 사람으로 성공하라』에 다음과 같은 이야기가 나온다.

'고전을 면치 못하던 소매업체에 새로운 관리자 한 명이 왔다. 그 관리자는 100명에 가까운 직원들의 이름을 기억하여 일일이 불러주었는데, 이 작은 행동의 변화는 엄청난 결과를 가져왔다. 사내 분위기가 달라지고 매출이 오르기 시작한 것이다. 직원들의 월급을 올려 준 것도 아니고, 바뀐 것은 관리자 한 명뿐이었는데 말이다.

비밀 열쇠는 바로 사람이다. 한 사람이 이룬 것이다. 이런 기적 같은 반전의 시작은 사실 큰 것을 잘해서가 아니다. 그동안 사소하다고 외면했던 작은 것을 '제대로' 실천했기 때문이다.'

전화를 받을 때 그냥 "여보세요?"라고만 말하지 않고 "OO님 안녕하세요?"라고 이름을 기억하고 불러 준 것뿐인데 기분이 좋았던 기억은 누구나 있다. 외에도 기자를 비롯한 고객의 취향은 물론 생일 등 기념일을 기억해 주는 것도 내 편을 만드는 데 좋은 방법이다. 상대방의 취향을 기억하는 것은 관심만 있으면 누구든지 쉽게 할 수 있다. 외울 수 없다면 이름을 저장해 놓고 전화가 울릴 때마다 화면에 뜨도록 하면 된다. 사소한 행동이지만 상대는 감동을 하고 반복되면 마음을 사로잡히게 된다. 그렇다고 오버하거나 과하게 생색내지는 말아야 한다.

인간관계에서 성공하려면 융통성 없이 모든 상황마다 똑같이 접근하면 안 된다. 인간관계에는 적응과 유연성이 필수적이기에 기존 방식과는 다른 전략이 요구될 때도 있다. 긍정적이거나 부정적인 타인의 특징을 알아차리는 순간, 계속 그것만 보인다. 행동 습관이나 유형이 당신의 레이더에 잡힌 이상, 계속해서 눈에 띌 수밖에 없다.

여차하면 타인에 대한 왜곡된 인상이 만들어지기 쉽다. 긍정적인 부분만 눈에 띄는 '후광 효과'나, 부정적인 부분만 눈에 띄는 '뿔 효과'악마가 두 개의 뿔을 가진 형상으로 그려지는 경우가 흔하기 때문에 붙은 개념가 나타나기 때문이다. 삶에서 긍정적인 변화를 원한다면, 모든 사람의 마음에 들 수는 없다는 사실부터 받아들여야 한다. '나를 싫어하는 사람도 있을 수 있다. 그래도 괜찮다'고 생각해야 한다. 남이 좋아할 것이라거나 좋아해 주기만을 바라는 사람은 세상은 물론이고 나조차 바꿀 수 없다.

물론 전적으로 감정을 무시하라는 말이 아니다. 감정이란 쉽게 바뀔 수 있다는 걸 알아야 한다는 뜻이다. 아닌 건 아닌 것이다. 때로는 과감하게 잊어버릴 줄도 알아야 한다.

우리에게 중요한 일이라고 해서 상대방에게도 중요할 것이라고 착각하지 말라. 사람마다 상황이 다르고 관심사도 다르다. 사람들이 움직이는 이유와 원인도 제각각이다. 우리에게 맞다고 다른 사람에게도 맞을 거라는 생각은 버려야 한다. 내가 아니라 그들이 대접받고자 하는 대로 행동해야 한다. 홍보 리더십은 섬김의 리더십이다.

리더의 큰 덕목, 포용

결국 모든 비즈니스는 사람, 이익, 제품으로 압축된다.

이 중에서 사람이 가장 중요하다.

_리 아이아코카Lee Iacocca

가슴에 바다 하나를 담아두면 마음의 편협으로부터 걸어 나와 넓고도 크고, 깊고도 그윽한 마음의 경지를 향해 나아갈 수 있다. 너그러운 도량과 넓은 흉금을 갖추고, 아랫사람의 사소한 과실을 너그럽게 받아들일 수 있는 지도자라면 충심을 다하는 부하를 얻을 수 있다.

옛날부터 '포용'과 관련하여 인구에 회자되는 '절영회絶纓會'라는 이야기의 주인공은 바로 춘추시대 초나라 장왕楚莊王이다. 절영회絶纓會는 '갓의 끈을 끊고 즐기는 연회'라는 뜻으로, 남의 잘못을 관대하게 용서해 주거나 어려운 일에서 구해 주면, 반드시 보답이 따름을 비유하는 고사성어이다.

절영회 고사는 고대 중국 춘추시대[B.C. 590년경] 초나라 장왕 시절에 있었던 이야기다. 초장왕은 즉위한 지 3년이 지났으나 주색만 밝힐 뿐 한 번도 명령을 내린 일이 없었으며, 다음과 같은 글을 크게 써서 궁궐 출입문 밖에 걸어 놓았다.

'누구든지 짐에게 간하는 자가 있으면 사형에 처하리라.'

신하들이 감히 간언을 못 하고 있는데, 대부 신무외가 간언을 하기 위해 궁으로 들어갔다. 초장왕은 악공이 음악을 연주하는 동안 여자들을 안고 놀기에 바빴다. 대부 신무외는 조심스러운 말투로 "누가 수수께끼 같은 말을 했는데, 그 뜻을 알 수 없어 대왕께 여쭙고자 왔습니다." 라고 하면서 다음과 같이 물었다.

"오색찬란한 큰 새가 있었는데 그 새가 초나라 높은 곳에 앉은 지 3년이 지났습니다. 그런데 그 새가 나는 것을 본 적이 없고 우는 소리를 들은 사람이 없다고 합니다. 그 새가 무슨 새냐고 묻는데 신은 그 해답을 알 수가 없기에 대왕께 여쭙고자 합니다."

초장왕이 신무외가 풍자하는 뜻임을 알고 대답하였다.

"그것은 비범한 새다. 3년을 날지 않았다 하니 한번 날기만 하면 하늘을 찌를 것이며, 3년을 울지 않았다 하니 한번 울기만 하면 반드시 세상을 놀라게 할 것이다. 그대는 그때까지 기다려라."

이후 초장왕이 정사를 보기 시작하사 눈부신 업적을 만늘어 갔나. 당시 강대국이었던 송나라와 싸워 우사 화원을 사로잡았고, 또 2번째 패권국이었던 강국 진晉과 싸워 장수 해양을 사로잡았다. 이때부터 초나라 세력은 날로 강성해졌으며, 초장왕은 천하 패권을 잡아 춘추시대 5패 중

세 번째 패왕이 되었다.

초장왕이 오랑캐 육혼 땅을 치기 위하여 원정을 갔는데, 초나라 2인자 영윤재상인 투월초가 반란을 일으켰다. 이에 투월초를 죽이고 반란을 진압한 초장왕이 신하들의 공로를 치하하기 위해 연회를 베풀었는데, 잔치는 해가 진 뒤에도 끝나지 않아 촛불을 밝히고 이어졌다.

초장왕이 잔치의 흥을 돋우기 위하여 아끼는 후궁 허희許姬로 하여금 모든 신하에게 술을 따르게 하였는데, 이때 갑자기 바람이 불어 모든 촛불이 일시에 꺼지는 순간 허희가 비명을 질렀다.

"누군가 내 허리를 안아서 재빨리 그 사람의 관 끈을 잡아 끊었으니 속히 불을 밝혀 관 끈이 끊긴 자의 죄를 물어 주십시오."

초장왕이 황급히 명령했다.

"아직 불을 밝히지 마라. 과인이 오늘 이렇듯 잔치를 베푼 뜻은, 경들과 함께 오늘의 승리를 서로 기뻐하기 위해서이다. 경들은 우선 그 거추장스러운 관 끈부터 모두 끊어버리고 실컷 마시라. 만일 관 끈을 끊지 않는 자가 있다면 그는 과인과 함께 즐기기를 거절하는 것으로 알겠다."

초장왕의 명령에 신하들은 모두 관 끈을 끊었다.

잔치가 끝나고, 허희가 초장왕이 일부러 범인을 잡지 않은 것을 불평하자, 초장왕이 다음과 같이 그 이유를 설명했다.

"자고로 임금과 신하가 한자리에서 술을 마실 때에는 서로 석 잔 이상을 못 마시며, 낮에만 마시고 밤에는 마시지 못하는 법이다. 그런데 과인은 오늘 모든 신하와 함께 취하도록 마시고, 또 촛불을 밝히면서까지 마셨다. 누구나 취하면 탈선하는 것이 인정이다. 만일 그 신하를 찾아내 처벌하고 그대의 절개를 표창하여 그 신하의 마음을 괴롭힌다면 모든 신하의 흥취가 어찌 되겠는가? 그렇게 되면 오늘 잔치를 차린 의의가 없지 않은가?"

허희는 이 말을 듣고 초장왕의 큰 도량에 감복해 큰절을 올렸다.

사람들은 그 잔치를 '절영회絶纓會'라고 불렀다. 후에 초장왕이 정나라를 치러 갔다. 이때 당교라는 장수가 선봉이 되겠다고 자원하여 선봉을 삼았더니, 용감하게 싸워 적을 모조리 무찔렀다. 초장왕이 그 용기와 능력을 높이 사 큰 상을 내리려고 하자, 당교는 상을 사양했다.

이미 왕으로부터 많은 은혜를 받아 그 은혜를 갚고자 혼 힘을 다했을 뿐이므로 받을 수 없다면서 자신이 잔치에서 허희의 허리를 껴안은 장본인이라고 자복한 것이다.

위대한 리더라면 따뜻한 인간미와 큰 도량, 크고 너그러운 마음을 갖춰야 한다. 옛사람들은 지도자의 덕목에 대해 아래와 같은 표현을 썼다.

"장군의 이마 위로 준마가 달릴 수 있고, 재상의 배腹 위로는 배船가 다닐 수 있다."

어느 한 조직을 끌고 가는 위치에 있으면 다양한 사람들과 교제를 해야 한다. 상대는 아랫사람이 될 수도 있고, 외부의 고객이 될 수도 있으며, 때로는 경쟁자와도 대화를 해야 한다. 그런데 사람마다 살아온 환경이 다르듯이 각자 개성이 다르고 좋아하는 것과 싫어하는 것의 차이가 있다. 서로 교양이 다르면 문화 수준도 다르고 생활 방식도 다르기 마련이다.

그러므로 여러 사람을 상대하려면 자기만의 아집을 버려야 한다. 특히 아랫사람들을 자기 마음대로 움직일 수 있다고 생각하는 것은 위험하기 짝이 없는 발상이다.

만약 어느 직원의 말과 행동이 거슬린다고 해보자. 당신은 일을 잘하든 못하든 관계없이 단지 행동이 마음에 들지 않는다는 이유로 그를 해고시키겠는가? 친구 사이라도 같은 업종에 있으면 어쩔 수 없는 경쟁 관계에 있을 수밖에 없다. 그들이 뭔가 감추는 게 있다고 해서 영원히 교류를 끊을 것인가? 이런 태도는 당연히 도움이 안 된다. 편협한 마음가짐은 인생은 물론 사회생활에 도움이 되지 않는다.

가슴에 웅대한 포부를 지니고 넓은 시야를 가진 사람들은 무릇 도량이 크며, 보잘것없는 작은 이익은 쳐다보지도 않는다. 반대로 눈앞의 시시한 것을 다투고 사소한 몇 마디 말을 마음속에 새겨두는 사람은 큰일을 이룰 수 없다. 만약 글자 하나도 제대로 받아들일 수 없을 정도로 소견이 좁다면 그는 어리석은 졸장부다. 피하는 게 상책이다.

사람을 부리고 상황을 뜻대로 움직이려면 반드시 너그러운 도량을 발휘할 줄 알아야 한다. 속담에 '옥에도 티가 있고 완전무결한 사람은 없다'는 말이 있다. 만약 당신이 아랫사람에 대해 모든 면에서 완전무결하기를 바라고 티끌만치도 눈에 거슬리는 것을 견뎌내지 못한다면 누가 당신에게 힘을 보태 주겠는가?

최고 리더들의 5가지 공통점

臨事而懼 (임사이구)

어려운 시기에 큰일에 임하여 엄중한 마음으로 신중하고 치밀하게 지혜를 모아

일을 성사시킨다.

_『세종실록』

위에 선 사람이 능력을 발휘하면 오히려 일은 제대로 되지 않는다.

부하 한 사람 한 사람의 능력을 제대로 발휘시키면 위에 선 사람은 할

일이 없어진다.

"하급下級의 군주는 자기의 능력을 다하고,

중급中級의 군주는 다른 사람이 힘을 다하게 하고,

상급上級의 군주는 다른 사람이 지혜를 다하게 한다."

_『한비자』 제48편

"하급의 군주는 자기의 능력을 모두 사용하고, 중급의 군주는 다른 사람의 힘을 모두 사용하며, 상급의 군주는 다른 사람의 지혜를 모두 사용한다."

한비자는 진짜 고수는 다른 사람의 지혜를 활용해야 한다면서 위와 같이 말했다. 자신이 나서지 않고 신하들을 잘 통솔함으로써 일이 스스로 이루어지도록 한 리더십의 대표로 한나라를 세운 유방이 있다.

항우가 해하에서 패해 바야흐로 죽게 되었을 때 하늘이 나를 망하게 했다고 했다. 하지만 항우는 범증과 한신 등 뛰어난 군신들의 책략을 꺼려 오로지 자신의 역량에만 의지해 결국 패하고 말았다.

하지만 유방은 군신들의 책략과 역량을 다 쓰게 하여 항우에게 기울었던 천하를 빼앗아 천하를 통일했다. 다른 사람에게 힘을 쓰게 하는 사람은 승리하고, 자신의 역량으로만 경쟁하는 사람은 패하는 것이 하늘의 이치인 셈이다.

다음은 『사기』에서 유방이 자신이 승리한 이유를 밝히는 대목이다.

"본시 중앙에서 정략을 꾸미고 천 리 바깥에서 승리를 이끄는 전략을 짜는 데 있어서 나는 장량보다 못하다. 국가를 다스리고 국민을 살펴 전선에 양식을 공급하는 등 군수 조달에 있어 나는 소하에게 미치지 못한다. 백 만의 대군을 배치하여 싸우면 반드시 이기고, 공격하면 반드시 점령하는, 군사를 지휘하는 능력에 있어 나는 한신에게 미치지 못한다. 이세 사람은 모두 뛰어난 인재들인데, 나는 그들을 잘 쓸 수 있었다. 내가 천하를 장악한 이유이다."

역사를 보면 현명하지 못한 군주는 현신賢臣을 시기하는 일이 잦았으며, 남은 충신들마저 끝내 희생시켰다. 이러한 암흑시대에는 유능한 인재들이 탈주하거나 온몸으로 저항하는 것밖에는 선택할 수 있는 것이 없었다. 결국 큰 인물이 아니면 큰 인물을 등용할 수 없다는 결론에 이른다.

아무리 천재적인 역량을 지닌 CEO도 혼자만의 힘으로 회사를 운영할 수는 없다. 워낙 다양한 분야에서 승부를 걸어야 하는 확대된 전선 속에서 CEO는 인재를 적재적소에 배치하고 전체적인 조율을 해 나가야 한다. 누군가 CEO는 '최고로 참아내는 경영자Chief Endurant Officer'라고 했는데, 능력 있고 재기발랄한 CEO일수록 참모들의 역량을 최대치로 끌어올릴 수 있는 여건을 만들어야 할 것이다. 오케스트라의 지휘자처럼 각자가 제 역할을 다할 수 있는 분위기를 조성하는 리더가 진정한 고수다.

구글이나 페이스북 CEO들이 1년 일정을 전체 조직이 알 수 있도록 공개한 것은 직원들이 자기들의 리더가 어디로 가고 있고, 무엇을 어떻게 하고 있는지 알도록 하기 위해서였다. 직원들이 시장의 불확실성과 만날 때 CEO 역시 미래의 불확실성을 만나는 최전선에 있다는 것을 알게 될 때 리더를 믿는 마음이 생겨나는 까닭이다.

리더십은 구성원들이 리더를 믿고, 리더 또한 구성원들을 얼마나 믿느냐에 달려 있다. 서로에 대한 믿음 없이 잘 되는 조직이 어디 있겠는

가. 보여 주는 능력이 중요한 것은 이것들이 바로 믿음을 만드는 가장 효과적인 방법이고, 구성원들이 가장 원하는 것이기 때문이다.

믿음은 명령하고 지시한다고 생겨나지 않는다. 구성원들이 스스로 믿음직하다고 여길 때 생긴다. 리더와 구성원이 믿음으로 하나가 되면 조직은 이래라 저래라 하지 않아도 스스로 움직인다. 가장 좋은 동기유발 방법인 것이다.

리더십에 대한 잘못된 믿음 중 하나는 '저 사람은 리더 자질이 있어'라거나 '저 사람은 리더 자질이 없어.' 라고 판단하는 것이다. 즉 리더십을 타고난 재능이나 자질로 생각하는 것이다.

하지만 수많은 연구 결과에 따르면 이러한 판단은 틀렸다. 다음은 최고 리더들의 5가지 공통점이다.

첫째, 가치와 원칙을 명확히 하라.

팀원들이 공동의 가치와 부합하지 않는 일을 할 때 팀의 성과는 저조해지기 마련이다. 구성원들끼리 교류가 없어지고 각자의 기준으로 업무를 하게 된다. 구성원들이 팀의 가치를 명확하게 이해할수록 업무성과는 높아진다. 그렇다고 리더 혼자서 추구하는 가치를 구성원들에게 억지로 심어 주는 리더는 더 최악일 것이다. 이때 사용하면 좋은 방법은 '매일 목적 있는 질문하기'다.

오늘 팀원들이 우리 팀의 비전을 추구하기 위한 일들을 얼마나 했는지 매일 성찰하기 위한 질문 목록을 미리 만들어 두는 것도 좋다.

둘째, 비전으로 가슴을 뛰게 하라.

대부분의 사람들은 구체적이고 명확한 미래를 제시할 때 유능한 리더라고 생각한다. 하지만 구성원들은 리더의 비전뿐만 아니라 그 안에서 자신의 역할을 찾고 싶어 한다. 그래서 리더는 구성원들이 어떤 포부를 갖고 있는지, 어떤 비전을 갖고 있는지를 이해해서 그들의 역할을 제시해 줄 수 있어야 한다.

사람들은 일반적으로 성실, 목적, 도전, 성장, 소속감, 자율, 중요성 같은 가치들로 일과 삶에서의 의미를 얻고자 한다. 각각의 구성원들이 어떤 가치를 크게 느끼는지를 알고 구성원의 포부와 팀의 비전을 일치시킬 수 있도록 조율해야 한다.

셋째, 새로움에 도전하라.

리더는 외부 현실에 민감해야 한다. 외부에 대한 관심을 끄고 조직 내부만 쳐다본다든지, 자신의 앞만 쳐다봐서는 예상치 못한 외부 변수에 휘말릴 수 있기 때문이다. 그런 통찰력을 얻기 위해서는 새로운 관점을 끊임없이 익혀야 하는데, 다양한 관점을 얻기 위해서는 다음과 같은 방법이 있다.

① 당신을 짜증 나게 하거나 좌절감을 주는 사람들의 관점을 받아들이고 배울 점 찾기
② 관점 바꾸려고 하기보다 그들이 하는 말 그대로 들어보기
③ 울타리를 벗어나 교류가 적은 사람에게서 다양한 의견 구하기

맥킨지에서는 주변 사람들하고만 대화하면서 새로운 관점을 생각하

지 않는다면 새로운 방식은 절대로 탄생할 수 없다고 얘기한다. 리더는 기존의 방식에 반하더라도 새로운 의견에 귀를 기울여 듣는 습관을 가져야 한다.

넷째, 스스로 행동하게 만들어라.

스스로 무능하다고 생각하는 사람들은 성과도 부진하다. 그들은 일에 집중하는 게 아니라 자신이 얼마나 일을 했다거나 성과가 어떠했다를 어필하는 데 더 집중하게 된다. 어느 기업의 리더는 처음에는 독재적인 스타일로 운영하다가 어느 순간 팀원들을 믿고 권한을 나눠 주기 시작하니까 팀의 성과가 눈에 띄게 올라갔다고 한다. 즉 리더는 권력을 자기가 다 가지려 하지 말고 권한을 위임해서 팀원들 스스로 리더라고 느끼도록 하는 것이 중요하다. 당연한 일이지만 사람들은 결과에 영향을 줄 수 있는 결정권이 자신에게 있다고 생각할 때 더욱 활력을 느끼고 책임감을 느끼기 때문이다.

다섯째, 열정이 우러나게 하라.

사람들에게 "어떤 리더가 최고의 리더인가?"라고 물어보면, 자신의 능력을 최고로 발휘하게 해 주는 리더라고 답한다. 어느 회사의 임원은 매일 동전 3개를 왼쪽에 두고 누군가를 칭찬할 때마다 하나씩 오른쪽으로 옮겼다. 그러면서 하루를 끝내기 전에 동전 3개가 모두 오른쪽으로 갈 수 있게 노력한다고 한다. 구성원들에게 활력을 불어넣기 위한 방법이다.

리더가 팀원들의 능력에 대해 확신하고 있다는 언급을 자주 보여 주면 팀원들이 리더에 대한 신뢰감도 그만큼 비례해서 올라간다. '피그말리온 효과'에 따르면, 사람들은 타인의 기대에 부합하는 방향으로 행동한다고 한다. 성공을 기대하면, 성공할 가능성이 더 높아진다.

리더십은 타고난 누군가의 특출난 자질이 아니다. 리더십은 관찰할 수 있는 원칙과 행동의 패턴이며, 정의할 수 있는 기술과 능력의 집합체이다.

최고 리더에게 필요한 능력

훌륭한 조직이 지속적인 성장을 하는 이유는 조직의 성장을 이끄는 새로운 인재를 끊임없이 받아들여 그들을 미래의 지도자로 키워낸 최고의 리더 덕분이다. 그렇다면 최고 리더가 되기 위해서 어떤 능력을 갖춰야 할까?

미국의 문명비평가 마셜 매클루언Herbert Marshal Mcluhan은 『미디어의 이해 : 인간의 확장』에서 "미디어는 메시지다." 라고 말했다.

이 말은 내용도 중요하지만 미디어라는 전달 수단 자체가 더 중요하다는 뜻이다. 매클루언은 언론 매체만을 미디어라고 하지 않았다. 그가 쓴 책 『미디어의 이해 : 인간의 확장』이란 이름 그대로 인간의 감각을 확장하는 것을 미디어라고 했다.

책은 눈을 확장한 것이고, 옷은 피부를, 바퀴는 다리를 확장한 것이다. 이 말은 리더에게도 그대로 적용된다. 리더가 짓는 눈웃음, 표정, 옷

차림, 걸음걸이 같은 몸짓들이 다 미디어이고 메시지다. 열심히 보고를 하고 있는데 보고를 받는 상사가 미간을 살짝 찌푸린다면 무슨 뜻일까? '마음에 들지 않는다'는 뜻이다. 말로 하는 것만이 메시지는 아니다.

인간의 마음 깊숙한 곳에는 '강한 사람=강한 지도자'라는 오래된 등식이 있는데, 이미지 만들기가 그것이다. 이 모든 것은 하나의 의도에서 나온다. '내게는 이런 힘이 있고, 그래서 세상을 이끌어갈 자격(능력·자질)이 있다'는 것이다. 말보다 행동으로 보여 주는 것은 훨씬 효과적이기 때문이다. 물론 모든 리더가 물리적 힘을 강조하는 것은 아니다.

처칠은 최고 리더들에게 필수적인 연설에 치명적인 약점이 있었다. 선천적으로 'S' 발음이 안 됐다. 하지만 끊임없는 노력으로 이것을 독특한 매력으로 만드는 데 성공했고 자신에게 리더로서 자격이 있음을 입증했다.

자유로운 사회에서는 처칠처럼 물리적인 힘보다 사람들의 호감을 사는 매력으로 리더가 되는 경향이 강하다. 매력이란 누구나 갖고 싶지만 가질 수 없는 특별한 능력인 까닭이다.

리더들이 꼭 보여주어야 할 능력이 있다.

첫째, 조직과 사람을 이끄는 리더는 힘이 있어야 한다.

예전에는 근육의 힘이 필요했지만 갈수록 머리를 쓰는 능력이 더 중요해지고 있다. 리더는 이 힘을 갖고만 있어서는 안 된다. 보여 주어서 힘(능력)이 있다는 것을 인정받아야 한다. 꼭 보여 주어야 할까? 보여 주지 않으면 안 될까? 보여 주어야 할 분명한 이유가 있다.

알다시피 우리의 감각 체계는 시각을 우선한다. 우리 뇌의 3분의 2 이상이 시각에 투자되고 있을 정도다. '백문이불여일견百聞而不如一見'이고 보아야 믿는다는 말은 그래서 언제나 진리다. 정치가에게 연설이 중요하고, 경영자에게 프레젠테이션이 중요한 것은 보여지는 능력이 필수인 까닭이다.

해봐야 비로소 실감하는, 몸으로 보여 주는 능력은 생각보다 훨씬 중요하다. '내가 상사이니 당연히 알아 줄 것'이라고 생각하면 오산이고 착각이다. 사람은 보이는 걸 먼저 보고, 대부분 그것만 본다. 그러니 보여 주지 않으면 볼 수 없다. '내가 리더가 될 충분한 자격이 있다'는 것을 보여 주어야 한다. 제대로 된 리더십은 여기서부터 시작한다.

둘째, 조직이 가야 할 곳과 그곳으로 가려면 어떻게 해야 할 것인가를 아는 것이다.

모래알이 되고 콩가루가 되어 가는 조직을 하나로 모으는 힘은 큰 소리나 지시에서 나오지 않는다. 함께 이루어 나갈 비전과 방법을 제시하면 자연스럽게 모여든다. 그 비전이 진짜 현실로 이루어 낼 수 있다는 가능성을 보여 주어야 한다.

셋째, 자신감을 키워 주는 것이다.

탁월한 리더들은 작은 승리를 통해 구성원들이 자신감을 갖게 해야 한다. 자신감이란 가지라고 해서 가질 수 있는 것이 아니다. 스스로 할 수 있다고 여겨야 한다. 더구나 이런 승리가 이어지면 리더가 가자고 하지 않아도 스스로 간다. 빨리 갈수록 자신들이 유리하다는 걸 아는 까닭이다.

넷째, 함께 하는 능력이다.

다음은 『육도六韜』에 전하는 내용이다. 고대 중국 시대 주나라 무왕이 강태공에게 물었다.

"전쟁터에서 병사들이 두려움 없이 적진으로 뛰어들게 하려면 어떻게 해야 하는가?"

태공이 말했다.

"장수는 추운 겨울철에도 혼자 털가죽 옷을 입지 않고, 무더운 여름철에도 혼자 부채를 잡지 않으며, 비가 내리더라도 혼자 우산을 펼치지 않아야 합니다. 이를 예의 바른 장수禮將라 합니다. 좁고 험한 길을 행군하거나 진흙탕을 거쳐 가야 할 때는 반드시 수레나 말에서 내려 함께 걸으며 병사들과 더불어 괴로움을 나누어야 합니다. 이를 힘을 같이 하는 장수力將라 합니다. 군사들이 앉기 전에 먼저 앉지 말고, 군사들이 먹기 전에는 먹지 말 것이며, 추위와 더위를 군사들과 반드시 같이 해야 합니다. 이를 욕심을 절제하는 장수止欲將라 합니다."

태공이 말하는 핵심은 누구나 본능적으로 누리고 싶은 것을 참고 부하와 더불어 함께 하라는 뜻이다. 그리하면 병사들은 장군이 자신들을 존중해 주고 있으며 끝까지 함께 할 것이라고 여긴다. 결국 하나가 된다. 『손자병법』의 '상하동욕자승上下同慾自勝'과 같은 맥락이다.

겸허히 자신을 낮춰라

천리마는 늘 있으나 천리마를 알아보는 백락(伯樂)은 늘 있지 않다.

_한퇴지, 당나라 대문호

인간관계의 기본 원칙은 적을 만들지 않는 것이다. 즉 주변 사람과 갈등이 있고 미움을 받으면, 시기 질투가 따르고 방해를 받아 될 일도 안 되는 경우가 있다. 때문에 적을 만들지 않는 것이 처세의 기본 원칙이다.

누구와 동맹하고 누구와 적대할 것인가, 아니면 중립을 지킬 것인가, 스스로 고립주의에 빠질 것인가? 이것을 정확하게 판단하고 결정하는 것은 참으로 어려운 일이다. 그 판단과 결정 여하에 따라 그 사람의 흥망성쇠는 물론 생사까지도 좌우되기 때문이다.

사람이 모여 사는 곳에는 중상과 모략이 항상 있기 마련이다. 이 중상과 모략이라고 할 수 있는 병균이 우리 몸에 한번 침투하면 비록 건강한 사람이라도 상처를 입고 만다. 역설적인 말이지만 어쩌면 이 병균은 우리 인간 사회의 필요악인지도 모른다. 미리 그 실상을 알아두고 면역성을 길러 두는 것이 필요하다.

중국 속담에 '친구가 많으면 길이 많아지고 적이 많으면 벽이 더해진다'는 말이 있다. 자신의 재주를 믿고 오만한 자는 흔히 이런 잘못을 저지르기 쉽고 결국 실패에 이르게 된다는 경고다. 우리가 어려서부터 어른들에게 배우는 것 가운데 '인간의 처세'에 대한 이야기가 많은 이유도 알고 보면 모두 인간관계를 형성하는 지혜를 터득하라는 가르침이다. 즉 살아가면서 되도록 다른 사람으로부터 미움을 사는 일을 하지 말고, 되도록 적을 만들지 말라는 가르침이다. 아무리 많은 재주를 가지고 있다고 하더라도 다른 사람에게는 늘 조금 부족한 듯 보이게 하는 이른바 '처세의 기술'을 강조하고 있다.

고대 중국 전국시대에 있었던 일이다.

제나라 대부였던 이사夷射가 국왕의 연회에 참석하여 귀한 술과 맛난 음식을 배불리 먹고 나서 연회가 끝나자 왕이 내린 술을 들고 궁궐 문을 나섰다. 이때 왕궁의 수문을 맡고 있던 말직 관원인 '저궤'라는 사람이 무릎을 꿇으며 간청했다. "저에게 그 술을 좀 나누어 주실 수 있습니까?" 그러자 이사는 "한낱 수문을 지키는 관원 주제에 국왕의 어주를 마시겠다는 것이냐? 썩 물러나거라." 라며 꾸짖었다.

이사가 멀리 사라진 후 무안해진 저궤는 분뇨를 가져와 왕이 지나는 문 옆에다 뿌렸다. 날이 밝자 왕이 궁궐을 나오다가 저궤를 꾸짖으며 말했다. "어젯밤에 누가 이곳에 방뇨를 한 것이냐?" 저궤가 이르기를 "이사 대부께서 어젯밤에 이곳에 서 계신 적이 있었습니다." 하고 대답하자 크게 진노한 왕은 이사를 불러 참형에 처했다. 이사는 자신의 목이 달아나기 직전까지도 자신이 왜 죽어야 하는지 몰랐다. 일개 수문관원이 대부에게 모욕을 당하고, 놀랍게도 그 대부의 목숨까지 앗아간 이 사건은 적을 만드는 것이 얼마나 위험천만한 일인지 말해 준다.

우리는 예로부터 겸양謙讓을 미덕이자 삶의 지혜로 삼아왔다. 자신의 날카로움을 감추고 겸손한 태도를 보여야 한다는 것이 핵심이다. 다소 어수룩해 보이는 모습은 손해가 아니라 오히려 득을 본다는 역설적 가르침이었다. 이는 사람들이 스스로 자기의 삶을 통해 평생 동안 견지해야 하는 기본적 가치로 인식되고 있다.

중국 청나라 때 화가로서뿐만 아니라 서예가, 문학가로서 양주팔괴揚州八怪의 한 사람으로 이름을 날린 문장가 판교板橋 정섭鄭燮이 잠시 관리로 근무하고 있을 때, 사촌이 보낸 편지 한 통을 받았다. 편지에는 "이웃집과 담장 경계 문제로 재판이 진행되고 있으니, 담당 관리에게 잘 부탁해 도와달라"는 것이었다. 이에 정섭은 "담장을 몇 자 양보하는 게 어떤가?"라는 내용의 답장과 함께 '난득호도難得糊塗'라고 친필로 쓴 편액을 보냈다. 중국에서 호도糊塗라는 말은 바보 멍청이라는 말이다. 그러면서 "총명하기도 어렵지만 어리석게 보이는 것도 어렵다. 총명함을 잃지 않은 채 어리석게 보이기는 더욱 어렵다." 라고 충고했다. 조금 손해를 감수하고 어리숙한 듯 처신하라는 것이다.

'난득호도'는 중국인이 가장 선호하는 가훈이라고 한다. '난득호도'에서 '호도'는 풀을 바른다는 뜻으로, 어떤 사실을 얼버무려 넘김으로써 속이거나 감춤을 이르는 말이고, '난득'은 구하거나 얻기가 어렵다는 뜻이다. 즉 난득호도는 똑똑한 사람이 어리석은 사람처럼 보이며 살기는 힘들다는 뜻이다.

그런데 요즘 세상은 어떤가! 다들 저 잘난 맛에 산다. 지거나 물러서기 싫어한다. 손해 보는 것은 죽기보다 싫어한다. 그렇지만 더 갖고 다 가지려다가 한꺼번에 모두 잃는다. 요즘 매스컴에서 자주 접하는 게 이런 사건들이다. 결국은 '난득호도'의 바보정신이 이긴다는 얘기다.

이처럼 '난득호도'는 자기를 낮추고 남에게 모자란 듯 보이는 것이 결국에는 현명한 처세가 된다는 의미로 중국인의 오래된 격언이 되었다. 잘난 체, 아는 체를 일삼다가는 다른 이의 미움을 사서 고난을 겪기 십상이던 험난한 시대를 거치면서 얻어낸 지혜일 것이다.

중국 북송의 시인이자 정치가였던 소동파도 "용맹한 사람은 겁쟁이처럼 보이고, 지혜로운 사람은 어리석어 보인다." 라고 했다.

동양에서는 겸양을 미덕이자 삶의 지혜로 삼아왔다. 특히 우리나라는 더 했다. 그래서 다소 어수룩해 보이는 모습은 손해가 아니라 오히려 진정성을 보이는 역설적 가르침이었다. 이처럼 자신의 날카로운 빛을 감추고 겸손한 태도를 보인다는 것이 어쩌면 동양철학의 핵심인 것이다. 지식인들이 자기 인생을 관리하는 가치이다.

지식정보화 시대를 맞아 잡다한 지식만이 넘쳐나는 게 요즘 세상이다. 이럴 때일수록 똑똑함을 드러내지 않고 겸허히 자신을 낮추는 '난득호도'의 자세가 필요하다. 정말로 똑똑한 사람은 자신을 낮추고 상대방을 존중하며 때론 침묵의 지혜를 선호하는 예의 바른 사람이다.

관용의 미덕을 베풀어라

待人春風 持己秋霜 (대인춘풍 지기추상)
남을 대하기는 봄바람처럼 관대하게 하고,
자신을 지키기는 가을서리처럼 하라!

_『채근담』

리더가 행동에서 모범을 보이면 조직원들은 자발적으로 그를 믿고 따르고 아울러 명령에 복종한다. 전쟁터에서 지휘관이 용감하게 앞에 나서면 군대의 사기가 고무되어 부하들은 결사적으로 전투에 임하게 된다. 반대로 지휘관이 겁먹고 뒤에서 몸을 사린다면 싸움의 승패는 이미 결정된 것이나 다름없다.

국가는 법률로써 사회 구성원들의 행위를 단속한다. 기업도 예외가 아니다. 응당 자체의 규칙과 제도가 있어야 한다. 기업에 제대로 된 관리

제도가 없다면 직원들이 제멋대로 해도 내버려 두게 되고, 업무는 일대 혼란에 빠지게 된다.

그러나 제도만 있다고 되는 것도 아니다. 리더는 제도를 제정하고 집행하는 사람으로서 관리하고 감시할 의무를 지닌다. 지켜지지 않는 제도는 유명무실한 휴지 조각에 불과하다. 그러기 위해서는 리더 자신이 솔선수범해서 엄격하게 규율을 준수하는 모습을 보여야 한다. 먼저 자신을 단속하고 후에 남을 단속하는 공평무사한 태도야말로 리더로서 위신을 세우는 길이다.

『채근담』에서는 원활한 인간관계를 유지하는 지혜로, 남을 심하게 질책하는 것을 삼가고 대신 너그럽게 대해 주라고 권한다.

'남의 단점에 대해서는 완곡한 방식으로 접근한다. 거칠고 사나운 언행을 주고받으며 남들도 다 알게 한다면 단점으로 단점을 치는 격인데, 사람이란 고집을 부릴 때가 있는 법이라 만약 화가 나서 질책한다면 이것은 고집에 고집을 보태 주는 것이다. 선으로 깨닫게 해야 하는 것이 우선이다.'

남의 단점을 감싸 주려고 하지도 않고, 그 원인을 알아보려고 하지 않은 채 무조건 여러 사람 앞에서 잘못된 점만을 들추어낸다면, 이것은 자기가 바르지 못하다는 것을 폭로한 것이나 다름없다. 여러 사람 앞에서 습관적으로 남의 단점을 들추어내기를 좋아하는 사람이 있는데, 이는 한 치 앞을 내다보지 못하는 우둔한 사람이다.

남이 잘못한 일을 공격한다고 하더라도 너무 심하면 안 된다. 비난을 하려면 상대방이 감당할 수 있는가를 고려해야 한다. 남에게 선을 가르칠 때도 너무 높은 수준을 요구하면 안 되고 응당 그가 행할 수 있는 정도로 해야 한다.

『채근담』의 교훈은 계속 이어진다.

'남의 조그만 허물은 꾸짖지 않으며, 사사로운 비밀은 폭로하지 않는다. 지난날 남이 저지른 잘못은 생각하지 마라. 이 세 가지로 덕을 쌓으면 인격이 높아질 뿐 아니라 해로운 일을 멀리할 수 있노라.'

이상의 실천법은 타인을 도와줄 때는 먼저 그 사람을 이해하고 자존심에 손상을 주지 않는 것을 전제로 해야 함을 우리에게 일깨워 준다.

"자기를 엄하게 단속하고 남은 너그럽게 대해 주어야 한다."

지나치게 엄한 태도로 다른 사람을 대하면 원한을 불러일으키기 쉽고, 본래의 목적에 도달하기 어렵다. 좋은 뜻에서 한 말이었는데 소득 없이 곤경에 처했다면, 타인에 대한 관대한 태도를 잃지는 않았는지 다시 생각해봐야 한다.

사람들은 흔히 다른 사람의 결점을 파헤치는 데는 능숙하지만 자기의 결점에 대해서는 잘 모르는 경우가 많다. 그러므로 남을 질책할 때 자신을 돌아볼 줄 아는 겸허한 마음가짐이 필요하다. 자신의 결점은 보지 않으려 하고 남의 과오에 대해서만 엄하게 책망하려 든다면 상대방도 인내에 한계를 느끼고 반감이 솟구쳐서 설득력을 잃고 말 것이다.

잘못을 지적하더라도 상대방의 체면을 지켜 주면서 자상하게 조언하는 태도를 취해야 한다. 아울러 사소한 잘못을 부풀려서 책망하거나 사적인 비밀을 공격하는 행위 특히, 지나간 옛 상처를 건드리는 언행은 절대로 금물이다.

이른바 '관용寬容'이란 도량이나 포용과 매우 관계가 깊다. 이에 대해 『채근담』의 지혜를 배워보자.

"몸을 지킴에 너무 순결하면 안 되는 바 모든 모욕과 더러운 욕들을 다 참고 받아들일 수 있어야 하고, 남과 경계를 너무 분명하게 나누면 안 되는 바 모든 선악과 현우賢愚를 다 감싸 줄 수 있어야 한다."

이 말은 다음 내용과 뜻이 비슷하다.

"땅이 더러우면 자라는 것이 많고 물이 지나치게 맑으면 물고기가 없다. 군자는 응당 더러운 것을 받아들이는 도량이 있어야지 깨끗한 것만 좋아하며 혼자서 지조를 행하면 안 된다."

공자도 『논어』 「위령공」편 14장에서 다음과 같이 말한다.

躬自厚 而薄責於人 則遠怨矣 (궁자후 이박책어인 즉원원의)
자신에 대해서는 엄하게 책망하고, 남에 대해서는 가볍게 한다면,
원망을 멀리할 수 있다.

누구나 알고 너무도 빤한 이야기지만 좋은 사람은 자신에게 엄격하고 타인에게는 관대한 사람이고, 나쁜 사람은 자신에게는 관대하고 타인에

게 엄격한 사람일 것이다.

그런데, 정말 자신에게 엄격하고 타인에게 관대하기가 말처럼 쉬울까? 그렇지 않다. 『채근담』에서 유래한 '대인춘풍 지기추상待人春風 持己秋霜'에 의하면, 남을 대할 때는 봄바람과 같이 부드럽게 하고, 자신을 대할 때는 가을 서리처럼 엄격해야 한다고 말한다. 나에게는 추상, 타인에게는 춘풍이기는커녕 현실은 나에게는 춘풍, 타인에게는 추상으로 살기 쉬운데 왜 그럴까?

나에게 엄격하고 타인에게 관대해지려면 결국 '자기 객관화'에 능해야 한다. 자기 객관화는 본능, 인지상정과 역행하는지라 참으로 어려운 일이다. 하지만 인간이 성숙되기 위해서는 반드시 지향해야 할 목표이고, 인간의 성숙을 도와야 할 교육자라면 늘 일깨워 줘야 할 바이다.

공자는 '오직 어진 자만이 능히 사람을 좋아할 수 있고, 능히 사람을 미워할 수 있다'고 했다. 공자가 말하는 군자는 무조건 사람을 감싸 주는 무골호인無骨好人이 아니다. 미워하는 사람이 있다. 군자도 사람이고, 사람은 사람을 미워하지 않을 수 없다. 어질고 타인에게 관대한 사람이 되려고 애쓰는 군자는 타인을 환경 귀인으로 접근해 이해하려고 노력한 뒤에야 누구를 미워하고 싫어하기도 한다는 말이다. 인간의 본능상 자기 객관화는 너무도 어려운 일이지만 진정한 성숙과 성장을 원한다면 공자가 말한 대로 노력해야 하시 않을까.

사람은 혼자서만 독야청청할 수 없다. 왜냐 하면 세계란 본래가 아주 어지러운 것이어서 삶 자체가 온갖 종류의 사람들과 어울려 사는 법을 배워야 하는 과정이기 때문이다.

모든 것을 포용할 수 있으려면 무엇보다 먼저 침착하고 신중해야 한다. 매사에 성급해 하지 말고 시간으로 인심을 바꾸는 도리를 알아야 한다. 즉 일은 급하지만 확실하지 않을 경우에는 너그럽게 생각하거나 혹은 자연스럽게 밝혀지도록 내버려 두고 기다려야 한다.

어떤 문제가 생겼다고 해서 급히 그 원인을 조사하느라 서두르다 보면 도리어 문제가 가려지는 법이다. 진상이 아직 밝혀지지 않았을 때는 마음을 너그럽게 하고 자연스럽게 문제가 드러나도록 내버려 두었다가 천천히 다시 조사하는 편이 낫다. 만약 너무 성급하게 일을 처리하면 다른 사람의 분노와 반감을 불러일으키게 된다.

마찬가지로 일을 시킬 때도 속셈을 묘하게 감추고 강압적으로 부리려 한다면 도리어 상대방의 불만을 자아내게 된다. 이럴 때는 차라리 오래 기다려 주면서 상대방이 자발적으로 나서서 진심으로 복종하게 하는 편이 낫다.

리더라면 무엇보다 자기를 단속하는 태도를 엄격히 해야 한다. 관용의 미덕을 베푸는 태도는 남에게는 관대하되 자신에게는 인색할 필요가 있다. 자신에게 관대한 사람은 스스로 허물을 찾아 반성할 만한 능력이 없기 때문이다.

유머는 리더의 공통 특징이다

웃으시오. 그리고 부하들에게도 웃음을 가르치시오. 웃을 줄 모른다면

최소한 싱글거리기라도 하시오. 만일 싱글거리지도 못한다면

그럴 수 있을 때까지 구석으로 물러나 있으시오.

_ 윈스턴 처칠Winston Churchill

'유머'는 비즈니스는 물론 현대 사회의 주요 키워드 중 하나다. 지능지
수가 높아 똑똑하기는 한데 말주변이 없는 사람보다는 엔터테인먼트 지
수NQ가 높아 재미있는 사람이 더 각광받는 시대다.

경영 환경의 변화에 따라 신속하게 대처하고 또 적응해야 하는 기업
 능성상 경영에 따른 부작용은 회사에 대한 직원들의 소속감과 업무에
대한 열정이 약해지는 것이다. 게다가 비슷한 사람들과 반복적인 업무
를 처리하다 보면 의욕이나 집중력도 떨어지기 마련이다. 이러한 상황
에서 유머에 기반한 '펀FUN 경영'은 직원들에게 활력소가 되어 조직 활

성화에 기여할 수 있다.

시대적인 코드가 유머이고 보니 역량 있는 리더의 요건 중 하나도 '유머 감각'이다. 세계 유수의 기업들이 유머로 직원들에게 활기를 불어넣어 조직 문화 활성화와 매출 신장을 꾀하는 '펀 경영'을 도입해 톡톡한 재미를 보고 있다는 것은 이미 알려진 사실이다. 이 시대는 유머가 시대 코드가 된 지 오래되었다. 리더의 유머가 열정과 적절하게 결합되어 직원들과 커뮤니케이션할 때 그 기업은 상상 이상의 결과를 낳는다.

유머 감각은 공부해서 되는 것이 아니라 타고나는 것이라고 말하는 사람들이 있다. 그리고 '유머를 어떻게 구사해야 하는가?'라는 고민을 하는 사람도 있다. 하지만 유머는 특별한 비책이 있거나 처방이 있는 것이 아니다.

우리 주위에서 일상적으로 이뤄지고 있는 대화 속에서도 유머는 계속 발생한다. 그럼에도 불구하고 '난 원래 유머가 없는 사람이야!'라고 말하는 사람도 있겠지만 유머가 없는 사람은 다른 방향으로 발상을 전환할 만한 정신적(?) 여유가 없기 때문이다. 마음에 여유가 있어야 유머가 나온다. 물론 맡은 업무가 많고 바쁘다 보면 여유가 없겠지만 그럴 때일수록 유머는 더 빛을 발하게 될 것이다.

유머 감각이 없는 것도 장애라고 말하는 사람이 있다. 유머도 강력한 커뮤니케이션 능력으로서 인정받는 시대이다. 크든 작든 조직을 이끄는 리더는 직원들이 리더의 마인드와 실행력을 본받을 수 있어야 한다. 직원들과의 활발한 커뮤니케이션은 분명 회사 발전의 토대가 되기 때문이다. 그 윤활유 역할을 하는 것이 바로 '유머'다.

조직의 리더들은 항상 새로운 국면이 나타나는 것을 염두에 두어야 한다. 임기응변은 화술의 백미라고 할 수 있다. 상황에 맞춰 임기응변의 말솜씨를 발휘하는 것 또한 리더로서의 재능이고 실력이다. 때로 임기응변은 위기를 기회로 만들기도 한다. 이러한 기교를 제대로 발휘하려면 생각 회전이 빨라야 하고, 조리 있게 말해야 하며, 다방면에 걸쳐 교양을 쌓아야 한다. 무릇 머릿속에 든 것이 있어야 입으로 나올 수 있는 법이다.

유머는 임기응변이 빛을 발하게 하는 중요한 기교 중 하나다. 유머가 있는 대화에는 언제나 생동감 넘치는 즐거움이 있다. 촌철살인의 유머는 난처한 상황에서 벗어날 수 있는 가장 좋은 방법이다.

그러나 모든 사람이 유머 감각을 가지고 있는 것은 아니다. 천성이 낙천적이고 긍정적인 사람만이 유머의 참뜻을 이해할 수 있다. 유머는 천부적인 자질에 가깝다. 타고난 재질이 없는 사람이 반드시 남을 웃기려고 할 필요는 없다는 말이다. 천부적인 유머 감각을 타고난 경우가 아니라면 차라리 있는 그대로의 자신을 보여 주는 게 낫다.

유머는 대상과 상황에 맞게 구사해야 한다. 특히 많은 사람들 앞에서 이야기할 때는 누가 들어도 그 의미를 이해할 수 있는 소재를 활용해야 한다. 그리고 유머의 핵심은 짧고 간결해야 한다. 2~3분 이내에 청중을 사로잡지 못하면 당신의 유머는 실패한 것이라고 생각해야 한다. 유머를 끌어낼 수 있는 화법은 과장, 풍자, 반어법 등 매우 다양하다. 단, 어떤 화법을 쓰든지 상대방이 진의를 파악하는 데 어려움이 없어야 한다.

유머는 일반적인 농담이나 우스갯소리처럼 즉각적인 반응을 불러오기보다는 암시로써 상대방에게 그 뜻을 한 번 더 생각하게 만드는 작용을 한다. 시의적절한 유머는 상대방이 난처해하지 않고 잘못을 깨닫게 해주면서 감동까지 선사한다.

리더는 유머가 생활이다

"웃으시오. 그리고 부하들에게도 웃음을 가르치시오. 웃을 줄 모른다면 최소한 싱글거리기라도 하시오. 만일 싱글거리지도 못한다면 그럴 수 있을 때까지 구석으로 물러나 있으시오."

윈스턴 처칠이 1차대전 당시 전장의 참호 속에서 부하 장교들에게 했던 말이다. 목숨이 경각에 달린 전쟁터에서도 웃음을 잃지 말아야 한다는 유머리스트의 자세야말로 처칠을 위대한 리더로 만든 원동력이라 할 수 있을 것이다.

세계적인 기업 카운슬러인 데브라 밴턴D.A. Benton은 최고경영자들의 성공 비결을 분석한 『최고경영자처럼 생각하는 법How to think like a CEO』에서 '유머'를 CEO들의 공통된 특징으로 뽑았다.

성공한 CEO들에게서 발견되는 자신감, 독창성, 호기심, 유연성, 진지함 등의 특징은 유머리스트의 마인드와 일치한다. 이러한 분석들은 '리더=유머리스트'라는 명제와 '웃기는 리더가 성공한다'는 주장을 뒷받침한다.

역사상 위대한 지도자들과 CEO들에게서 발견되는 공통적인 특징은 절망을 모르는 낙천적인 세계관과 촌철살인의 유머 구사력을 지닌 유머리스트로서의 면모다. 성공적인 펀 경영의 사례들을 접하다 보면, 그 중심축을 담당하는 것이 펀 리더임을 확인하게 된다.

기업의 리더 이외에도 위대한 지도자로 손꼽히는 이들 중에는 훌륭한 유머리스트들이 많다. 리더의 가장 큰 임무는 사람들에게 비전을 제시하는 일이다. 그러기 위해서는 먼저 자기 자신부터 희망을 잃지 않는 낙관적인 세계관을 가져야 한다.

유머리스트가 되기 위한 전략

첫째, 긍정적으로 생각하라.

유머는 긍정적인 사고방식에서 나온다. 세상에 대해 냉소적이거나 자기 자신에 대해 비관적인 사람은 타인에게 희망과 즐거움을 선사하는 유머를 만들어 낼 수 없다. 긍정적인 사고는 유머 창조의 근원이 된다는 점에서 가장 중요한 덕목이다. "나는 실패한 것이 아닙니다. 단지 성공할 수 없는 수십 가지의 방법을 발견했을 뿐입니다." 이는 "당신은 몇 번이나 실패했느냐?"는 질문에 대한 에디슨의 답변이었다.

어려운 상황이 닥쳤을 때는 먼저 이 상황과 관련된 최악의 경우를 상정하라. 경영이 어려워지면 파산이나 부도 상황을, 대인관계가 악화되면 상대와 절교하는 상황을, 병들거나 다쳤을 땐 마지막 순간을 떠올려라. 어떤 경우라도 최악의 상황보다는 지금이 조금 낫다. 해결과 극복의

여지를 찾을 수 있을 것이다. 감정이 격해지거나 화가 나는 순간에는 딱 1분만 의식적으로 말과 행동을 중단하라. 감정에 치우친 말과 행동은 몇 분 후면 후회를 하기 마련이다. 어떤 일을 포기하고 싶을 때에는 결정을 내리기에 앞서 그 일을 처음 시작했을 당시의 판단을 뒤돌아보라. '된 다'고 믿었던 그 순간의 근거들을 되짚어보며 새로운 판단 근거를 세우고 그래도 포기해야 한다면 그때 포기해도 늦지 않다. 적절한 포기는 긍정적 사고의 일부분이다.

둘째, 뒤집어서 생각하라.

긍정적 사고가 유머 창조에 필요한 심성이라면, 뒤집어 생각하는 것은 '발상'이라고 할 수 있다. 세상의 모든 사물과 현상을 거꾸로 뒤집어서 안쪽과 바깥쪽에 숨어 있는 또 하나의 측면을 찾아내는 것, 이것은 다양한 유머 기법들 중에서도 언제나 첫손가락에 꼽히는 핵심 요소다.

하루에 한 가지씩, 평소에 알고 있던 상식을 뒤집어 보라. 속담을 뒤집어도 좋고, 과학적 법칙을 뒤집어도 좋고, 보통 상식을 뒤집어도 좋다. 그런 다음 그로부터 어떤 결과가 발생하는지 상상해보라. 모든 웃음의 열쇠가 그 속에 있다. 뭔가 뜻밖의 상황을 접하고 놀라거나 예상 밖의 상황에 웃음이 터졌을 때는 즉시 그 내용을 메모하라. 자신의 고정관념의 실체를 확인함으로써 사고를 전환하고 웃음의 소재를 찾아 응용할 수 있다. 항상 하던 말을 거꾸로 뒤집어 보라. 이를테면 '왜 그리 배가 나왔느냐?'는 '왜 그리 가슴이 들어갔느냐?'는 식이다. 일반적인 표현에서 한마디만 뒤집어도 웃음이 터지게 된다. 다만, 신체나 외모에 대한 농담은 매우 조심스럽게 다루어야 할 소재이므로 주의를 기울여야 한다.

셋째, 때와 장소를 가려라.

매너 있는 유머를 구사하기 위해선 시간, 장소, 상황이라는 3가지 요소, 즉 TPO^{Time·Place·Occasion}를 충분히 고려해야 한다. 적절한 유머는 듣는 사람들의 반응도 빠르고 효과도 훨씬 더 크다.

유머를 구사하기에 앞서 상대방의 학력, 외모, 가정형편, 지위, 종교. 건강 상태, 경력 등을 꼼꼼히 파악해야 한다. 만일 한 명이라도 자신의 유머에 불쾌감을 느낄 만한 사람이 있다면 그 유머는 입 밖으로 내면 안된다.

유머는 또한 장소와 상황을 살펴서 해야 한다. 사무실과 술자리에서 할 수 있는 유머가 다르고, 정초에 어울리는 유머와 연말에 적당한 유머가 다르다. 저녁에 할 유머를 아침에 구사하면 수다쟁이가 될 뿐이다.

누군가 불쾌한 유머를 구사했을 때는 일단 웃어라. 그런 다음 즉시 다른 화제를 꺼내거나 혹은 같은 화제에 대한 좋은 유머를 연결시켜라. 어색함과 불쾌함이 웃음으로 바뀌는 순간, 설령 웃기지 못했다 하더라도 당신은 사려 깊은 사람이 될 것이다.

넷째, 온몸으로 실천하라.

유머의 표현이나 전달 방식이 밋밋해서는 제대로 웃음을 이끌어 낼수 없다. 때로는 말과 기지로, 때로는 모든 수단을 동원할 수 있어야 한다. 이는 한국의 리더들이 가장 어렵게 느끼는 부분이다. 웃기겠다고 몸까지 사용하는 것은 점잖은 체면으로는 좀처럼 시도하기 힘든 '모험'인까닭이다. 하지만 이는 유능한 유머리스트가 되기 위해 반드시 필요한 덕목이다.

제스처나 표정, 행동 양식 등 평소의 습관을 스스로 관찰하고 그중에 한 가지만이라도 재미있거나 독특하게 바꿔 본다. 다른 사람의 말을 듣거나 행동을 보고 웃음이 나왔다면 그 이유를 생각해보라. 재미있어서 웃었다면 의식적으로 그것을 따라서 해보고 거울을 보면서 연습해보자. 나에게 재미있었던 것은 다른 사람들에게도 재미있게 느껴지기 마련이다. 특히 윗사람이 보인 행동에 대해서는 더욱 그렇다. 직원 단합대회나 체육대회, 연수나 회식 등 파격적인 행동이나 몸짓이 용인되는 시간과 장소를 활용해보라. 평소 뻣뻣했다면 약간의 변신만으로도 충분히 웃음을 이끌어 낼 수 있을 것이다.

다섯째, 표정에 웃음을 담아라.

유머란 두뇌 회전에 의한 기발한 말로만 구사할 수 있는 것도 아니고, 그렇다고 재미있는 몸짓으로만 표현하는 것도 아니다. 유머는 말과 행동, 그리고 표정을 통해 인간에게 웃음과 기쁨, 희망을 전달하는 일종의 '종합예술'이다. 유머는 웃음을 담은 표정에 의해 비로소 완성되는 것이다.

가끔 거울을 들여다 보라. 평상시의 얼굴과 웃을 때의 얼굴, 화나거나 찡그릴 때, 생각할 때의 얼굴을 관찰하라. 어떤 얼굴이 보기 좋은지, 웃는 얼굴이 자연스러운지, 찡그린 얼굴이 흉하지는 않은지 등 제3자의 입장에서 확인하고 점수를 매겨 보라. 그리고, 다른 사람들과 찍은 사진을 유심히 들여다 보라. 웃음이 어울리는 사람과 어울리지 않는 사람의 평상시 표정과 인상을 떠올려 보라. 또 자신에 대해서도 생각해보라. 웃음의 빈도와 자연스러움의 정도, 성격 사이엔 분명 어떠한 함수관계가 있다. 생각날 때마다 수시로 웃어라. 그냥 사진을 찍는다고 생각하고 자연스럽게 웃어라. 반복하다 보면 자기에게 가장 편하고 자연스러운 웃음을 익히게 된다. 더 반복하면 저절로 그 표정이 만들어진다. 계속 반복하면 얼굴에 늘 웃음이 드러나게 될 것이며, 10년 뒤에는 당신의 인상이 지금과 달라져 있을 것이다.

여섯째, 자신을 유머 소재로 삼아라.

미국 역사상 가장 위대한 연설가 가운데 한 명으로 꼽히는 로널드 레이건 전 미국 대통령은 탁월한 유머 감각으로 유명하다. 그는 한 연설을 이렇게 시작했다.

"제가 어떻게 대통령이 될 수 있었는지 그 비밀을 밝히겠습니다. 사실 저에게는 아홉 가지의 재능이 있습니다. 첫 번째 재능은 한 번 들은 것은 절대 잊지 않는 탁월한 기억력입니다. 그리고 두 번째는… 에… 그러니까, 그게 뭐였더라?"

연설회장이 폭소로 가득 찼음은 물론이다.

유머 감각은 대화에 활력을 주고, 분위기를 부드럽게 만든다. 어느 자리에서든 자기 자신을 유머 소재로 활용해 한바탕 웃기고 나면 분위기를 주도할 수 있다. 상대방을 깎아내려 웃음을 유발하는 것은 하수(下手)나 쓰는 방법이다. 자신을 웃음 도구로 활용할 수 있는 정도의 유머 감각을 가진 사람은 결코 우스워 보이지 않는다.

레이건 전 미국 대통령은 긴급한 상황에서도 유머를 통해 국민을 안심시킨 유머로도 유명하다.

1981년 3월, 레이건이 힝클리로부터 저격을 받아 중상을 입었을 때의 일이다. 전 미국은 상심과 불안에 휩싸여 있었다. 그러나 정작 레이건은 특유의 유머로 의료진과 측근들의 긴장을 풀어 주었다고 한다.

수술대에 누워 젊은 간호사들에게 윙크를 보내며 "낸시는 내가 이러는 것을 알고 있을까?"란 조크를 날렸다. 간호사들이 지혈하기 위해 레이건의 몸을 만졌다. 그는 아픈 와중에도 간호사들에게 농담을 했다.

"우리 부인에게 허락을 받았나?"

얼마 뒤에 부인이 나타나자 말 한마디로 부인을 웃겼다.

"여보, 미안하오. 총알이 날아왔을 때 드라마에서처럼… 납작 엎드리는 걸 깜박 잊었어."

또 수술이 끝나고 의식을 회복한 연후에도 "헐리우드에서 이렇게 저격당할 정도로 주목을 끌었다면 절대 영화를 그만두지 않았을 텐데…"라며 끝없이 '병상 유머'를 쏟아냈다.

레이건은 유머를 통해 건재한 미국, 국민을 안심시키는 지도자로서 강한 인상을 남길 수 있었다. 긍정적 사고로 무장한 희망적인 유머야말로 편 리더의 기본 조건이다.

리더라면 글을 써라

무슨 일이 있어도 개의치 말고 매일 쓰도록 하라.

_ 어니스트 헤밍웨이|Ernest Hemingway

만약 당신이 같은 내용이라도 논리적인 글을 쓸 수 있다면 전문가로 평가받을 수 있으며 또한 감성적인 글을 쓸 수 있다면 당신에 대한 호감도를 높일 수 있다. 좋은 글이 지닌 가치에 대해서는 두말할 필요도 없다. 좋은 글은 사람들의 마음을 움직이거나 미래를 변화시킬 수 있는 엄청난 힘이 있다. 글을 잘 쓴다는 것은 유리한 위치에 서 있는 것과 같다.

글의 힘을 믿고 그 중요성을 알고 있는 사람이라면 어떻게 해야 글을 잘 쓸 수 있을지 고민해봤을 것이다. 글 쓰는 재능을 타고난 사람이 따로 있다는 생각에 자신감을 잃어버렸을지도 모르지만 글쓰기에 천부적 재능이란 존재하지 않는다.

성공한 리더들은 대다수가 읽고 쓰는 데 도가 튼 사람들이다. 필자가 다니는 회사 회장님도 그렇고 사장님도 직원이나 고객들에게 보내는 메시지는 직접 작성한다. 화려한 단어는 없다. 일상적으로 쓰는 단어를 사용한 덕분인지 물 흐르듯이 읽힌다. 세상이 아무리 변해도 말로 전달하는 메시지는 한계가 있기 때문에 리더는 글을 통해 메시지를 전달하는 데도 신경을 써야 한다.

현재 마이크로 소프트의 기술 고문인 빌 게이츠는 전 세계의 어떤 리더들보다 글이 가지고 있는 설득의 힘에 대해 가장 잘 이해하고 있는 인물이라고 할 수 있다. 그에게 글은 문제를 해결하기 위해 수립한 전략을 사람들에게 전달하고 그들의 참여를 이끌어 내는 최고의 수단이다.

빌 게이츠는 2001년부터 개인 블로그인 〈게이츠 노트gatesnotes.com〉를 운영 중이다. 요즘도 한 달에 서너 편씩 글을 쓴다고 한다. 글의 주제는 다양하다. 책벌레로 유명한 게이츠는 여름과 겨울 휴가철마다 5권의 책을 추천하며 자신이 읽은 책에 대한 소감을 올린다. 2019년에 39편, 2020년에는 12월 2일까지 40편, 그리고 2021년에도 6월 14일 기준으로 24편의 글을 올렸다.

오랜 친구인 워런 버핏의 90세 생일에는 생일축하 글을 썼고, 아버지인 윌리엄 게이츠 시니어가 세상을 떠났을 때는 아버지를 애도하는 장문의 글을 올리기도 했다. 그가 계속해서 글을 쓰는 이슈들은 기후 변화, 빈곤, 질병, 교육, 환경, 과학 기술 등 인류의 현재와 미래에 영향을 미치는 주제들이다. 특히 코로나19 바이러스가 전 세계를 휩쓸었던 2020년에는 코로나 사태에 대해 쓴 글이 가장 많았다.

코로나 바이러스가 무섭게 번져갔던 2020년 4월 2일에 쓴 'What our

leaders can do now^{우리 리더들이 지금 당장 할 수 있는 것}'이라는 제목의 글은 전염병의 확산을 막고, 백신을 개발해 바이러스를 물리치기 위한 자신의 전략을 세상에 알리고자 썼다. 외에도 물품 보급과 백신 개발에 앞장을 섰고, 그는 전 세계 주요 언론들로부터 '코로나와의 전쟁을 이끄는 최고사령관'이라는 찬사를 받았다. 그는 자신이 코로나 바이러스가 발견된 직후부터 '빌&멜린다 게이츠 재단'에 5억 달러^{약 5,430억 원}를 투입해 코로나 치료제와 확진자 검진 장비 등을 개발하는 과정에서 깨닫게 된 내용들에 대해 말하기 시작했다.

최고의 전략가는 아무리 복잡하고 해결하기 어려운 일이더라도 하나씩 순서대로 접근해야만 한다는 사실을 알고 있다. 그렇기에 그는 코로나 바이러스 극복을 위한 전략도 3단계로 나눠서 제안했다. 급박한 상황일수록 일의 우선순위를 정하는 게 먼저라는 것이 그가 세계 최고의 기업을 창업하고 이끌면서 배운 가장 중요한 교훈이었다.

빌 게이츠는 누구나 이해할 수 있는 명확하고 단순한 글로 자신의 전략을 제시했다. 아무리 훌륭하고 정교한 전략일지라도 사람들이 이해하기 힘든 글로 가득 차 있다면 현실에서 그 전략은 제 역할을 할 수 없다는 사실을 알고 있었다.

그가 제시한 3단계 전략은 다음과 같다.

첫째, 미국 전역에 걸쳐 셧다운을 지속적으로 유지한다.

둘째, 연방정부는 확진자 검진 역량을 강화한다.

셋째, 데이터에 기반해 치료법과 백신을 개발한다.

얼핏 보면 전략이라고 할 것도 없이 당연한 말로 느껴지지만 미국을 휩쓸기 시작한 코로나 바이러스 앞에서 백악관과 연방정부, 주정부, 정치권, 의료계 할 것 없이 모두가 우왕좌왕하던 시기였기 때문에 게이츠는 오히려 단순명료한 전략이 필요하다고 생각했던 것이다.

최고의 리더는 어렵게 말하지 않는다. 빌 게이츠는 어떻게 글을 써나갔을까? 그는 각 단계마다 취해야 할 조치에 대해 말한 뒤 그 근거를 제시하는 방식으로 글을 풀어나갔다. 코로나 바이러스의 감염 현황에 대한 최신 데이터에 누구보다 빠르게 접근할 수 있었지만 그는 복잡한 통계나 어려운 전문용어는 한 차례도 언급하지 않고 누구나 쉽게 이해할 수 있는 표현들만 사용했다. 최고의 리더에게 글은 자신의 어휘력과 문장력을 뽐내는 자리가 아니라 최대한 많은 사람들을 자신과 함께 하도록 설득하는 공간이기 때문이다.

최고의 리더일수록 유려한 문장이 아닌 세상에서 거둔 성취를 통해 스스로의 능력을 검증받고자 한다. 빌 게이츠가 사람들을 설득하기 위한 글을 쓸 때 사용한 3가지 방법은 다음과 같다.

첫째, 주장이나 제안을 우선순위에 따라 단계별로 나눠 제시했다.

최고의 리더들은 선택과 집중만이 위기를 극복할 수 있는 유일한 방법이라는 사실을 알고 있다. 그래서 대책을 한꺼번에 내놓기보다 지금 당장 해야 하는 일부터 시작해 근본적인 해결을 위한 장기적인 조치 순서로 단계별로 전략을 제시해야 한다.

둘째, 누구나 이해할 수 있는 단어와 표현만 사용해 자신의 주장을 펼쳤다.

리더가 메시지를 쓰는 목적은 최대한 많은 사람들의 공감을 얻고 많은 사람들이 동참하도록 유도하는 것이다. 쉽게 이야기해야 많은 사람들이 이해하고 공감할 수 있다.

셋째, 메시지에 미래에 대한 희망을 보여 주고자 했다.

지금의 이슈를 해결할 수 있는 역량이 있다는 것과 왜 극복할 수 있는지에 대한 근거를 들어 고객들이 공감할 수 있도록 했다.

워런 버핏 또한 글쓰기 전문가로 알려져 있다. 그는 1979년부터 지금까지 매년 초가 되면 며칠간 일상적인 업무를 멈추고 한 가지 일에만 집중하는데, 바로 버크셔 해서웨이 주주들에게 보낼 주주 서한을 쓰는 일이다. 매년 주주들에게 보내는 연례 서한annual letter으로 유명하고, 팬미팅 같은 주주총회는 전 세계 언론의 주목을 받는다. 이런 버핏을 단순히 투자 통찰력을 가진 부자와 달인으로만 설명하기엔 부족하다. 그는 주주들의 마음을 움직이는 탁월한 이야기꾼이자 '글쓰기 전략가'이기도 하다. 워런 버핏의 '또 다른 무기'인 글쓰기 전략은 무엇일까?

첫째, 단문을 사용하라.

버핏이 사용하는 평균 문장의 길이는 13.5 단어로 알려져 있다. 실제로 버핏은 매년 주주들에게 보내는 연례서한에서 짧고 명확한 문장을 주로 사용하고 있다. 그는 단문을 써야 하는 이유를 알고 있다.

커뮤니케이션 전문가 제이 설리반Jay Sullivan은 포브스에 기고한 〈How

To Write Like Warren Buffett^{버핏처럼 글쓰기}〉에서 '문장이 17단어를 넘어가면 독자가 개념을 쉽게 이해하는 데 어려움을 겪을 것'이라고 했다.

둘째, 전문용어는 쓰지 않는다.

버핏은 연례 서한을 쓰면서 "특정한 사람을 염두에 두고 써야 한다"고 말했다. 버핏은 자신의 누이들을 염두에 두고 썼다고 한다. 투자 세계와 거시경제는 평범한 주주들에게는 이해하기 어렵다는 점을 고려해 버핏은 누이들에게 대화하는 방식으로 서한을 풀어나갔다. 특히 그는 전문용어나 까다로운 단어는 절제하라고 충고한다. 미국증권거래소가 1998년 펴낸 '평이한 영어 안내서' 서문에서 버핏은 이렇게 말했다.

"이렇게 상상하면 쉽습니다. 내 누이들은 상당히 똑똑하지만 회계나 재무전문가는 아닙니다. 평범한 영어는 이해하지만, 전문용어는 그들을 혼란스럽게 할 수 있습니다."

셋째, 진정성과 서민적인 말투를 써라.

상대^{주주, 투자자}의 마음을 움직이는 일은 '글쓰기 스킬'만으로는 되지 않는다. 버핏은 여기에 진정성을 추가한다. 거짓이 없는 진정성을 글에 담아야 한다는 것. 그의 말을 들어보자.

"성공하기 위해 셰익스피어가 될 필요는 없습니다. 하지만 진심으로 알리고 싶은 마음을 가져야 합니다."

버핏의 이런 의사소통 방식을 '포크시^{folksy}'라고 한다. 이에 대해 영국 〈파이낸셜 타임스〉는 '워런 버핏처럼 서민적으로 말하는 법^{How to do folksy like Warren Buffett}'이라는 제목의 기사에서 다음과 같이 밝히고 있다.

"사람들이 버핏의 모든 말에 매료되는 이유는 뭘까. 버핏은 평범한 스타일을 사용한다. 우리는 종종 '수사학'을 거창하거나 화려한 언어와 연결시키지만 일반적으로 평범하거나 서민적인 말이 더 효과적이다."

넷째, 적절한 비유와 은유를 사용하라.

평범한 말투를 선호하는 버핏이지만, 그는 사실 언어의 전문가다. 은유, 직유, 비유 등을 통해 딱딱한 개념과 말(글)에 생명을 불어넣고 활기가 넘치도록 한다. 2가지 사례를 소개한다.

버핏은 고객들에게 장기 투자를 강조하면서 이런 말을 했다. "오래전에 누군가 나무를 심었기 때문에 누군가 오늘 그늘에 앉아 있습니다."

채권(회사채, 지방채, 국채 등) 매입투자 시기와 관련해서는 다음과 같이 말했다. "큰 기회는 자주 오는 게 아닙니다. 하늘에서 황금이 떨어질 때는 골무가 아닌 양동이를 내밀어야 합니다." '오마하의 현인'다운 금과옥조金科玉條와 같은 조언이 아닐 수 없다.

다섯째, '생생한 동사' 활용… 무거운 전환어는 피해라.

버핏은 단어 선택에서 '생생한 동사'를 자주 쓴다. 형용사를 고르는 것도 유머러스하다. '대형 인수big acqusition'를 표현할 때 그는 "코끼리 사이즈급 인수"라고 말한다. 글의 내용을 전환할 때, 버핏은 However와 같은 무거운 단어로 문장을 시작하지 않는다. 대신 but, yet, so 같은 나소 가벼운 단어를 택한다. 또한 부사, 형용사를 고를 땐 '대화에 더 가까운' 단어를 선호한다.

여섯째, 가벼운 명령형 표현을 쓴다.

버핏은 가벼운 명령형 표현도 자주 쓴다. 2가지 문장을 소개하면, 첫 문장은 'Don't hold your breath awaiting this reform.'이다. '이런 개혁을 조바심을 내며 기다리지 말라'는 뜻이다. 다른 사람 같으면 '이런 개혁을 기대해서는 안 된다'고 직접적으로 표현했을 것이다. 하지만 버핏은 그렇게 하지 않았다.

버핏은 하루 500페이지씩 책을 읽을 때도 있다고 말할 정도로 소문난 독서광이다. 그는 "내 직업은 본질적으로 더 많은 사실과 정보를 수집하는 것에 불과하며 간혹 이것들이 행동으로 연결되는지 보는 것"이라고 밝힌 바 있다.

21세기는 4차 산업혁명을 기반으로 한 세계화로 시장이 통합되고 IT 기술의 발달로 시장이 급변하면서 다양한 산업이 융합되기도 한다. 현대 사회가 갈수록 복잡해지고 변화 속도가 빨라지면서 사람들의 읽는 방식과 쓰는 방식은 과거에 비해 큰 변화가 있다. 20세기에는 책이나 신문과 같은 인쇄 매체를 잘 읽고 한 방향으로 커뮤니케이션을 해도 시대를 쫓아갈 수 있었다. 하지만, 21세기에는 전통적인 인쇄 매체에 더하여 페이스북, 트위터, 카카오톡 같은 SNS를 통해 정보를 얻고 양방향으로 소통해야 한다.

리더들 중에는 아직까지 SNS와 양방향 소통에 익숙한 사람이 많지 않은 게 현실이다. 21세기 리더들은 전통적인 독서에 더하여 인터넷, SNS 등을 포함한 다양한 채널에서 읽기를 통해 말하기나 쓰기 등 소통 방식에 익숙해져야 한다. 리더가 구두로 전달하는 메시지는 전파하는 데 한계가 있다. 리더는 글쓰기를 통해 구체적인 텍스트로 조직의 비전과 전략을 조직원들과 공유하고 사업 방향을 제시해야 한다. 나아가 리더는 자신의 생각을 내부 조직을 넘어 고객과 시장에 전파하고 소통해야 한다.

글쓰기에 절대적인 법칙은 없다. 굳이 말하자면 일반인들에게 글쓰기는 예술이 아니라 기술에 더 가깝다. 홍보맨이라면 글을 잘 쓰고 싶다는 열망이 있는데, 그 열망을 뒷받침할 수 있는 기술을 갖고 싶다면, 먼저 좋은 글을 많이 읽어야 한다.

물은 99도에서는 절대 끓지 않는다. 물은 반드시 100도가 되어야 끓는다. 글쓰기 역시 마찬가지다. 내 글쓰기 온도가 100도까지 가려면 끊임없이 쓰는 수밖에 없다. 글을 잘 쓰고 싶다면 펜과 종이 그리고 당신의 열정과 용기만 있다면 얼마든지 가능하다. 많이 써봐야 한다. 쓰고 또 쓰고 포기하지 않고 쓰다 보면 어느새 누구나 설득할 수 있고 공감할 수 있는 글을 쓰고 있는 자신을 발견할 것이다.

리더십과 인재 활용

미국이 20세기에 들어서면서 초강대국으로 성장할 수 있었던 가장 큰 원동력은 2차 세계대전 이후로 독일 나치의 박해를 받던 유럽 인재들을 영입한 데 있다. 널리 알려진 이야기이고, 아인슈타인이 대표적 인물이라 할 수 있다.

국가의 흥망성쇠는 인재가 결정한다. 기업도 마찬가지다. 인재를 어떻게 확보하고 활용하느냐에 따라 기업의 성패가 결정된다.

'인사人事가 만사萬事'라는 말이 만고불변의 진리가 된 것은, 역설적으로 그만큼 인사가 실천하기 어려운 까닭이다. 인사 실패가 거듭되다 보니, 인사의 중요성을 강조하느라 만들어진 말일 것이다.

국가가 아니더라도 기업으로만 봐도 인사 말고도 중요한 일은 많다. 이 모든 일이 결국 사람이 결정하고 집행하는 것들이기에 '인사가 전부'라는 말이 생긴 것이다. 아무리 인공지능이 고도로 발달한다고 하더라도 최종적으로 남는 것은 인간의 선택이다.

고대 중국 전한 시대의 역사가인 사마천도 '인재'에 큰 관심을 가졌다,

사마천이 저술한 『사기』에는 인재를 어떻게 알아보고 또 어떻게 대우했느냐에 따라 국가의 미래가 달라진 사례가 많이 등장한다. 사마천은 인재의 중요성에 대해 다음과 같이 역설했다.

"나라가 발전하거나 흥하려면 반드시 상서로운 징조가 나타나는데, 군자는 기용되고 소인은 쫓겨난다. 나라가 망하려면 어진 사람은 숨고 나라를 어지럽히는 난신들이 귀한 몸이 된다. 국가의 안위는 군주가 어떤 명령을 내리느냐에 달려 있고 국가의 존망은 인재의 활용에 달려 있다."

『사기』 130편 가운데 인물을 다룬 부분은 112편으로 전체의 86%에 이른다. 『사기』를 분석한 통계에 따르면, 억울하게 죽임을 당했거나 뜻을 펼치지 못하고 역사의 뒤안길로 사라진 인재만도 120명이라고 한다. 이는 사마천이 인재 문제에 큰 관심을 가졌을 뿐 아니라 뛰어난 인재나 큰 뜻을 품은 인재가 대접받지 못하는 현실을 안타까워했다는 방증이다.

춘추전국시대는 중국 역사상 가장 난세로 평가되는 시기다. 그만큼 각국의 리더들도 국가 발전을 위한 개혁과 해답을 찾기 위해 인재들을 확보하기 위해 힘을 기울였으며, 그래서 수많은 인재들이 등장하고 인문 고전이 쓰여진 시대이기도 하다.

리더로서 성공의 관건은 어떻게 인재를 확보하고 활용하는가에 달려 있다. 사마천이 내린 결론도 국가의 손망은 인재의 활용에 달려 있다는 것이었다. 역사 속의 리더들이 현재까지 일관되게 검토한 주제 가운데 하나도 인재에 관한 문제였다.

그렇다면 좋은 인사란 어떤 것인가. 실천하기는 어렵지만 답은 간단하다. 능력이 있다면 내 편이 아닌 인물도 등용하는 것이다. 간단한 이치다. 내 편만 고집했을 때보다 능력 있는 인재 풀이 두 배 이상으로 늘어난다. 실패할 확률은 절반 이하로 줄어든다.

인재를 알아보고 그 인재를 발탁하고 또 적재적소에 배치해 운용하는 능력이야말로 리더십의 출발이다. 인재도 자기를 알아 주고 등용해 줄 사람을 항상 간절하게 기다린다. 마찬가지로 인재가 필요한 리더들도 인재를 발굴하는 데 최선을 다해야 한다. 결코 인재는 숨지 않는다. 리더라면 인재들은 자신을 기용해 줄 누군가를 항상 기다리고 있다는 것을 알아야 한다.

진짜 인재라면 원수라도 등용하라

'인재'에 대한 확고한 철학과 행동을 보여준 인물이 2,500여 년 전에도 있었다. 한때 자신을 죽이려 했던 관중管仲을 재상으로 기용하는 파격 리더십으로 춘추오패五覇의 첫 패주가 되었던 환공이다.

중국 '인재학'에서 자주 거론하는 '외거불피구外擧不避仇', 즉 '진짜 인재라면 원수라도 기용하라'는 말을 최초로 실천한 제왕으로도 기록되어 있다. 이런 환공의 인재 등용관을 확연하게 보여 주는 말이 '환공의 정료지광庭燎之光'이다.

그는 부국강병의 꿈을 실현하기 위해 집무실 밖에 항상 횃불을 켜놓고 출신을 가리지 않고 인재를 구하겠다는 의지와 행동을 보여 준 인재 리더십의 원조라 할 만한 인물이었다. 심지어는 구구단을 매우 잘 외우는 노인을 관리로 전격 발탁하기도 했다. 누구나 의아하게 생각했지만 잘하는 것이라곤 구구단 셈뿐인 사람도 기용했다는 소문이 퍼지자 전국 각지의 인재들이 대거 몰려들었다. 그의 이런 열성은 '정료지광', 즉 뜰에 횃불을 매달아 밝게 비춘다는 고사성어를 만들었다.

"창고가 차야 예절을 알고, 입고 먹는 것이 풍족해야 영예와 치욕을 알며, 위에서 법도를 지키면 육친이 굳건해진다. 예의와 염치가 느슨해지면 나라가 망한다. 아래로 내리는 명령은 물이 땅으로 흐르듯 민심에 따라야 한다"는 관중의 정책을 시행한 환공의 부국강병책과 용인술이 제나라를 춘추시대 첫 패권 국가로 만들었다.

또 한 사람은 춘추시대 진晉나라의 대부 기해祁奚이다. 기해는 도공悼公 때 '중군위中軍尉'라는 벼슬을 지낸 정직하고 공평무사한 인물이었다. 『사기』「진세가晉世家」에는 기해와 관련한 일화가 기록되어 있다.

기해는 나이가 많아 은퇴하려 했다. 도공은 그의 청을 받아들이는 한편, 그에게 재능있는 인물을 후임으로 추천해달라고 했다. 기해는 서슴지 않고 해호解狐를 추천했다. 도공은 깜짝 놀라며 물었다.

"해호? 그 사람은 당신과 원한이 있는 사람이 아니오.?"

기해는 태연하게 대답했다.

"저에게 재능있는 인물을 추천하라고 하시 않으셨습니까? 개인적인 감정이 있건 없건 저는 신경 쓰지 않습니다."

노공은 해호를 기해의 후임으로 발탁했다.

그런데 뜻하지 않게 해호가 일을 맡기 전에 세상을 떠나고 말았다. 도공은 기해에게 적절한 인물을 다시 추천하도록 했다. 기해는 망설임 없이 기오祁午를 추천했다. 이번에도 도공은 놀라며 말했다.

"기오? 기오는 당신 아들이 아니오?"

"적절한 인물을 추천하라고 하지 않았습니까? 제 아들이든 아니든 저는 신경 쓰지 않습니다."

도공은 즉시 기해의 아들 기오를 후임으로 발탁했다.

봉건사회에서 인사관리는 군주의 말 한마디면 끝이었다. 진나라 도공은 자진해서 신하에게 의견을 물었고 기해도 공평무사하게 추천했으니 후대의 칭찬을 받기에 충분하다. 도공이 취한 행동은 비교적 수준 높은 통치 방식이라 할 수 있다. 기해의 추천은 도공의 의지에 부합했고 도공의 승인이 있었기에 실현될 수 있었다.

중국 역사상 최고의 성군으로 존경받는 당 태종도 제 환공과 마찬가지로 적을 포용하는 인사로 위업을 이룬 인물이다. 수나라가 고구려 원정과 대규모 토목공사로 민심이 피폐해지자 곳곳에서 반란이 일어났다. 이세민의 아버지 이연 역시 이때 반란의 깃발을 들었는데, 이세민은 뛰어난 지략과 용기로 당나라를 창건하는 데 큰 공을 세웠다.

이연은 황제의 자리에 오르면서 장남인 이건성을 황태자로 삼고 이세민은 진왕秦王에 봉했다. 이세민은 이후에도 반란을 일으켰던 귀족과 지방호족들이 당나라를 인정하지 않고 창을 겨누자, 정벌에 나서 단 한 번도 패하지 않고 모두 토벌했다. 이연이 '천책상장天策上將', 즉 '하늘이 내린 장수'라는 별호를 내릴 정도였다.

당연히 이세민의 권세와 인기는 높아졌고, 황태자 건성은 자신의 자리를 세민에게 빼앗길까 좌불안석했다. 이때 건성 휘하에는 위징이라는 뛰어난 신하가 있었다. 그는 세민의 존재감이 황태자를 누르게 될 것을 예견하고 태자에게 이세민을 암살하라고 조언했다.

낌새를 알아챈 이세민이 먼저 움직였다. 세민은 황제를 알현하고 형제들이 자신을 없애기 위해 모함한다고 고했다. 이연이 곧바로 건성과 원길을 불러들이자, 이세민은 황궁 현무문에 군사를 매복시켜 놓았다가 살해했는데, 이것이 이른바 '현무문의 변'이다. 며칠 뒤 사실을 보고받은 황제는 이세민을 황태자로 삼을 수밖에 없었고, 얼마 후 그에게 양위했다. 중국 역사상 최고의 태평성세로 일컬어지는 당 태종의 '정관의 치貞觀之治'가 시작되는 순간이었다.

하지만 위징에게는 최악의 결과였다. 자신이 독살하라고 건의했던 인물이 황제가 됐으니 죽음을 면치 못할 것이었다. 위징은 현실을 받아들여 죽음을 각오하고 황제의 부름을 기다렸다. 이세민은 위징을 발밑에 꿇어 앉힌 뒤 물었다.

"너는 어찌해서 우리 형제 사이를 이간질해 이처럼 참혹한 지경에 이르게 했느냐?"

위징은 오히려 담담하게 반문했다.

"이건성이 제 말을 들었다면 어찌 제가 이 지경에 처했겠습니까?"

당 태종은 목숨을 구걸하지 않는 위징의 태도가 마음에 들었다. 주군을 보필하기 위해 상대를 죽이라고 충언한 것은 죄가 될 수 없는 일이었다. 태종은 위징을 간의대부로 삼았다. 이 같은 당 태종의 결정에 공신들은 불만을 품었다. 어느 날 연회 중에 당 태종의 처남인 장손무기가 위징에게 비꼬며 말했다.

"참으로 세상은 오래 살고 볼 일이오. 두건덕과 이건성의 부하였던 그대와 이렇게 한자리에서 술을 마시게 될 줄 누가 알았겠소."

위징이 담담하게 대답했다.

"내가 두건덕을 보좌할 때 둔전제를 시행해, 수익은 백성에게 돌아갔고 국가는 부유해졌소. 나는 두건덕이나 이건성 개인을 위해 일하지 않고, 오로지 오랜 전화로 도탄에 빠진 백성을 위해 일했소. 백성이 가장 중요하고 그에 비해 권력은 가벼운 것이며, 사직은 마지막인 것이오. 오직 주군에게만 충성하고 백성은 모른 척하는 사람들과 나는 다르오."

이에 당 태종은 "내가 위징을 쓰는 것은 그의 충심과 사심 없는 태도를 알기 때문이다. 이후부터 위징에 대해 가타부타 말하지 말라"고 명했다.

이후 위징은 황제에게 수도 없이 쓴소리를 했다. 간언한 횟수가 300회에 이를 정도였다. 태종이 불같이 화를 내며 위징을 처형할 것을 명했다가 곧바로 취소한 것만 여러 번이었다. 그럼에도 굴하지 않고 간언을 계속한 위징도 대단하지만, 그런 위징을 계속 중용한 당 태종은 더욱 훌륭한 인물이라 아니할 수 없다.

인재를 구하는 데 아낌이 없었던 당 태종에게는 뛰어난 신하가 많았다. 하지만 누구도 황제의 목숨을 노린 적이 있었던 위징을 앞서지 못했다. 당 태종이 친히 고구려 정벌에 나섰다 실패하고 돌아오며 "위징이 살아 있었다면 이처럼 어리석은 짓은 하지 못하도록 했을 텐데."라고 후회했다는 이야기는 유명하다.

리더는 조직과 자신을 위해 힘쓰는 인재를 제대로 선발하고 활용해야 한다. 인재를 천거할 때 밖으로는 원한을 꺼리지 않고 안으로는 친인척이라 해서 꺼리지 않는다는 '외거불피구 내거불피친外擧不避仇 內擧不避親'도 이런 전제 아래에서만 비로소 통할 수 있다.

무능한 지휘관은 적보다 무섭다

여포는 용맹하지만, 이익에 약하고 머리가 없다.

_ 조조

무능한 리더의 위험성은 그 폐해가 매우 극심하다. 중국 전국시대 명장인 오기吳起는 『오자병법吳子兵法』에서 "무능한 지휘관은 적보다 무섭다"고 말한다. 무능한 지휘관의 지휘는 군의 사기를 떨어트리는 것은 물론이고 물적·인적으로 손실을 입혀 국가에 미치는 폐해가 매우 심각하기 때문이다.

오기의 이 말은 2,000년이 지난 현대에도 유효하다.

제2차 세계대전 당시 나치 정권에 대항했던 것으로 유명한 독일의 장군 쿠르트 폰 함머슈타인 에쿠오르트 남작은 지휘 교범 〈The Silences of Hammerstein〉에서 다음과 같이 말했다.

"나는 부하 장교들을 영리한 장교, 게으른 장교, 근면한 장교, 멍청한 장교 네 부류로 나눈다. 일반적으로 두 가지 특성을 함께 갖고 있다. '영리하고 근면한 자'는 고급 참모 역할에 적합하며, 전 세계 군대의 90%를 차지하는 '멍청하고 게으른 자'는 정해진 일이나 시키면 된다. 어떤 상황이든 대처할 수 있는 '영리하고 게으른 자'는 최고 지휘관으로 좋다. 하지만 '멍청하고 부지런한 자'는 위험하므로 신속하게 제거해야 한다."

함머슈타인은 영리하고 부지런한 장교보다 영리하고 게으른 장교가 더 낫다고 보았다. 함머슈타인은 어리석은 사람이 열심히 일하는 것을 최악의 상황이라고 했다. 무능하면서 성실한 지휘관이 안하무인眼下無人과 만나면 참극을 부른다고 보았다. 동료는 물론 부하들에게 골칫거리만 안겨 주기 때문이다.

'십상시十常侍'라는 말이 있다. 십상시는 중국 후한 말 영제 시대에 정권을 잡아 조정을 농락한 10명의 환관宦官을 말한다. 당시 십상시의 가문은 위세 좋은 관직을 독차지하고 넓은 토지를 소유하며 호화롭게 살았다. 무능한 황제는 정사를 제대로 펴지도 않았으며 그나마 정사를 펼 때도 환관들의 입김에 휘둘렸다.

십상시는 그 자체로도 무섭지만 진짜 부서운 것은 그들에게 아부해 실력 없는 자들이 득세하기 때문이다. 결국 윗물도 썩고 아랫물도 썩게 되는 것이다. 무능한 사람에게는 권력을 나눠 줘서는 안 되는 이유다.

무능한 지휘관이 적보다 무서운 이유는 여러 가지가 있다. 리더의 '무능함'은 조직에 큰 피해를 입힌다. 능력이 없는 사람은 조직에 영향을 미칠 수 있는 자리를 맡아서는 안 된다.

하지만 한국 사회에서 힘깨나 쓰는 자리의 상당 부분은 능력과 무관한 아부꾼들이 차지하고 있다. 그것도 능력이고 세상살이란 게 다 그런 거라고 말하며 조직에 관심을 끊고 제 살기에 바쁜 사람들이 생기기 마련이다. 이 또한 조직에는 큰 손해가 아닐 수 없다.

무능한 장수가 적보다 무서운 다른 이유는 사람들이 경계를 하지 않기 때문이다. 사람들은 당연히 그가 우리 편일 것으로 착각하는 것이다. 하지만 그들은 사익을 챙기는 경우가 많다. 겉으로는 조직을 위해 일한다고 큰소리를 치지만 실상은 자신의 이익을 위해 일하는 경우가 다반사다. 그리고 무능한 자의 주변에는 늘 파리떼가 꼬이는데, 그들도 자신의 사익 챙기기에 급급하다. 결국 피해는 다른 구성원들이 고스란히 짊어지게 된다.

또 무능한 자가 실력에 맞지 않은 자리에 앉으면 조바심에 공을 세우고 싶어 한다. 차라리 아무것도 하지 않으면 좋으련만 꼭 무리수를 둔다. 누구라도 열정이 지나치면 판단이 흐려지기 마련이다. 리더가 무능하면 최악의 경우 조직이 사라질 수도 있다.

동서고금의 전쟁사를 살펴보면, 지휘관의 무능함 속에 수많은 병사들이 죽거나 다치게 된 사례, 무능한 지휘관이 아군을 패전의 수렁 속으로 집어넣은 사례는 많다. 군대 속어 중 하나인 '주적은 간부다'라는 말이 괜히 나온 게 아니다. 무능한 지휘관들이 군대는 물론 기업에 얼마나 많은 피해를 주었는지 알게 되면 정말 피가 거꾸로 솟게 된다. 그들을 믿고 따랐던 부하들을 생각하면 가슴 아픈 일이다.

우리가 역사를 배우는 가장 큰 이유는 사례를 통해 교훈을 배우고 미래에는 되풀이하지 않고자 하는 데 있다. 한·중·일 역사에서 가장 무능했던 지휘관과 사례를 소개한다.

조괄, 장평대전

조괄趙括, ?~기원전 260년은 중국 전국시대 조趙나라의 장군으로 조나라 명장 조사趙奢의 아들로 알려져 있다. 조괄은 아버지 조사와 병법을 논할 때면 막힘없이 대답하였으나 조사는 잠시 생각한 후에 말을 했다. 모르는 사람이 보면 조괄이 병법에 통달한 것으로 보이나 조사는 모든 변수와 실패할 때의 대응 방법까지 생각하고 답을 했고 조괄은 자신이 외운 대로만 대답한 것이었다. 즉 조괄은 병법 이론에만 강하고 실전에서 상황이 변하면 무기력했다.

대표적 사건이 바로 중국 전국시대 3대 전투 중 하나인 '장평대전'의 대패다. 사실 장평대전 자체가 엄청난 악수였다. 한때 무령왕의 개혁정책으로 진秦나라에게도 뻣뻣하게 굴 정도로 강력했던 조趙나라의 국력을 한순간에 말아먹었다. 물론 조괄 입장에서 보면 어느 정도 변명도 가능하겠지만 국가 존망을 좌우할 수 있는 40만 군대의 총사령관으로서 조괄의 패착은 크게 2가지로 볼 수 있다.

첫 번째는 치밀한 전략의 부재였다.

우리가 흔히 쓰는 탁상공론卓上空論은 중국에서는 지상담병紙上談兵이라고 하는데, 조괄에게서 비롯되었다. '종이 위에서 병법을 논한다'는 뜻인데, 종종 '조괄병법'이라고 한다. 『삼국지』에서 마속이 가정성 전투에 앞서 제갈량의 지시를 무시하고 밑도 끝도 없이 산 위에 진을 친 것과 비슷한 것이다.

아버지 조사 장군은 침착하면서도 임기응변에 능한 명장이었지만 아들 조괄은 비록 소년시절부터 병서를 즐겨 읽고 군사 문제에 정통했으나 중대한 결함을 가지고 있었다. 실전 경험이 부족한데다 탁상공론만 즐겨 하는 게 문제였다. 이를 눈치챈 조사는 비록 아들임에도 조괄의 작전 지휘 능력을 높이 평가하지 않았다. 조괄의 모친이 그 까닭을 묻자 조사가 이렇게 설명했다.

"전쟁이란 국가의 운명을 좌우하는 중대 사안이니 엄숙하고도 신중하게 대처해야 한다. 그런데도 조괄은 안이하게 군사를 말하고 있다. 앞으로 조나라가 그를 기용치 않는다면 문제가 없을 것이나, 만약 등용한다면 그가 조나라를 망하게 할 것이다."

조사 장군이 죽은 후 기원전 260년, 진나라와 조나라 간에 장평場平, 지금의 산시성 소재에서 전투가 벌어졌다. 단일 전장에 투입된 병력 수로는 전국 시대 최대의 격전이었다. 진나라의 20만 대군이 영토 분규 중이던 한나라의 상당 지역으로 침입하자, 상당 태수는 조나라에 상당을 바치고 투항해 버렸다. 조나라는 노장군 염파를 대장으로 20만 대군을 파견하여 진나라 군대와 몇 차례 승패를 겨뤘으나 전과가 신통치 않았다. 그러자 염파는 방어로 전략을 바꾸어 진지를 구축하고 시간을 끌면서 판도와 정세가 변하기를 기다렸다. 대치 국면은 3년이나 지속되었고 승패를 가늠할 수 있는 결전은 벌어지지 않았다.

답답해진 진나라 소양왕이 승상인 범수를 불러 대책을 상의했다. 범수가 말했다.

"적장 염파의 정세 판단은 옳습니다. 우리 진나라 군대가 강하여 공격할 수 없으나, 진군은 먼 길을 왔으니 지구전에 불리하고, 피로가 누적되어 퇴각할 때를 기다려 공세를 취하자는 속셈이지요. 적장이지만 나름으로 현명한 판단입니다. 그러니 염파를 제거하기 위한 이간책을 써야겠습니다."

진왕은 막대한 금은과 재물을 뿌려 조나라의 권신들을 매수하고 그들로 하여금 유언비어를 퍼트리게 했다.

"염파 장군은 늙어 겁이 많아졌고 진군에 투항할 조짐마저 보이고 있습니다. 현재 진군이 가장 두려워하는 것은 조나라가 조사 장군의 아들 조괄을 새 대장으로 임명하지나 않을까 하는 것입니다. 조괄은 젊고 유능하며 전략이 탁월합니다."

조왕은 조작된 여론에 현혹되어 대장군 교체에 대한 유혹을 강하게 느꼈다. 그리고 조작된 여론만을 믿고 조괄을 결국 대장군에 등용했다. 조왕은 조괄의 화려한 언변에 감탄한 나머지 20만 신병을 추가로 보강해 주고, "즉각 전선에 나가 염파 장군을 대체하라"고 명을 내렸다.

이 소식을 전해 들은 조괄의 모친은 황급히 조왕에게 상서^{上書}하고, "조괄을 장군으로 임용하지 말라"고 권고했다.

"조괄의 성정이 장군으로서 군심을 얻었던 부친과는 전혀 다릅니다. 부친은 조정에서 상여賞與를 주시면 모두 부하들과 사병들에게 나눠 줬고, 임명된 직후부터는 온갖 정성을 군사에만 쏟으면서 가정을 돌보지 않았습니다. 반대로 조괄은 등용되자마자 위세만 부리고 부하들을 돌보지 않습니다."

그래도 조왕이 "나의 결정은 이미 내려졌고 변경할 수 없다"고 회답하자 조괄의 모친은 "그렇다면 무슨 일이 벌어지더라도 나를 연좌시키지 말아달라"고 부탁했다. 조왕은 이에 순순히 동의했다.

『사기』에 나타난 조괄의 결점은 여기까지지만 이후 그는 실전 경험이 녹아들지 않은 탁상공론을 펴고, 임기응변력 부족, 주위를 아랑곳하지 않는 오만방자함, 이기주의 속성을 적나라하게 드러내고 말았다. 파격 인사가 불러온 재앙이었다.

여하튼 조괄은 새로 보강된 20만 신병 부대를 거느리고 의기양양하게 전선으로 향했는데, 이로써 그는 40만 대군을 통솔하는 대장군이 되었다. 같은 시각 이런 정보를 접한 진왕은 크게 고무돼 유능한 백전노장 백기白起를 전선 총사령관에 재임명하고 병력도 보강해 줬다. 하지만 사령관 교체 사실은 극비에 부쳤다.

반면 조괄은 전선에 도착하자 그의 신조인 세대교체론에 따라 우선 지휘관 인사 교체부터 단행했다. '새 시대는 새 인재를 필요로 한다. 구세대는 늙어서 용기와 기획력이 없으니 새 시대에 일할 자격이 없다'는 투였다. 그의 세대교체론 핵심은 연령의 차이를 절대시한 배타주의였다. 이는 노·장·청을 막론하고 동시대인, 동국인同國人이 더 중요함을 몰각沒學한 경솔한 발상이었다.

그의 파격적인 인사 조치는 당장 두 가지 치명적 폐해를 초래했다.

첫째, 적정敵情은 물론, 아군의 실정을 아는 이가 별로 없었다. 전선에 도착한 지 한참이 지나도록 적진의 새 사령관이 백기로 바뀐 사실을 알고 보고하는 자가 한 명도 없을 정도였다.

둘째, 군심軍心이 흩어졌다. 납득할 수 없는 풋내기가 지휘관이 되자 군사들은 더는 싸울 마음이 내키지 않았다. 상황이 이런 데도 조괄은 인사 단행을 명분으로 삼아 부대 배치를 변경하고 이유 없이 자주 출격하면서 병사들을 피로하게 만들었다.

한편, 진군의 대장 백기는 조나라 장수 조괄의 약점을 검토한 끝에 새 작전 계획을 수립했다. 새 작전의 핵심은 거만한 적장의 판단 착오를 유도하는 것. 진군이 마치 전투에 패배해 퇴각하는 것처럼 보여 적군을 진군의 주력 진지 앞까지 깊이 유인한다는 계획이었다. 그리고 조군의 진격을 저지하는 동시에 그 보급선을 끊고 분할 포위해 철저히 섬멸한다는 전략이었다. 이를 위해 백기는 진군 기병대를 아군의 좌우측 끝에 배치했다가 퇴로를 차단하는 한편, 다른 기병 부대로 하여금 조군의 중앙으로 돌진케 해 적군을 둘로 갈라놓도록 지시했다. 더욱이 백기는 가짜 작전 명령서를 적군 진지에 흘려 조군의 판단 착오를 유발하기도 했다.

『손자병법』에도 장수의 위험 요소 중 '장수가 화가 난다고 함부로 출정하면 위험에 빠지기 쉽다'고 했다.

공을 세우고 싶어 조급했던 조군의 주력부대는 진군의 계략에 말려들어 무모하게 적진으로 진격했고, 진군 주력부대의 진지 앞에서 포위당하고 말았다. 때를 같이해 진군의 기병대는 조군의 보급로겸 퇴로를 끊었다. 전선 양쪽으로부터 압박해오는 진군의 포위망은 조군에게 위협을 가중시켰다. 궁지에 몰린 조괄은 인접한 제나라와 초나라에 구원을 요청했으나 소용이 없었다.

보급로와 양곡 배급이 끊긴 지 46일, 조군 진영에서는 굶주린 병사들 간에 식인食人사태까지 발생했다. 조괄이 금지령을 내렸으나 소용이 없었고 군기는 걷잡을 수 없을 정도로 무너졌다. 극한 상황에 빠져든 조괄은 조군을 네 개 단위로 개편해 진군의 포위망을 돌파하고자 시도했으나 번번이 실패했다. 마지막으로 조괄 자신이 근위대와 함께 진두에 서서 돌진했으나, 비 오듯 퍼붓는 진군의 화살에 맞아 전사했다. 졸지에 총사령관까지 잃은 조군은 각 부대가 제멋대로 무기를 내려놓고 항복하는가 싶더니, 삽시간에 40만 대군이 포로가 되어버렸다. 진나라군의 피해도 적은 것이 아니어서 수십 만의 사상자가 나왔다. 결국 지휘관의 차이가 승패를 갈랐던 셈이다.

조괄은 군사적 재능이 그렇게 나쁜 편은 아니었다. 장평전투에서 개선한 백기는 소왕에게 조괄에 대해 다음과 같이 논했다.

"저는 50만의 군사로 조괄의 20만 군사를 포위하여 절반 넘게 잃은 뒤에 비로소 조나라 군사들을 전멸시킬 수 있었습니다. 이는 제가 군문에 몸담은 이래 여태껏 없었던 일입니다. 배고픔을 투지로 채우는 능력이 바로 조괄의 탁월한 점입니다. 장평의 전쟁에서 진나라는 반 수가 넘는 정예병을 잃었고 우수한 장수들을 무수히 잃었으므로, 실제로는 진나라가 이겼다고 볼 수 없고 조나라 또한 졌다고 할 수도 없습니다. 단 한 가지 다른 점이 있다면, 조괄은 죽고 저는 살았다는 점입니다."

하지만 장평대전 전까지 조괄이 거둔 승리는 참모로서 거둔 승리뿐이었고, 직접 전장을 지휘하며 거둔 승리는 없었다. 조괄은 지휘관으로서 처음 출전한 장편전투에서 아버지 때부터 쌓아온 업적을 한순간에 무너뜨린 것은 물론 자신의 목숨까지 잃었고 또한 나라의 근간을 흔들고 말았다.

물론 그 과정에서 조나라가 다시 뭉치게 되는 결과를 낳기도 했으나, 이는 좋게 해석한 것이지 장평에서 수많은 장수와 병사를 잃은 조나라는 급격히 쇠락하고 말았다. 이후 조나라는 국력을 짜내면서 약 30여 년을 더 버텼지만 결국 B.C 222년에 멸망하고 말았다. 그 시작은 조나라 효성왕이 조괄을 총사령관으로 임명하면서 비롯되었다.

무타구치 렌야, 임팔전투

2차 세계대전에서 무능한 지휘관은 많았지만 그중에 최고봉은 단연 일본 15군 중장 무타구치 렌야가 아닐까? 태평양전쟁 당시 그는 갖가지 실책과 오판으로 일본이 태평양전쟁에서 패배하는 데 결정적인 역할을 했다.

1942년 과달카날전투 이후 태평양전쟁의 기세는 미국 쪽으로 확실하게 넘어갔다. 미군은 사이판, 괌을 중심으로 일본의 보급로를 철저하게 끊어내면서 일본 제국을 압박했다. 일본은 이 상황을 반전하기 위해 사력을 다하고 있었고, 이때 눈에 들어온 지역이 바로 인도였다. 일본은 미크로네시아 지역과 필리핀에서 완전히 밀리자 그나마 영향력을 행사하고 있던 인도차이나반도를 기반으로 인도를 공격해 영국을 압박하고 종전 협상에서 더 큰 우위를 차지하려는 전략이었다. 일본으로서는 인도 공략보다 좋은 전략도 없었다. 그래서 일본은 인도를 공격하기로 결정했고, 이를 위해 넘어야 하는 나라가 바로 지금의 미얀마인 버마였다.

임팔은 버마 국경지대에 있는 인도의 도시다. 이곳을 공략하기 위해 일본군은 작전 총사령관을 임명하게 되는데 그가 바로 무타구치 렌야였다. 무타구치는 사령관으로 발탁될 당시 델리^{당시 인도의 수도}를 자기의 발 아래 놓겠다고 호언장담을 했다. 무타구치는 임팔을 공략하기 위한 작전을 세우게 된다.

임팔 작전은 버마에서 아라칸 산맥을 직접 넘어 인도제국의 북부인 아삼을 기습해 직접 압박한다는 계획이었다. 작전 입안과 강행 자체가 자신의 체면 때문이었다고 주위에서 증언한다. 그리고 이 작전을 승인한 도조 히데키도 다른 전장의 전황이 나빠서 정권을 유지하려고 작전을 인가했다는 증언도 있다. 작전 최종 인가를 자기 집 목욕탕에서 했다는 점이 웃기다. 이 때문에 임팔 작전의 결재는 '목욕탕 결재'라고도 한다.

임팔 작전이 시작된 1944년 3월 당시 일본군의 주력부대는 모두 뱅골-버마 국경지대에 위치하고 있었다. 하와이와 미크로네시아에서 이미 미끄러졌고, 장제스의 반격으로 서서히 중국-만주 전선에서도 일본군은 크게 밀리고 있는 와중이었는데, 더이상 만주국에 신경을 쓸 여력이 없던 일본군의 마지막 보루는 인도차이나였다.

반영 감정이 컸던 인도 사람들에게 일본군은 오히려 희망이었으나, 자유 인도 정부와의 연합으로 영국-중국군과 상대하게 되어 나름 해볼 만한 전투였다. 다만 임팔을 선택한 것은 최악이었다. 임팔을 공략하기 위해서는 엄청난 늪지대를 거쳐 가야 했기 때문이다. 늪지대에서는 트럭이나 자동차가 움직이기 매우 어려웠기에 전쟁에서 가장 중요한 요소인 보급이 제대로 이루어지지 못했다. 하지만 무타구치는 보급이란 적에게서 취하는 것이라는 이상한 논리를 내세우며 임팔 작전을 강행했다.

하지만 영국군은 이미 일본군의 작전을 다 알고 있었고 방비도 완벽하게 준비가 되어 있었다. 일본군의 3배가 넘는 화포와 전차가 있었으며 10배에 이르는 항공기가 대기 중이었다. 전쟁을 시작하기 전부터 승자는 정해져 있던 것이다.

무타구치는 명언(?)을 남기게 되는데 첫 번째는 "포탄은 자동차 대신 소나 말에 싣고 가다가 포탄을 다 쓰면 필요 없어진 소나 말을 먹으면 된다."라는 말이었다. 1944년에 느린 소나 말로 보급을 하려는 생각 자체가 참 구시대적인 발상일 뿐 아니라 보급을 담당하는 소와 말조차도 먹이를 주어야 계속 움직일 수 있기 때문이다. 또한 소들은 사람처럼 행동하지 않는다. 실제로 임팔 작전 때 보급을 담당한 대부분의 소들은 굶어서 죽거나, 포격 소리에 놀라 낭떠러지에 떨어져 죽는 경우가 많았다고 한다. 그리고 소들의 먹이인 마초 같은 경우는 부피가 커서 험난한 습지를 이동하는 데 매우 비효율적이다. 렌야는 그럼에도 불구하고 소를 이용한 보급을 강행했다.

『손자병법』에서도 기본적인 보급은 필요하다고 나온다. 19세기에도 프랑스혁명 전쟁부터 나폴레옹 전쟁 시기를 거쳐 유럽의 군사 규모가 이전 시대에 비해 기하급수적으로 늘었기 때문에 나폴레옹은 보급 문제를 풀려고 공모전을 열어 여기에서 병조림, 이어서 통조림이 나왔다. 나폴레옹이 이렇게 보급 문제를 상당히 신경을 썼음에도 불구하고 러시아의 청야전술로 인해 기껏 모스크바까지 치고 들어가서도 혹한과 보급품 고갈을 극복하지 못하고 패퇴했다는 점에서 보급품이 얼마나 중요한지를 깨달을 수 있을 것이다.

두 번째 명언은 "정글에서 비행기를 어디에다 쓰겠는가?"이다. 동시대를 배경으로 한 영화 〈덩케르크〉만 보더라도 세계 2차대전에서 항공기의 역할은 어마어마했다. 기본적으로 해군이든 육군이든 하늘에서의 시야 확보가 이루어져야 더욱 수월하게 작전을 펼칠 수 있다. 영화에서도 톰 하디가 맡은 공군 파일럿 한 명이 수만 명의 영국 병사를 구하는 장면이 나온다. 독일군 역시 영국군의 퇴각을 끊기 위해 비행기로 폭격을 시도한다.

영국군은 그 '써먹을 데 없는 항공기'로 일본군이 포위한 진지에 계속 항공 보급으로 각종 물자를 쏟아부어 포위 상황에서도 계속 버텼다. 가끔 운 좋게 일부가 일본군 쪽으로 떨어지면 일본군들은 이것들을 '처칠 급여'라고 부르며 생명줄로 여겼다. 연합국 전투기들도 놀고 있던 게 아니라서, 최전선 병사들의 요청에 따라 근접 항공 지원을 위해 일본군 진지와 벙커, 참호를 공격하여 제압하고 막대한 인명 피해를 주었다.

물론, 무타구치가 한 말의 의미는 항공에서도 시야 확보가 어려운 정글 지대이기 때문에 비행기가 필요 없다고 말했을 수 있다. 그래도 항공 시야가 확보된 육군 작전과 그렇지 못한 작전의 차이는 엄청나다는 것을 간과했던 것이다.

세 번째 명언은 "탄환이 없으면 총검이 있다. 총검이 없으면 맨손이 있다. 맨손이 없으면 발로 차고 이마저 없으면 이로 물어뜯어라."이다. 이쯤 되면 중장이라는 계급을 어떻게 달았는지 궁금해지는 대목이다. 수만 명의 사단을 이끄는 총사령관이 병사들에게 사기를 올리기 위해 한 말처럼 보이지만 탄환이 없는 상황에서 저 말을 했다면 위험하기 짝이 없다. 총알 보급은 제대로 안 되고 배는 고파 더이상 힘없는 병사들에게 저런 말을 했다가는 바로 항명사태로 이어질 수 있었는데, 저런 말을 실천했다는 게 무섭다. 전쟁에 대한 준비가 완벽하게 되었고, 보급 준비도 완벽할 때 저 말을 한다면 사기가 오를 수도 있겠지만 무타구치는 실제로 탄약 보급도 제대로 하지 않았다.

식량과 무기의 보급이 완전히 끊겨 전투력이 발휘되지 않고 증원조차 불가능한 전멸 상황이라면, 일단 후퇴해 보급을 받으며 재편성을 해서 전투 효율을 높이고 공격을 다시 하는 것이 전술의 기본이다. 작전상 후퇴도 훌륭한 전술의 하나라는 것을 기억해두자.

임팔 작전은 1944년 7월 1일 결국 사망자 3만 명, 부상자 4만 명을 내고 중지된다. 임팔전투에서 굶어 죽은 일본군만 해도 4만 명 이상으로 추정되고 있다. 실제로 전투에 돌입하기도 전에 죽은 숫자가 그렇다. 지휘관의 무능 자체로 수많은 병사들이 죽어 나간 것이다. 아무튼 무타구치 덕에 영국군과 미군은 동남아 지역에서의 전쟁이 예상 작전 기간보다 약 8개월 정도 일찍 끝났다.

일본의 패전 이후 연합군이 무타구치를 심문한 조서에 따르면, 무타구치는 4월 말에 작전 실패를 깨달았으나 차마 상부에 보고할 수 없어 작전 중지 명령만 기다리고 있었다고 한다. 무타구치는 A급 전범으로 체포되어 도쿄 전범재판에 넘겨진다. 대부분 A급 전범들은 사형이 선고되었으나 무타구치는 비록 A급 전범이었음에도 일본군에 큰 피해를 입힌 점이 감안되어 불기소 처리되고 징역 2년을 살고 출소한다.

무타구치는 패전 책임 때문에 기도 못 펴고 조용히 살았다. 1966년 향년 77세를 일기로 사망했는데, 죽은 뒤에는 일본 도쿄의 공동묘지인 타마레이엔多磨靈園에 묻혔다. 참고로 이곳에는 일본의 유명한 장군인 도고 헤이하치로, 야마모토 이소로쿠 제독도 함께 묻혀 있다.

이런 무능한 인물이 어떻게 군단장까지 지낼 수 있었을까? 그것은 실무 능력보다는 학연, 인맥으로 진급을 비롯한 모든 것을 결정하던 일본군 특유의 파벌주의 탓이었다. 무타구치는 당시 군부를 이끌던 도조 히데키와 같은 육군사관학교, 육군대학 파벌이었다.

원균, 칠천량해전

우리나라 역사에서 무능한 지휘관이라고 하면 단연 1위는 원균일 것이다. 원균은 정유재란 당시 조선을 일본 수중에 떨어트릴 뻔한 어마어마한 실책을 저질렀다. 역사상 다시는 나와서는 안 될 인물 1순위이다. 일본에 2번이나 바닷길을 열어 주며 패주했고 스스로 침몰시킨 판옥선만 170~200여 척 정도인 해전사에 기록을 남긴 인물이다. 아무리 정예 병력을 보유하더라도 지휘관 한 명이 멍청하다면 아무짝에도 쓸모없다는 것을 보여 주는 사례를 남겼다.

『선조실록』「선조 31년1598 4월 2일」내용 중 사관의 논평만 봐도 원균에 대한 평가를 알 수 있다.

'한산의 패배에 대하여 원균은 책형磔刑을 받아야 하고 다른 장졸將卒들은 모두 죄가 없다. 왜냐하면 원균이라는 사람은 원래 거칠고 사나운 하나의 무지한 위인으로서 당초 이순신李舜臣과 공로 다툼을 하면서 백방으로 상대를 모함하여 결국 이순신을 몰아내고 자신이 그 자리에 앉았기 때문이다. 겉으로는 일격에 적을 섬멸할 듯 큰소리를 쳤으나 지혜가 고갈되어 군사가 패하자 배를 버리고 뭍으로 올라와 사졸들이 모두 어육魚肉이 되게 만들었으니 그때 그 죄를 누가 책임져야 할 것인가. 한산에서 한번 패하자 뒤이어 호남湖南이 함몰되었고 호남이 함몰되고서는 나랏일이 다시 어찌할 수 없게 되어버렸다. 시사를 목도하건대 가슴이 찢어지고 뼈가 녹으려 한다.'

원균은 선조 24년1591 전라좌도수군절도사에 임명되었으나 그런 자리에 앉기엔 성과가 형편없다고 대간이 탄핵하여 파직되었다. 그러나 선조 25년1592, 조선 최대의 수군 기지인 경상우수영을 담당하는 경상우도수군절도사에 임명되었다. 본인에게는 오히려 좋아진 셈이지만 부임한지 3개월 뒤에 임진왜란이 일어나자 본인과 나라의 운명이 바뀌게 되었다.

임진왜란이 발발하자 왜군은 삽시간에 한양을 공략하고 평안도, 함경

도까지 진격했다. 다행히 많은 의병들과 일부 무장들의 힘으로 버텨낼 수 있었으나 결정적인 역할을 맡은 것은 바다의 이순신 장군이었다.

2년 동안 이어지던 전란이 소강 상태에 접어들고 휴전 협상이 시작되었다. 육지에서 왜군에게 크게 당한 조선은 수군의 중요성을 깨닫기 시작했다. 휴전 기간 동안 정예 수군을 길러 반도에 상륙하려는 일본 군대를 막아야 했다. 일본군의 상황도 매우 좋지 않았다. 군주였던 도요토미 히데요시의 건강이 크게 악화되었다. 휴전 당시 명과 왜의 종전 협상이 계속되고 있었는데, 히데요시는 자신의 건강이 점점 나빠지는 걸 느꼈는지 빠르게 조선과의 관계를 정리하고 싶어 했다. 그래서 무리하게 다시 조선을 공략하게 된다. 이것이 바로 정유재란이다.

조선은 휴전 3년간 수군 병력 양성을 위해 크게 노력했다. 삼도수군통제사인 이순신의 지휘 아래 조선은 상당히 강력한 수군을 완성했다. 하지만 선조는 백성들에게 선망을 받는 이순신을 질투했고 결국 말도 안 되는 트집을 잡아 이순신을 파직시키고 원균을 삼도수군통제사에 제수했다. 이순신이 3년 동안 가꿔온 수군에 대한 통제권을 원균이 맡게 된 것이다. 현대로 치면 해군참모총장에 오른 원균은 이제 왜군이 눌러앉은 부산 공략이라는 임무를 선조로부터 받게 된다.

하지만 군사적 재능이라곤 1도 없이 삼도수군통제사 자리까지 오른 원균은 부산 공략을 차일피일 미루게 된다. 화가 난 선조는 지원군 5천 명까지 보내 주면서 부산을 공략하라고 했지만, 원균은 공격 시늉만 할 뿐 부산포 근처도 가지 않고 돌아왔다. 이를 지켜본 대원수 권율은 화가 나 병사들이 보는 앞에서 원균을 곤장까지 친다. 원균은 너무 분해서 결국 부산 가덕도로 조선 정예 수군을 전부 이끌고 쳐들어간다. 하지만 왜군의 기습을 받았고 결국 조선 수군은 400여 명의 사상자를 내고 칠천량까지 퇴각하게 되었다.

칠천량으로 피한 조선 수군은 어떤 움직임도 하지 않고 있었다. 막강한 수군을 보유하고 있으면서도 원균은 왜군에 맞서 어떻게 싸워야 할 것인지에 대한 전략이 전혀 없었다. 이 점을 간파한 왜군이 칠천량을 공략하기 위해 출전하게 되고, 조선 역사상 아니 대한민국 역사상 가장 치욕스러운 전투가 그렇게 시작된 것이다.

일본군은 빠른 속도로 조선의 수군 속으로 진입했다. 조선 수군보다 열세였던 일본군의 작전은 조선 함대 속으로 빠르게 진입해 진열을 흐트러뜨려 함선들을 차례차례 파괴하는 것이었다. 일본 함선이 조선 수군 깊숙이 들어오는데도 조선 수군은 제대로 된 대응을 전혀 하지 못했다. 수군이 괴멸되고 있는 와중에도 지휘관이었던 원균은 아무것도 못하고 수군은 우왕좌왕하고 있었다. 칠천량 해역에서 조선군 함선 절반 이상이 침몰하고 나서야 퇴각 명령을 내린다.

정유재란 당시에는 이순신이 부산포로의 출전을 거부했다는 게 통설이다. 하지만 『선조실록』「선조 30년(1597) 2월 23일」 내용에 따르면, 이순신은 2월 10일 경상우병사 김응서와 함께 부산포로 출전해서 늘 하던 것처럼 신나게 부수다가 돌아왔고, 원균이 했던 것서림 가덕도에 하루 머물렀다. 이때 가덕도의 왜군이 기습해서 초동 1명이 전사하고 병사 5명이 잡혀갔는데, 이순신은 크게 노해서 가덕 왜성에 포화를 퍼부으며 공성전을 벌였고, 부산에 있던 요시라가 직접 내려와 협상 후 포로들을 돌려받은 후에야 돌아갔다.

이를 굳이 언급하는 이유는, 칠천량해전 당시 원균의 졸전과 너무나도 비교되기 때문이다. 이때 이순신의 함대는 겨우 62척이었고, 육군 장수 김응서와 합동작전을 펼쳤다.

원균은 삼도수군통제사로서 일본 공략에 대한 그 어떤 플랜도 가지고 있지 않았다. 실제로 원균은 삼도수군통제사로 부임한 후에 육군이 가덕도와 안골포를 점령해야 부산포로 출정이 가능하다고 주장했다. 원균 본인마저 수륙병진으로 부산포 출정을 주장했으니, 수군 단독으로의 부산포 출정 주장이 얼마나 비현실적인지 보여 준다.

원균은 통제사에 제수되기 전에는 이순신이 겁쟁이라서 부산을 공격하지 못한다면서 자주 비난하는 발언을 했는데, 정작 삼도수군통제사가 되자 그 역시 공격에 나서지 못하다가 권율에게 호출당해 곤장을 맞는 치욕까지 겪었다.

『징비록』에는 파직된 이순신을 대신해 삼도수군통제사가 된 원균이 기수 열외를 자초하는 장면이 나온다.

'이순신은 한산도에 있을 때 운주당運籌堂을 짓고 밤낮으로 그 안에 거처하면서 여러 장수들과 전쟁에 관한 일을 함께 의논했는데, 비록 지위가 낮은 군졸일지라도 전쟁에 관한 일을 말하고자 하는 사람에게는 찾아와서 말하게 함으로써 군중의 사정에 통달했으며, 전투할 때마다 부하 장수들을 모두 불러서 계책을 묻고 전략을 세운 후에 나가서 싸웠기 때문에 패전하는 일이 없었다.

반면, 원균은 첩과 함께 운주당에 거처하면서 울타리로 당의 안팎을 막아버려서 여러 장수들은 그의 얼굴을 보기가 어려웠다. 또 술을 즐겨서 날마다 주정을 부리고 화를 내며, 형벌 쓰는 일에 법도가 없었다. 군중에서 가만히 수군거리기를 "만약 적병을 만나면 우리는 달아날 수밖에 없다"라고 했고, 여러 장수들도 서로 원균을 비난하고 비웃으면서 또한 군사에 관한 일을 아뢰지 않아 그의 호령은 부하들에게 시행되지 않았다.'

여차저차하여 부산포로 출전은 하였으나 원균은 칠천량해전이라는 한국 전쟁사에 기록적인 대패를 당하게 된다. 조선 수군들은 임진왜란 당시 조선에 결정적 승리를 안겨 준 정예 병사들이었다. 원균은 승리한 해전을 경험했던 조선 수군을 모두 수장시킨 꼴이 된 것이다. 이후 이순신이 다시 삼도수군통제사로 복직해 명량에서 승리할 때까지 조선은 수군이 없는 절망적 상황에 놓이게 된다.

원균의 친척인 안방준이 지은 『은봉전서隱峰全書』에 보면, 친척인 안중홍이 원균에 대해 평가한 내용이 나온다.

'삼도수군통제사를 제수받은 원균이 전라도 보성군에 살던 인척인 안중홍을 찾아와, "이 직책이 영광스러운 것이 아니라 오직 이순신에게 치욕을 갚은 것이 통쾌합니다." 라고 했다. 원균이 떠난 뒤에 안중홍이 원균의 사람됨에 대해 언급한 내용이다. "원균의 사람됨을 보니 큰일을 하기는 글렀다. 조괄趙括과 기겁騎劫도 필시 이와 같지는 않을 것이다." 라면서 한참이나 탄식하였다. 남쪽의 사람들은 지금도 이 일을 말하면 팔뚝

을 걸고 분통해 하지 않음이 없다.'

조괄은 '조괄병법'이라는 자기 이름이 들어간 고사성어까지 있을 만큼 이론에만 능하고 실전 경험은 전혀 없었다. 그저 책상에서 책으로 공부한 대로만 병법을 적용하다 보니, 시시각각 변하는 실전에서는 전혀 통하지 않았던 것이다. 기겁 또한 교만과 방심으로 전임자인 악의가 다 이겨놓은 전투를 말아먹은 인물이었다.

『은봉전서』의 저자인 안방준은 원균의 친척이고, 원균의 당파인 서인에 속해서 그나마 좋게 써 줬을 텐데도 이 모양이다. 더구나 안방준은 장인이 을묘왜변에서 활약한 정승복이다. 그런 사람에게 인척이란 작자가 이런 망언을 하니 더더욱 갑갑하게 여길 수밖에 없었을 것이다.

위에서 언급한 한·중·일을 대표하는 무능한 지휘관들은 고대 중국, 일본제국, 조선의 국력 쇠퇴에 지대한 공(?)을 세운 적보다 무서운 지휘관들이었다. 지휘관의 무능이 이처럼 무섭다는 것을 보여 주는 좋은 예시이다.

'왕관을 쓴 자, 그 무게를 견뎌라.' 라는 말이 있다. 리더라는 직책은 정말 무겁다. 자신의 오판으로 수많은 목숨이 오가는 위치다. 그렇기에 인사 배치는 정말 신중을 기해야 한다.

유독 '홍보팀장'을 외부에서 영입하는 사례가 많다. 어떤 조직에서도 실력을 발휘할 수 있는 유능한 지휘관으로 성장하기 위해 주니어 시절부터 노력해야 한다.

부하를 움직이는 3가지 법칙

공자께서 말씀하셨다. '자신이 바르면 명령하지 않아도 행하고,
자신이 바르지 못하면 비록 명령해도 따르지 않을 것이다.'

_『논어』「자로」편 6장

경험이나 이론적으로 이미 충분히 검증받은 것들을 우리는 '법칙'이
라고 말한다. 그것이 사람과 관련된 것이라면 정답이 아니라 확률이 높
다고 봐야 한다. 인간관계를 특히, 비즈니스에서의 관계에 대해 정답이
있을 리 없다.

그럼에도 그 법칙은 직장인들, 특히 홍보맨들에게 꽤 유효하다. 홍보
조직에도 리더부터 부하직원들 사이에 위계가 있기 마련이고, 리더라면
누구나 부하직원들을 어떻게 잘 움직이도록 할 수 있을지에 대한 고민
을 가지고 있다.

미즈노 도시야가 쓴 『최강 법칙 사용설명서』 중에 부하직원들을 움직

이는 3가지 법칙이 나온다. 홍보 리더들이 참고할 만한 내용이다.

첫 번째는 메라비언의 법칙The Law of Mehrabian이다.

메라비언의 법칙은 미국의 심리학자이자 UCLA 심리학과 명예교수인 알버트 메라비언Albert Mehrabian이 1971년 자신의 저서인『침묵의 대화Silent Message』에서 처음으로 주장했다. 사람 간 대화에서 시각, 청각의 이미지가 중요하다는 커뮤니케이션 이론이다.

이 이론에 따르면, 대인 커뮤니케이션에는 '말word, 목소리tone of voice, 태도body language'라는 세 가지 요소가 있다. 대화를 통해 상대방에 대한 호감 또는 비호감을 판단하는 과정에서 상대방이 하는 말의 내용이 차지하는 비중은 7%에 그치는 반면 말을 할 때 태도, 목소리 등의 요소가 나머지 93%를 차지하여 호감과 비호감을 좌우한다는 것이다.

예를 들어, 상대방에 대해 좋고 싫은 인상은 '말이 상대에게 주는 인상7%', '말투나 목소리가 상대에게 주는 인상38%', '표정과 태도가 상대에게 주는 인상55%'으로 결정된다. 말보다는 비언어적인 커뮤니케이션 쪽이 강한 인상을 준다. 칭찬이나 질타를 할 때는 말뿐 아니라 목소리나 태도가 그 내용에 맞는 것이어야 한다는 것이다.

두 번째는 방관자 효과Bystander Effect다.

1964년 3월 13일 늦은 밤, 뉴욕의 퀸즈에서 키티 제노비스Kitty Genovese라는 20대 후반의 여성이 일을 마치고 귀가하던 도중 괴한에게 습격당해 살해됐다. 아파트가 많은 거리에서 35분 동안 세 번이나 흉기에 찔렸는데, 주위 아파트 주민 가운데 38명은 비명을 지르면서 살려달라는 그녀를 창 너머로 지켜보고만 있었다. 더욱이 그들 38명 가운데 경찰에 신고한 사람은 한 명도 없었다.

왜, 이런 일이 일어났을까? 목격자 수가 많았기 때문에 '분명 누군가 도와줄 것'이라고 생각하는 '방관자 효과'가 작용했기 때문이다.

미국 〈뉴욕타임스NYT〉를 통해 처음으로 보도된 이 사건은 전국적인 화제가 되었고, 엄청난 논란과 함께 성토의 장이 펼쳐졌고, 심리학자들의 연구 본능을 일깨웠다.

사회심리학자인 존 달리John Darley와 빕 라타네Bibb Latane에 의해 1968년에 수행한 실험에 의하면 '방관자 효과'는 주변에 사람이 많으면 많을수록 위험에 처한 사람을 오히려 덜 돕게 되는 현상을 말한다. '구경꾼 현상'이나 '제노비스 신드롬'이라고 부르기도 한다.

외부에서 사무실로 걸려온 전화를 누구도 받지 않는 경우도 역시 마찬가지다. 전화 벨소리에 대해 모두가 방관자가 되어 '누군가 받겠지…'라고 생각하며 초조한 마음으로 다른 방관자를 관찰하기만 한다. 이 초조함을 해소하려면 평소에 전화를 누가 받을지 규칙을 정하거나 사무실 책임자가 "OO 씨, 전화 받으세요"하고 지명하면 된다. 이렇게 함으로써 '누군가 받겠지'하는 집합적 무지의 법칙이 깨지기 때문이다. 이것을 사회적 태만Social Loafing이라고 한다.

그것이 드러나지 않는 상황에서는 누구나 대충 넘기기 쉽다. 따라서 '모두 열심히 하라'는 상사의 지시는 태만의 온상이 되기 쉽다. 모두가 '누군가 받겠지.' 하고 생각해 자신은 태충 하더라도 노를 젓이라고 믿기 때문이다. 역할 분담과 책임의 범위를 명확히 한 상태에서 일을 배당하지 않으면 아무도 움직이지 않는다.

다행스럽게도 방관자 효과에서 벗어날 수 있는 방법이 몇 가지 있다.

우선 사람들에게 방관자 효과에 대해 가르칠 필요가 있다. 긴급상황에서 도움 행동을 억제하는 상황 요인을 잘 이해하면, 사람들은 그런 상황이 발생했을 때 의식적으로 도우려고 노력한다. 타인의 도움이 필요한 위급한 상황에서는 그들에게 책임감이나 의무를 부여할 필요가 있다. 업무를 지시할 때 "차주 주간 홍보계획은 김대리가 수립 후 금요일까지 보고해주세요!"라고 한 명을 지목해 명확하게 지시하는 것이 좋다.

세 번째는 일개미의 법칙이다.

이솝우화 때문인지 개미는 우리에게 매우 부지런한 존재로 인식되어 왔다. 그런데 2015년 일본 진화생물학자인 홋카이도대학의 하세가와 에이스케 교수의 연구팀은 노는 개미에 대한 관찰 결과를 영국의 과학지 「사이언티픽 리포트」에 발표해 주목을 끌었다.

연구팀은 1,200마리의 개미를 한 마리씩 구분할 수 있도록 색을 입힌 후 한 달 이상 관찰하고 그 결과를 컴퓨터 시뮬레이션을 통해 검증했다. 근면하게 일하는 일개미가 20%, 게으름을 피우며 일하지 않는 개미가 20%, 평소처럼 일하는 개미가 60%였다고 한다.

'빈둥거리는 개미가 일부 존재하는 일견 비효율적인 시스템이 집단 존속에 꼭 필요하다'는 이 연구 결과는 인간을 대상으로 하는 조직이론에 적용해도 손색이 없다. 인간의 조직에서도 열심히 일하는 직원이 20%, 보통 직원이 60%, 그리고 게으름뱅이 사원이 20% 발생하는 현상이 있기 때문에 '일개미의 법칙'이라 부른다. 이 법칙은 마치 '조직 전체의 2할 정도의 직원이 대부분 이익을 창출하고, 또 그 2할의 직원을 솎

아내도 나머지 8할 중의 2할이 다시 대부분 이익을 창출한다'고 하는 파레토Pareto 법칙과 흡사하다.'

미국 월가의 저명한 투자전략가인 마이클 모부신의 『미래의 투자More than you know』에 따르면, 개미에게는 먹이가 있는 곳과 개미집과의 일정한 루트에 냄새를 남겨 행동하는 습관이 있는데, 그때 반드시 루트를 벗어나 행동하는 게으름뱅이 개미가 나타나는 현상이 발견된다고 한다. 이경우 게으름을 피우는 개미를 배제하면 될 것 같지만, 실험 결과 게으름뱅이 20%를 배제하면 그전까지 보통으로 일했던 개미 중에서 게으름뱅이 개미가 발생한다고 한다. 근면한 개미만으로 집단을 만들어도 꼭 게으름뱅이 개미가 20% 나온다는 말이다.

일본전산의 나가모리 시게노부Nagamori Shigenobu 사장에 의하면, 인간에게는 스스로 타오르는 '자연발화형', 주위가 타오르면 불이 붙는 '착화형', 불을 붙여도 타지 않는 '불연소형' 등 세 종류가 있다고 한다. 그리고 일본전산도 이 자연발화형, 착화형, 불연소형 사원의 비율이 1:7:2라고 하였다. 즉 우수한 인재의 보고라고 알려진 일본전산도 20%는 '불을 붙여도 타지 않는 직원'이 존재하는 것이다.

아무리 우수한 인재를 모으고 리더 스스로 솔선수범해도 게으름뱅이는 반드시 발생하게 되어 있다. 그 점을 명심하면 다루기 어려운 부하가 한두 명 있더라도 크게 문제 삼지 않는 것이 현명한 방법일 수도 있다.

위에서 제시한 3가지 법칙 외에도 부하들의 마음을 움직일 수 있는 방법은 많다. 리더마다 처한 상황과 조건이 다양하다. 자신에게 부족한 것이 무엇인지 알아야 하고 또 채우기 위해 무엇을 해야겠다는 의지가 있어야 한다. 물론 부하들이 법칙으로 움직여 주면 좋겠지만 그렇지 않을 수도 있다. 부하들을 위하는 진심이 전해져야 한다. 이 부분에서 탁월한 의사소통 테크닉이 필요하다.

위대한 리더는 대부분 위대한 연설가라 할 만큼 자신의 메시지를 명확하고 명쾌하게 전달한다. 구성원들에게 비전을 제시하고 어려운 시기이므로 단합하여 극복하자는 강력한 메시지를 전달하는 능력이 있다. '아' 다르고 '어' 다르다고 했다. 리더라면 언행에 신중을 기해야 한다. 같은 말이라도 표현을 바꿔 뉘앙스를 달리하는 세심한 배려가 필요하다.

요·순·우 임금의 리더십

정치에서 용인用人보다 중요한 것은 없다.

_ 시진핑, 중국 국가주석

중국사에는 한 시대를 이끌었던 많은 제왕들이 등장한다. 신하들과 잘 소통해서 수준 높은 치세를 만들어 명군으로 평가받은 리더들이 많다. 물론 자기 의견, 경험에만 매몰돼 참모들이나 부하들의 의견을 무시해서 불통의 리더십, 불통으로 결국 패망으로 간 리더들도 많다.

요임금과 순임금은 중국 역사상 최초로 왕위를 양보한 '선양禪讓'의 사례를 남겼다. 이 선양의 원칙은 '왕위를 능력이 부족한 자식에게 물려주는 것이 아니라 능력 있는 사람에게 물려 준다'는 것이다.

"한 사람의 이익을 위해 모든 사람이 손해를 볼 수는 없다. 내 아들은 왕의 그릇이 아니다."

요임금은 대신들이 자신의 아들 단주丹朱를 후계자로 추천하자 이렇게 말했다. 요임금은 순임금의 능력을 믿고 왕위를 순임금에게 물려 주었다. 물론 순임금은 요임금의 친자식이 아니었다. 그리고 순임금 역시 아들에게 왕위를 물려 주지 않고 우임금에게 선양했다.

"제위를 신중히 하고 거동을 삼가며 덕행 있는 자를 임용하여 보좌하게 하시면 천하가 제왕의 뜻에 크게 호응할 것입니다. 맑은 뜻과 생각을 밝히며 하늘의 명을 기다리시면 하늘이 거듭 복을 내리실 것입니다."

우임금이 순임금에게 한 말이다. 『사기』 「하夏 본기」에 전한다.

이 말을 듣고 순임금은 "(충성스런) 신하는 나의 다리요, 팔이요, 귀요, 눈과 같은 존재로다. 나는 백성을 돕고자 하니 그대들이 나를 도와주시오."라고 했다.

성군이 다스리는 시대의 군신 관계는 협력하는 상호보완의 관계이지, 군君은 윗사람이 되고 신臣은 아랫사람이 되는 그런 것이 아니었다.

우임금은 일반 사람들에게는 생소할 수 있지만 황하 치수에 실패한 아버지 곤의 뒤를 이어 황하의 치수 사업을 성공시킨 인물로 유명하다. 우임금은 치수의 공으로 순임금으로부터 천하를 물려받아 중국사 최초의 왕조로 인정받는 하나라를 건국했다.

우임금의 치수治水 이야기를 해보자. 그는 중국의 주요 하천들을 정비한 치수와 토목공사의 전문가로 평가받는다. 중국 선사시대, 즉 역사 이전에 요순시대堯舜時代가 있었다. 바로 요임금, 순임금이 나오는 그 시대다. 요순시대는 요임금과 순임금이 덕으로 천하를 다스리던 태평한 시대로, 덕으로 잘 다스려 온 백성이 행복하고 만물이 조화롭던 시절이었다. 한 가지 문제가 있었는데 바로 홍수 문제였다. 빈번하게 일어나는 수재 때문에 백성들이 곤욕을 치렀다.

그래서 요임금은 치수 전문가를 발탁했는데, 바로 곤鯀이다. 곤은 우임금의 아버지이자 치수의 전문가였다. 요임금은 곤에게 치수에 대한 책임을 맡겼다. 곤은 '어떻게 홍수를 막을 것인가?' 고민했다. 연구에 연구를 거듭한 끝에 만들어 낸 것이 높다란 제방이었다. 지금은 평범해 보이지만 인류 역사상 최초로 제방을 만든 사람이 바로 곤이다. 제방을 높이 쌓았더니 백성들은 편안한 삶을 누릴 수 있었다. 곤은 치수의 공을 인정받아 백성들로부터 칭송을 받았다.

문제는 요임금이 나라를 순임금에게 선양한 뒤에 일어났다. 순임금 때 더 큰 규모로 홍수가 발생했다. 홍수가 나서 큰물이 곤이 쌓았던 제방을 넘어 급기야 제방을 무너뜨렸다. 거대한 홍수 앞에 9년 간의 치수로 쌓은 제방은 무용지물이 되었던 것이다. 많은 백성들이 피해를 본 터라 순임금은 그 책임을 물어 곤을 처형할 수밖에 없었다. 그리고 그 자리에 곤의 아들인 우를 임명했다.

우는 아버지 곤의 치수 현장에서 어릴 때부터 지켜보며 자라 아버지의 제방법, 치수법도법堵法의 우수함을 잘 알고 있었다. 우는 아버지 곤이 공적을 이루지 못해 죽임을 당한 것이 마음 아팠으므로, 13년이나 떠돌면서 자기 집 문 앞을 지나가면서도 한 번도 들어가지 않았고, 치수 문제를 해결하기 위해 노력하였다. 우는 '이 훌륭한 제방법이 왜 치수의 기술로 먹히지 않은 걸까?' 고민했다. 최종적으로 결론을 내린다. "물을 막는 데는 한계가 있구나." 하는 것이었다.

그렇다면 '물은 어떻게 해야 하는 것일까?'

"물은 흘려 보내야 하는 것이다."

물은 도법道法, 단순히 막는 것이 아니라 결국은 흘러가도록 하는 소법疏法으로 치수의 방향을 틀어야 한다는 것이다.

물은 어디서부터 어디로 흐르는가? 위에서 아래로 흐른다. 지형을 파악하는 것이 급선무라고 생각한 우는 구주 천하, 천하 열국을 돌아다니며 지형을 파악했다. 그리고 파악한 지형에 따라 10년에 걸쳐 하천을 정비한다. 그때 우의 노력으로 정비된 하천이 북방의 황하, 남방의 장강이라고 한다. 큰 하천들이 전부 그때 정비된 셈이다. 물길이 잡히자 치수는 성공할 수 있었다. 백성들이 행복하니 나라는 자연스럽게 잘 다스려졌다.

우는 순임금으로부터 치수의 성공을 인정받아 상으로 나라까지 물려받기에 이른다. 치수에 성공했으니 치세 역시 성공할 것이라고 생각한 것이다. 우임금은 아홉 개의 산을 개간하고 아홉 개의 호수를 통하게 하였으며, 아홉 개 강의 물길을 텄고, 구주의 경계를 나누어 정하고 천하를 다스리기 시작했다. 순임금으로부터 물려받은 나라가 하夏나라다. 하나라 다음으로 은나라, 은나라 다음에 주나라로 이어지게 된다.

우임금에 관한 중국인들의 평가는 '사방으로 통하는 현명함'이다. 우임금의 치수 성공을 리더십의 성공으로 읽는다. 무엇을 말하는 것일까?

리더가 조직을 관리할 때 자기의 경험, 능력만 믿고 높다랗게 제방만 쌓아서 구성원과의 거리를 두는 것은 도법이다.

도법은 실패할 수 있다. 곤의 도법처럼 자신의 능력과 경험만 맹신하지 말라는 말이다. 우임금의 소법처럼 소통을 통해 구성원들을 이끌고 구성원들의 감정과 목소리가 잘 흘러갈 수 있도록 다스려야 리더십이 효과를 발휘할 수 있다.

스스로에게 비겁하지 않은 삶, 대장부

인생에서 짊어진 짐은 무거울수록 좋다.

_ 도쿠가와 이에야스

"부귀를 가졌어도 부패하지 않고, 가난하고 힘들어도 포부를 버리지 않고, 권위와 무력에도 굴복하지 않는다."

『맹자』 「등문공장구 藤文公章句」에 나오는 말이다.

『맹자』를 세 번 읽은 사람과는 시비하지 말라는 말이 있을 정도로 『맹자』의 매력은 설득력 있는 논리 전개라고 할 수 있는데, 특히나 「등문공장구」편에 나오는 대장부 관련 내용은 유독 마음에 들어 책상머리나 수첩에 적어두는 사람들도 많다고 한다.

맹자가 대장부의 자격에 대해 말한 문장이 실려 있는 단락의 전문은 다음과 같다.

"천하의 넓은 곳에 거하고 바른 자리에 서며, 큰 도를 행한다. 뜻을 얻으면 사람들과 함께하고, 얻지 못하면 홀로 그 도를 행하리라. 부귀를 가졌어도 부패하지 않고 가난하고 힘들어도 포부를 버리지 않고 권위와 무력에도 굴복하지 않는다. 이런 사람이라야 대장부라 부를 만하다."

대장부에 관한 앞의 두 문장은 맹자가 추구했던 '인의예지', 사람으로서 갖추어야 할 덕목을 위해 자신을 가다듬는 자세를 말하고 있다. 천하의 넓은 곳, 바른 자리에 선다는 것은 바른 자리에 자신의 몸을 두는 것, 처신을 바르게 하는 것이다. 이익이나 욕심만을 쫓아 옳지 못한 곳에 있거나 바르지 못한 행실을 하지 않고 큰 도에 따라 행하는 것이다. 그리고 성공만을 추구할 것이 아니라 더불어 사는 세상을 만들기 위해 노력하고, 비록 성공을 얻지 못하더라도 흔들리지 않는 꿋꿋한 삶을 살겠다고 다짐하는 것이다.

뒤의 문장은 어떠한 상황에서도 유혹이나 위력에 굴복하지 않는 자세, 대장부로서 취해야 할 구체적인 실천 강령이다. 맹자에게 대장부란 상황에 따라 쉽게 흔들리지 않으며 스스로를 든든히 지키는 사람이다.

『맹자』에서는 큰 용기를 말하면서 "스스로 돌이켜보아 옳지 않으면 비록 하찮은 것이라 해도 두렵고, 옳다면 비록 천만 대군이라도 두렵지 않다."고 했다.

용기란 상대의 권력이나 무력에 무턱대고 저항하는 것이 아니다. 대장부라면 욕심과 방탕의 유혹에서 절제하고, 가난과 권위 앞에서도 비굴하지 않아야 한다. 진정한 용기는 스스로에게 비겁하지 않은 올바름,

공명정대한 삶을 일관되게 살면서 꾸준하게 축적하는 힘에서 나온다.

맹자는 대장부로서 갖추어야 할 조건으로 다섯 가지를 제시했다.

첫째, 부동심不動心이다.

대장부는 유혹 앞에서 타협하지 않는다. 공자는 나이 40에 '부동심'이 되었다고 선언했다. 그 어떠한 풍파와 유혹에도 흔들리지 않는 부동의 마음을 갖는 것이다.

둘째, 선의후리先義後利다.

이익에 앞서서 옳음을 먼저 생각하는 것이다. 실리가 우선인가, 인간으로서의 의리가 우선인가에 대해 맹자는 단연코 "의를 행하면 이利는 저절로 따라오게 되어 있다."고 했다.

셋째, 호연지기浩然之氣다.

호연지기란 지극히 크고 강한 기운을 말한다. 그래서 맹자는 "잘못 기르면 해악을 미칠 수 있으니 굽은 마음이 아닌 곧음으로만 길러야 한다."고 했다.

넷째, 여민동락與民同樂이다.

대장부는 좋은 것을 더불어 즐긴다. 대장부는 "좋은 것이 있으면 나 혼자 즐기지 아니하고, 나를 따르는 조직원들과 함께 즐기라."는 의미다.

다섯째, 불인지심不忍之心이다.

차마 두고 보지 못하는 선한 마음을 말한다. 상대방의 입장에서 그 마음을 헤아리는 마음에는 '인·의·예·지'가 있다. 이 네 가지를 닦으면 대장부가 될 수 있다.

맹자는 대장부라면 어떤 상황에서도 스스로 절제할 수 있고 어떤 유혹에도 흔들리지 않는 '부동심'을 가져야 한다고 했다. 제자 공손추가 "선생님께서 제나라의 재상이 되면 반드시 제나라를 천하의 패권국으로 만들 수 있을 텐데 그러면 선생님의 마음은 흔들릴까요?"라고 묻자, 맹자는 "나는 마흔이 되면서 부동심을 가졌다"고 말했다.

하지만 맹자는 제후로부터 쓰임을 받지 못했다. 『맹자』는 전형적인 이상주의적 정치론을 담고 있었으나 맹자의 이상론은 제후들의 현실적 수요에 부응하지 못했기 때문이다.

공자도 "나는 마흔이 되어서 미혹되지 않았다"고 했다. 동아시아 문화권에서 마흔이라는 나이는 세상의 유혹과 어려움에 흔들리지 않는 시기다.

하지만 오늘날 '마흔'들에게는 세상이 결코 만만치 않다. 회사나 조직에서는 따르는 자리에서 이끄는 자리로 올라서는 시기다. 지금까지는 잘 좇기만 해도 충분했지만 이제부터는 사람을 이끌어가고 누군가를 책임지는 자리에 서야 한다.

무엇인가를 짊어지다 보면 갖가지 어려움과 맞닥뜨리게 된다. 때로는 그 어려움 앞에서 타협이라는 유혹에 굴복하고 싶을 때도 있을 것이다. 리더에게는 그러한 유혹을 이겨내야 할 의무가 있다. 중요한 갈림길에서 결단을 내리는 것 또한 리더의 몫이다. 당연히 그 결과도 고스란히 혼자 짊어져야 한다. 고비마다 힘겹고 무거워 손을 놓고 싶을 수도 있다. 그러나 함께하는 사람들이 당신을 바라보고 있는 한 도망칠 수도 없다.

"부귀를 가졌어도 부패하지 않고, 가난하고 힘들어도 포부를 버리지 않고, 권위와 무력에도 굴복하지 않는다."

우리는 리더로 인정받았을 때 규모에 상관없이 누군가를 이끌고 방향을 제시하는 책임 또한 함께 받게 된다. 그 자리가 외롭고 힘들다고 느껴질 때 스스로에게 선물할 수 있는 말이다.

말은 세상을 향해 선포하는 것이지만 스스로에게 다짐하는 것이기도 하다. 소리 내어 말하지 않고 겉으로 드러내지 않으며 다만 꿋꿋하게 대장부의 길을 갈 것, 그렇게 묵묵히 길을 걷다 보면 뒤따라오는 이들이 그 발자국을 좇아 배울 것이다. 이끌지 말고 따르게 하는 것이 진정한 리더십이다.

서문표의 혁신과
위 문후의 리더십

좋은 옛 것보다 나쁜 새 것이 낫다.

_ 베르톨트 브레히트Bertolt Brecht

중국의 역사상 춘추전국春秋戰國시대는 대략 B.C 770년 주周 왕조의 천도 후부터 BC. 221년 진시황에 의해 통일될 때까지 약 550년 동안의 시기를 일컫는다. 전반기 약 300년 동안을 춘추시대B.C 770 ~BC 473라 하고, 그 이후를 전국시대라 부른다.

춘추시대에는 왕실에서 왕실의 일가친척 및 관료들에게 영지를 나누어 주고分封 이들이 제후로서 자신이 받은 지역을 다스리게 하는 봉건제도를 실시했다. 이 시대의 군주를 후候라 칭했고, 왕을 높이고 오랑캐를 배척한다는 뜻의 존왕양이尊王攘夷 사상을 숭상하였다.

그러다가 세대가 지날수록 한 핏줄이라는 개념도 옅어지고, 이웃한 제후국 간에 영토분쟁도 생기고, 또한 천자의 나라인 주周나라가 쇠퇴해지면서 존왕양이의 정신은 점점 사라져 갔다. 오로지 약육강식의 논리만 남아 춘추시대 초기에 1,800여 개나 되던 제후국이 거의 멸망하고, 전국시대에는 진秦 · 초楚 · 연燕 · 제齊 · 한韓 · 위魏 · 조趙의 전국 칠웅만이 남아 군주를 '왕王'이라 칭하는 등 지방분권에서 중앙집권체제로 변모해가게 되었다.

살아남은 나라와 사라진 나라의 차이가 무엇인가에 대해 사마천은 '개혁改革'의 성공 여부에서 그 답을 찾고 있다. 즉 다른 나라에 병합되지 않고 살아남기 위해서는 부국강병을 하지 않을 수 없고 이를 위해서는 개혁을 실시해야만 했다. 이러한 개혁을 위해서는 이론적 뒷받침이 필수적이었고, 이러한 시대적 요구에 의해 수많은 이론가와 사상가들이 등장하여 백화제방百花齊放 혹은 백가쟁명百家爭鳴의 시대가 꽃피게 된 것이다.

전국시대 초기에 제일 강성한 나라는 위나라였다. 위나라의 군주인 문후文侯는 최초의 개혁 군주라 할 수 있는데, 현자를 존경하고 인재의 등용에 적극적이었다. 오기군사, 이괴경제, 서문표행정 등 수많은 전문가그룹이 그를 도와 위나라를 전국시대 첫 패권국가로 만들었다.

서문표西門豹는 행정 전문가로 위나라 안읍安邑 사람이다. 생몰 연도는 명확하지 않으나 전국시대 첫 패권국가인 위나라 문후魏文侯, 재위: B.C 446년 ~BC. 396 재위 연간에 살았던 정치가이다.

서문표는 위 문후 때에 업鄴 지역의 태수太守가 되어 12곳이 운하運河를 개통했으며, 황하의 물을 민전民田에 끌어들여 농업 발전에 큰 공헌을 하면서 수리水利 전문가로도 이름을 날렸다.

'서문표'는 신상필벌과 인재를 모든 정치의 핵심으로 보았던 조조가 존경했던 인물로 알려져 있다. 조조는 죽기 전에 "나를 서문표 사당 근처에 묻어달라"고 했다니 얼마나 서문표를 존경했는지 알 수 있다.

서문표는 공자의 제자로 '공문십철孔門十哲'로 꼽히는 자하子夏 수하에서 학문을 배웠다. 위 문후는 자하를 스승으로 모시고 경전과 예를 배우는 한편 국정에 자문을 구했는데, 이때 자하의 문하생으로 문후의 핵심 인재로 발탁된 사람이 서문표다.

서문표는 업 지역을 다스리면서 청렴, 극기, 결백, 성실로 개인적인 이익은 털끝만큼도 도모하지 않았으므로 그의 개혁 드라이브는 성공적이었다. 서문표가 백성을 위주로 정치를 하면서 백성들은 살기 좋아졌지만 반대로 왕의 측근 신하들에게는 자연스럽게 소홀히 할 수밖에 없었고, 이에 근신들은 서문표를 모함하고 헐뜯고 비방하기 시작했다. 행정 전문가인 서문표도 왕의 측근들과 부패한 고관들로 인해 많은 어려움을 겪었다.

당시 지방관이 1년에 한 번씩, 그리고 몇 년에 한 번씩 올리는 실적 보고서를 상계上計라고 했는데, 상계에는 재정 보고뿐만 아니라 정치적 성과에 대한 보고도 포함되어 있었다. 따라서 상세는 인사고과考課에 반영되는 중요한 기준이었다. 그런데 상계가 문후에게 바로 올라가지 않고 그의 총애를 받는 측근에게 먼저 선해지는 경우가 많았다. 이 과정에서 측근에게 바치는 뇌물이 줄을 이었고, 당연히 비리로 이어지곤 했다.

서문표의 회계 보고는 늘 꼼꼼하고 정직했으며 부정한 짓을 할 줄 모르는 청백리였으므로 측근들에게 뇌물을 바치지 않다 보니 문후의 측근 대신들에게 미운털이 박힌 서문표의 인사고과는 늘 꼴찌였다.

문후는 시정을 보고하기 위해 도성에 들른 서문표를 보자 측근들의 이야기만 듣고는 그가 정치를 잘못한 것을 꾸짖으며 태수의 직위에서 파면하려고 했다. 이에 서문표는 문후에게 1년만 시간을 더 주면 그동안의 실정을 만회해 보겠다고 요청해 문후에게 허락을 받았다.

서문표는 임지로 돌아오자마자 다른 관리들처럼 백성들로부터 세금을 철저히 징수하고 재물을 긁어모아 문후의 주변에 있던 총신들과 측근들에게 뇌물을 보내 그들의 환심을 사는 데 노력했다. 약속한 1년이 지나자 서문표의 고과 성적은 단연 으뜸이었다. 문후는 1년 만에 정반대로 달라진 서문표의 성적표를 보고는 그를 불러 칭찬하면서 그동안 어떻게 했기에 업 땅이 잘 다스려졌는지 비결을 물었다.

서문표는 비장한 어조로 진언했다.

"소신이 처음 부임해서는 백성들을 위해 세금을 적게 걷으며 선정을 베푸는 데만 진력하여 군주의 측근들과 총신寵臣들에게 아무것도 바치지 않았습니다. 그래서 군주의 주변 사람들이 저를 헐뜯게 되어 군주의 책망까지 듣게 된 것입니다. 소신은 군주를 위해 업 땅을 통치했는데도 관인을 회수하려 하신 적이 있었습니다.

그래서 다시 1년의 말미를 얻어 임지로 돌아간 다음에는 근신들을 위해 백성들에게 세금을 가혹하게 걷고 수단과 방법을 가리지 않고 재물을 긁어모아 군주의 측근들과 총신들에게 뇌물로 바쳤습니다. 그러자 저에 대한 평판이 높아지고, 백성들에게 선정을 베풀었다고 전해져 군주의 칭찬까지 받게 된 것입니다. 정사는 뒷전이고 측근들에게 잘 보이기만 하면 군주의 눈을 가리고 귀를 막으면 무슨 일이든지 될 수 있다는 것을 저는 몸소 겪었습니다. 이래서는 나라가 잘 될 수가 없습니다."

위 문후는 서문표의 말을 듣고 자기의 잘못을 사과하며 계속해서 업도를 맡아 선정을 베풀어 달라고 청했다. 그러나 서문표는 관인을 스스로 내놓고 사직하고자 했다. 당황한 문후가 관인을 돌려 주며 말했다. "나는 지금까지 그대를 알지 못했으나 이제야 비로소 알았으니, 이번에는 부디 나를 위해 업을 다스려 주시오."

하지만 끝내 서문표는 저간의 사정을 설명한 뒤 사직서를 제출하고 낙향했다.

문후는 이로써 정치는 맑게 해야 하는데 측근들이 중간에서 장막을 치고 농간을 부리니, 제대로 정치를 하는 사람들은 쫓겨나고 정치를 엉망으로 하는 사람들만 승진한다는 것을 알게 되었다. 문후는 자세한 상황을 조사하여 관련된 모든 대신들을 면직시키고 심한 경우에는 중형을 내렸다. 그리고 서문표를 다시 불렀으나, 서문표는 병을 핑계로 응하지 않았다.

하지만 위 문후는 역사에 남는 위대한 군주답게 끈질기게 그를 설득하여 재등용함으로써 부강한 나라의 기틀을 공고히 한다.

유방의 소통 리더십

A급 선수들로 이루어진 작은 팀은 B급이나
C급 선수들로 이루어진 거대한 팀을 능가할 수 있다.

_ 스티브 잡스Steve Jobs

높은 자리에 오를수록 리더가 행하기 어려운 덕목, 소통疏通. 소통을 통해 리더십을 잘 발휘해 칭송받는 리더가 있는 반면 불통으로 비난받는 리더가 있다.

중국 진나라 시황제가 죽은 후 항우와 유방은 천하를 차지하기 위해 싸웠다. 항우와 유방이 천하를 두고 다툰 이 전쟁을 초한전쟁이라 한다. 출발점에서 한참 앞서 있던 항우가 결국 유방에게 패한 것은 인재들과 소통하지 못하고 그들을 제대로 활용하지 못했기 때문이다. 즉 리더십이 부족했기에 패했다. 인재가 많았음에도 항우는 그 인재들을 알아보는 안목도 없었고 그들을 활용하는 리더십도 없었다.

"유방을 지금 제거하지 않으면 큰 화를 당할 것입니다"

범증은 유방의 야심을 눈치채고 항우에게 유방을 제거할 것을 간언했지만 항우는 듣지 않았다. 항우는 한신과 진평도 떠나도록 만들었는데, 한신은 "아무리 계책을 많이 내놓아도 써 주지를 않으니 무슨 소용이 있겠는가?"라며 유방에게로 가버렸다. 진평 역시 "천하의 대국은 이미 유방의 것으로 정해졌다"며 항우를 떠났다.

반면 유방이 승리한 데에는 인재들의 말을 새겨들은 소통의 리더십이 있었기 때문에 가능했다. 장량, 소하, 한신과 같은 '서한삼걸西漢三傑'로 추앙받는 인재들이 유방의 부족한 부분을 채워 주었기 때문에 전세를 뒤집고 천하를 통일할 수 있었다.

천하를 통일한 뒤에 자기 고향으로 돌아온 유방은 마을 사람들을 초대한 자리에서 대풍가大風歌를 불렀다. 젊은 시절 건달이었던 유방이 천하의 주인이 되어 귀향했으니 얼마나 폼을 잡았을까?

大風起兮雲飛揚 (대풍기혜운비양)

威加海內兮歸故鄕 (위가해내혜귀고향)

安得猛士兮守四方 (안득맹사혜수사방)

큰바람 일어나니 구름을 날렸도다

내 위엄을 천하에 떨치고 고향으로 돌아왔노라.

이제 어떻게 하면 용맹한 인물을 얻어 천하를 지킬 것인가.

승리의 찬가인 대풍가의 대척점에 항우의 '해하가垓下歌'가 있다. 해하垓

下는 사면초가四面楚歌의 배경이 되는 지역이다.

항우는 귀족 출신이었기에 뛰어난 참모들이 많았다. 워낙 싸움을 잘 했던 탓에 초반에 항우는 잘 나갔다. 항우가 고함만 질러도 유방의 군대 는 혼비백산하며 도망치기 바빴다. 막강한 힘을 자랑했던 항우의 정병 들은 진나라 군대도 물리칠 만큼 강병이었다. 그래서 처음에 유방은 항 우를 당할 수가 없어 도망치기에 바빴다.

하지만 그토록 강했던 항우는 유방과 해하전투에서 천하를 차지하기 위한 마지막 승부에서 자기가 떠나보냈던 한신에게 패하고 말았다. 한 신은 항우의 군대를 포위한 상황에서 군대로 하여금 사방에서 초나라의 노래를 부르게 했다는 고사성어가 만들어진 배경이 된 결전이다.

초나라 노래를 들은 병사들이 하나둘 탈영하면서 그 용맹하던 군대가 급격히 무너지기 시작했다. 그때 장막에서 어떻게 하면 이 상황을 돌파 할 수 있을까 고심하던 항우가 이 노래 소리를 듣게 된다. 순간 항우는 직감했을 것이다. '아, 졌구나.' 천하를 놓고 싸운 이 전쟁에서 내게 적 수가 되지 못했던 저 유방한테 결국은 졌구나. 비통한 마음을 금할 길이 없어 장막에서 함께 기거하던 우희를 부른다.

우희가 자기 집앞에 있는 커다란 청동 솥을 드는 사람과 결혼하겠다고 하자 항우가 그 솥을 들어 우희를 차지했고, 그 소문을 들은 강동의 젊은 이 8,000명이 그날로 항우에게 달려와 부하가 되었다고 하는데, 일거양 득一擧兩得, 솥 한번 들고 미인과 군대를 얻었다는 데서 유래한 말이다.

항우가 우희와 함께 해하에서의 마지막 주연을 벌이다 비감에 젖어 부른 노래가 해하가이다. 『사기』 「항우본기」에 노래가 전한다. 중국의 전통 경극 패왕별희라는 영화에도 나온다.

力拔山兮氣蓋世 (역발산혜기개세)

時不利兮騅不逝 (시불리혜추불서)

騅不逝兮可奈何 (추불서혜가내하)

虞兮虞兮奈若何 (우혜우혜내약하)

힘은 산을 뽑을 만하고 기개는 세상을 덮었네.

때가 불리해 오추마가 나아가지 않네.

오추마가 달리지 않으니 이를 어찌할 것인가.

우희야 우희야 내 너를 어찌한단 말이냐.

_「해하가垓下歌」

유방의 대풍가와 항우의 해하가가 우리에게 전하는 메시지는 무엇일까? 승리의 찬가인 대풍가에 비하면 해하가는 패배자의 노래요, 절망의 노래이다. 우희는 이 노래를 듣고 자결하고 항우는 우희의 시신을 오추마에 태운 뒤 탈출을 시도하지만 격렬한 싸움에서 우희의 시신을 놓친다. 버려진 우희의 시신은 나중에 초나라 병사들이 거두어 무덤에 안장했다고 전한다.

항우는 800명의 기병과 함께 탈출에 성공하지만 한신의 군대는 계속 항우를 추격하였고, 마지막 해하전투에서 패해 오강烏江까지 쫓긴 항우는 '권토중래해서 재기하자'는 부하의 권고에 "부하들을 다 죽인 내가 무슨 면목으로 오강을 건넌단 말이냐?"면서 치욕을 견디지 못하고 자결하고 만다.

항우는 죽기 전에 하늘을 원망한다.

"내가 강동의 8,000여 자제와 함께 군사를 일으킨 지 8년 동안 단 한 번도 패한 적이 없다. 내가 무슨 면목으로 강동으로 돌아가 그들의 부형을 대할 것인가? 내가 유방에게 지고 천하를 빼앗긴 것은 나의 실력이 부족해서 그런 것이 아니다. 이렇게 된 원인은 하늘이 나를 버려서이지 결코 내가 싸움을 못 해서 그런 것은 아니다."

파란만장한 31년의 생을 마감한 항우는 자결하는 마지막 순간에도 하늘을 탓하고 원망했다. 중국 역사에서 항우는 유방보다 더 영웅으로 대접을 받는다고 한다. 그의 군사적 재능은 유방이 도저히 따를 수 없었고 당시로서는 획기적인 전술이 많았기에 장막에 앉아서 천리 밖 승부를 결정짓는다는 장량, 진평 등 모사를 가졌던 유방도 연전연패를 거듭할 수밖에 없었다. 그랬던 항우가 마지막 전투에서 한신에게 단 한 번의 패배로 자신감을 상실하고 자결을 택한 것은 후세 사람들이 보기에는 안타까울 수밖에 없었을 것이다.

강동은 재기에 있어 무엇보다 좋은 지형적 환경을 가지고 있었고, 춘추오패의 양대 패자인 오와 월의 인적 자원이 그대로 살아 있는 지역이었다. 오나라로 돌아가면 충분히 재기할 수 있었음에도 패배의 치욕을 참지 못하고 자결하고 말았기 때문이다.

유방이 최후에 승리하고 천하를 얻은 데에는 과거의 경험도 작용했다. 항우는 유방에 비해 절대적인 전략적 우위에 있었는데, 7년 6개월 동안 한 번도 유방에게 패한 적이 없었다. 전세가 불리했고 패배의 치욕을 견뎌낸 유방은 끝까지 살아남았으나 항우는 마지막 전투에 패해 천하를 유방에게 넘겨 주고 말았다.

"항우야, 너는 왜 유방보다 훨씬 강력한 군대를 가졌고 훨씬 뛰어난 참모들이 있었는데 왜 유방에게 패했느냐?"

역사의 저편에 있던 항우를 역사가들이 역사의 심판대로 다시 불러내서 준엄하게 따지기 시작했다. 많은 사람들이 이야기했지만, 한나라 때 양웅이라는 학자는 '유방이 이기고 항우가 진 이유'에 대해 다음과 같이 정리했다.

유방은 다른 사람들의 제안을 잘 받아들였다. 많은 사람들의 책략 덕분에 유방 군대의 역량은 갈수록 강해졌다. 하지만 항우는 타인의 의견은 받아들이지 않았고 오직 자신의 용맹만 믿고 행동했다. 여러 사람의 책략이 모이면 승리할 것이요, 자기만의 용맹만을 믿으면 패배할 것이다. 항우가 패배한 것은 천명과는 아무런 관련이 없다. 그가 하늘을 원망한 것은 스스로 리더로서의 자질이 부족했음을 시인하는 것밖에 안 되는 것이다.

결국 유방이 승리한 책략은 여러 사람들의 힘을 모으고, 여러 사람들의 지혜를 모은 데 있었다. 이를 '군책군력群策群力'이라고 하는데, '많은 사람들의 지혜와 힘'을 말한다. 여러 사람들의 다양한 책략을, 다양한 판도의 분석을 모으면 전략이 된다. 이러한 군책군력이 유방이 승리한 비결이었다.

거기에 비하면 항우는 자신의 용맹만을 믿고 남의 의견을 들으려고 하지 않았다. 항상 자기가 판단하고 자기가 앞장섰던 것이다. 독단독행獨斷獨行. 그러다 보니 항우의 주변에 훌륭한 인새들이 많이 있었지만 결과적으로 그들은 아무 쓸모가 없었고 갈수록 군대 역량은 약화될 수밖에 없었던 것이다.

『사기』의 저자인 사마천은 조금 다른 시각을 가지고 있다. 항우가 참모와 부하들의 얘기를 듣지 않은 것은 독단독행이 아닌 투현질능妬賢嫉能이라고 말했다. 어질고 재주 있는 사람을 시기하고 미워했다는 것이다. 자기 부하들 중에서 자기보다 똑똑하고, 자기보다 현명하고, 자기보다 능력 있는 뛰어난 부하들을 시기하고 질투했다.

대표적인 부하가 바로 한신韓信이다. 한신은 처음에는 항우 밑에 있었다. 오래 병법을 공부했던 한신은 병법의 귀재로 불렸으며, 지금도 병선兵仙으로 추앙받는다. 유방을 사로잡을 수 있는 좋은 계책을 아무리 얘기해도 항우는 듣지 않았다.

"너보다 내가 경험이 많다. 너는 입을 다물라"며 한신의 계책을 묵살했다. 결국 한신은 불통의 항우를 떠나 유방에게로 돌아섰다. 항우와 달리, 유방은 소하의 의견을 받아들여 한신을 대장군으로 임명한다. 항우가 거들떠보지도 않던 한신을 유방은 최고사령관으로 임명한 것이다.

오싹하지 않은가? 리더의 안목과 선택이 나중에 어떤 결과를 초래했는지 생각해보라. 한신 외에 진평陳平이라는 인물도 항우로부터 배제되자 결국 유방에게 돌아섰다. 유일하게 남아 있던 책사 범증范增도 진평의 이간책에 걸려든 항우가 독단과 불신으로 배척하자 화병이 나서 결국 항우를 떠나 쓸쓸히 죽고 말았다.

이런 상황을 소통과 불통으로 얘기하자면 유방은 끝없는 소통 속에서 군책 군력으로 자신의 역량을 극대화하여 천하를 차지했다. 반면 항우는 유방보다 훨씬 좋은 조건과 환경 속에서도 자만과 아집에 매몰되어 끝까지 불통함으로써 한번 품었던 천하를 유방에게 내 주고 말았다.

리더들은 높은 자리에 오르면 오를수록 남의 얘기를 듣기 힘들다. 특히 자기 의견에 반대하고 자기와 견해를 달리하는 사람들의 의견을 듣기 싫어하는 게 인지상정이다. 이것을 넘어설 수 있는 리더가 사람들의 마음을 얻어 천하를 얻게 되는 것이다.

항우가 죽은 지 1,000여 년이 지난 어느 날 당나라 말기의 시인 두목 杜牧이 오강烏江을 지나가다 후일을 도모하지 않고 자결을 선택한 항우를 안타까워하며 〈제오강정題烏江亭〉을 지었다. 부끄러움을 참아냈으면 권토중래할 수 있는 기회가 있었을 텐데도 자결해버린 항우를 애석해 하며 두목은 이 시를 읊었다. "승패는 병가지상사다, 수치를 견디고 치욕을 감당하는 것이 남자다." 라고 말한다.

勝敗兵家不可期 (승패병가불가기)

包羞忍恥是男兒 (포수인치시남아)

江東子弟多豪傑 (강동자제다몽걸)

捲土重來未可知 (권토중래미가지)

승패는 병가도 기약할 수 없는 일

부끄러움을 삭히면서 참는 자가 남아다.

강동의 자제들 가운데는 호걸들이 많지만

흙먼지를 일으키며 다시 쳐들어올지 아직은 알 수가 없구나.

만약 유방이 항우와 같은 상황에 처했다면 어땠을까? 유방이라면 일단 후퇴해 다른 때 재기를 모색했을 것이다. 유방은 '인내하고 참고 버티는 것, 끝까지 살아남는 게 이기는 것'이라는 교훈을 우리에게 알려준다.

〈제오강정題烏江亭〉은 마오쩌둥이 좋아했다고 한다. 항우의 자결을 비판적으로 보았던 마오는 이 시를 아래와 같이 해석했다.

승패는 병가도 기약할 수 없으니
치욕을 참고 견디는 것이 사나이라
강동의 자제 중에는 인재가 많으니
땅을 찾아 다시 올 날을 그 누가 알랴!

순간의 치욕을 무릅쓰고 오강을 건너 도망갔어야 하며 살아남아서 권토중래하여 재기의 기회를 노렸어야 한다는 것이다. 강한 자가 살아남는 것이 아니라 살아남는 자가 강한 자라는 말이 있다. 수단 방법 가리지 말고 살아남아야 한다. 장제스와 싸우며 12,000킬로미터를 도망다녔지만 결국에는 중국의 패권을 잡은 마오처럼 끈질기게 살아남아야 인생에서 성공할 기회가 생긴다.

읍참마속, 리더의 신상필벌

정당한 보상은 낭비가 아니고 정당한 형벌은 포악이 아니다.

공로가 있으면 상을 주고 죄가 있으면 반드시 벌을 주어야 싸우게 할 수 있다.

_『한비자』

'신상필벌信賞必罰'은 현대 조직관리의 기본이다. 신상필벌에 관해 이야기할 때 가장 많이 인용하는 것이 '읍참마속'이다. 신상필벌, 공로가 있는 사람에게는 상을 주고 죄가 있는 사람에게는 죄를 묻는다는 말이다. 즉 상과 벌을 공정하고 엄격하게 하는 것을 말하는 것이다. 법가사상을 주장한 『한비자』에 전한다.

한비는 전국시대에 한나라 왕에세 다른 나라에 침략딩하지 않으려면 무엇보다도 먼저 '부국강병'을 이룩해야만 한다고 주장했다. 그러기 위해서는 군주가 직접 강력한 통치권을 갖고 나라를 디스려야 한다고 했다. 한비자는 군주가 권력을 강화하기 위해서는 빈틈없는 통치 수단을 마련해야 한다고 했다. 한비자는 군주가 자기 마음대로 신하를 부릴 수 있는 방법으로 두 가지, 즉 하나는 '상賞', 다른 하나는 '벌罰'이라고 보았다. 이른바 '신상필벌'을 강조했다.

2천 년도 더 지난 지금도 국가나 회사를 경영할 때 적용된다니 한비의 통찰과 혜안이 놀라울 뿐이다.

요즘이라고 크게 달라진 것이 없지만 특히, 난세에는 사람 한번 잘못 쓰면 자신이 죽는 것은 물론이고 자신이 쌓아온 모든 것들이 한순간에 사라질 수도 있다.

유비는 타고난 것에 더해 나이가 들면서 산전수전 경험을 쌓고 또 여러 전투를 겪으면서 실전 감각까지 단련되어 사람 보는 눈 하나는 신의 경지에 올랐다는 평가를 받는다. 그래서 유비는 제갈량과 달리 마속馬謖을 그렇게 좋게 보지만은 않았다. 그래서 유언을 남길 때 마속에 관해서도 한마디 하는데 여기서 마속에 관한 첫 고사성어가 생기게 되었다. '언과기실言過其實', 즉 "마속은 말이 실제보다 지나치게 앞서 크게 쓸 인물이 아니니 그대가 깊이 살피시오." 라는 말이다. 죽음의 순간에는 일반인도 할 말이 많을 텐데 한 나라의 황제가 군이 특정 인물을 언급했다는 것은 제갈량이 마속을 얼마나 아꼈는지, 직접적으로 언급한 것만 봐도 유비 입장에서 어지간히 걱정이 되는 수준이었던 것 같다.

촉한의 초대 황제 유비는 이릉대전에서 대패한 후 "반드시 북방을 수복하라"는 유언을 남겼다. 촉의 승상 제갈량은 2대 황제 유선에게 '출사표'를 올리고 위나라 1차 북벌을 감행했다. 유비가 죽고 난 후 위나라도 황제가 죽은 지 얼마 되지 않아 어수선한 탓에 촉나라를 주목하지 않았다. 반면 촉은 오랜 기간 모든 것을 집중해 전쟁 준비를 했고 1차 북벌은 위나라가 생각하지 못한 코스로 진격해 위나라의 허를 찔렀다. 그야말로 신의 한 수였다.

하지만 1차 북벌의 가장 핵심 거점이었던 가정衛亭 지역을 지키는 데에 마속을 보냄으로써 제갈량은 이후 북벌까지 발목을 잡히게 된다.

마속은 실전 경험이 없었지만 병법에 대해서는 누구에게도 뒤지지 않는다고 생각했다. 제갈량의 총애를 받는 유망주인 만큼 자부심과 자만심 또한 굉장히 컸다. 제갈량은 북벌을 앞두고 보급의 전략 요충지인 가정을 지킬 장수를 선발하게 되는데 마속이 자청했다. 제갈량이 주저하자 마속은 "내 능력으로 그 정도도 못하겠느냐." 라면서 "만약 실패하면 목을 내 놓겠다"고 호언장담을 하자, 군령장을 쓰고 나서야 제갈량은 마속을 참군參軍으로 삼고 휘하에 백전노장 왕평과 함께 가정으로 보냈다.

두 사람이 떠난 뒤에도 공명은 안심이 되지 않았다. 공명은 고상을 열류성으로 보내 가정이 위태로워지면 구원하라고 지시한다. 그래도 안심이 되지 않았다. 그는 마속이 비록 재주는 있으나 허황함을 알고 있었다. 그러나 인간적으로 너무 아끼는 게 문제였다. 그러다보니 냉정해야 할 자리에서 사심이 작용했던 것이다. 결국, 공명은 위연까지 가정 뒤쪽에 주둔하게 한다. 애초에 가정으로 믿을 만한 장수만 보냈으면 이렇게 과도한 병력을 동원하지 않아도 될 일이었다.

가정에 도착한 마속과 왕평은 생각이 달랐다. 왕평은 제갈량이 지키라고 했으니 길목에 강력한 방어진을 구축하자고 했다. 반면 마속은 가정에 도착해 현장을 보니 어떤 생각에 확신을 갖게 되었다. 마속은 산의 사면이 모두 막혀 있으니 산 위에 군사를 주둔하고 적을 끌어들인 뒤에 높은 곳에서 아래를 내려다보며 적을 공격하기 좋겠다고 판단했다.

전투에 있어 고지대 점령의 이점은 어린아이도 알 수 있는 명백한 사실이다. 남들보다 똑똑하다고 인정받고 또 본인이 그것을 느끼고 있는 사람들은 고집이 센 사람들이 많다. 온갖 전략들이 머릿속에 들어 있고 아직은 젊은 마속으로서는 방어전략이 욕구불만이었을 것이다. 그리고 첫 전투 경험은 자신에게 큰 의미를 가지게 되니 첫 실전에서 방어만 하는 수동적인 자세로 임하기보다는 공격하는 적극적인 자세로 승리를 거두는 게 훨씬 값진 것이라는 생각도 들었을 것이다. 어쩌면 마속은 산전수전 다 겪은 백전노장 장합을 상대로 지키면서 버티는 게 아니라 적장을 죽이거나 사로잡을 수 있다는 생각을 했던 것 같다. 마속을 빈 깡통에 비유했던 유비조차 가장 두려워했던 장수가 장합이었으니 마속 입장에서는 더욱 욕심이 났을 것이다. 첫 전투 참가에서 이보다 더 짜릿하고 큰 성취감은 없었을 테니까.

정석으로 승부하는 것보다 남들이 선택하지 않은 길을 선택해 성공한 사람이 더 찬양받는 것은 어느 시대나 마찬가지다. 상식적인 선택은 승률이 높을 수 있겠지만 그만큼 성공은 당연한 것이고, 반대로 도박과 같은 선택은 승률은 낮아지고 실패가 당연한 거라 여겨지는 것이 보통이다. 마속의 병법 이론은 제갈량도 인정할 정도로 해박했던 만큼 이길 수도 있겠다는 생각이 들었을 것이다. 나중에 가서 '이렇게 했어야지, 저렇게 했어야지' 결과를 보고 말하기는 쉽지만 선택을 해야 하는 순간에는 누구도 알 수가 없다.

하지만 마속은 수를 너무 멀리 읽은 나머지 신의 한 수가 아닌 돌이킬 수 없는 '악수'를 두고 말았다. 성공한다면 중책을 맡기는 것에 반대했던 사람들도 그 능력을 인정하게 만들 수도 있고 무엇보다 제갈량이 아꼈던 재능을 마음껏 펼칠 수 있었을 것이다. 사실 누구도 생각하지 못할 기발한 아이디어라는 게 단지 누구도 실행하지 않았을 뿐인 버려졌던 선택지일 수도 있다. 물론 과정이 아닌 결과에 따라 변하는 말이지만 한 번쯤 그런 경험은 있을 것이다.

공을 세우고 싶었던 마속은 '중요 길목을 지키라'는 제갈량의 작전 지시도 무시하고 실전 경력이 많은 왕평의 만류에도 불구하고 고지대 점령의 이점을 주장하며 결국 산 정상에 진을 쳤다.

하지만 마속의 예상과는 다르게 위나라 군은 전투에 조급해 하지 않았다. 가정에 도착한 장합은 위나라 사마의가 지시한 대로 산을 오르기 보다는 산 밑을 포위하고 우선 식수를 차단했다. 무더운 날씨와 기갈에 시달린 촉군은 혼란에 빠졌고 날이 갈수록 위군에 투항하는 군사들이 늘어났다. 여기에 위나라는 바람의 방향이 바뀌자 산기슭에 불을 놓았다. 마속은 남은 군사들을 수습해 산 서쪽으로 달아났다. 다행히 산 아래 진을 치고 있던 왕평이 휘하의 적은 군사로 신고를 치고 영채를 지키자 장합은 복병이 있을까 의심하여 더 압박을 하지 않아 마속은 그나마 남은 병사들을 정리하여 후퇴할 수 있었다. 제갈공명이 꿈꾸던 북벌의 원대한 계획이 무너지는 순간이었다.

'승패병가지상사勝敗兵家之常事'라는 말처럼 전쟁은 이기기도 하고 지기도 하는 것이라 패배의 책임을 묻기에는 어려움이 있다는 말도 있다. 능력 부족으로 인한 실패라면 다음부터는 중용하지 않으면 된다. 책임은 오히려 지휘관에게 더 크게 있는 것이겠지만, 자신의 지식만 과신한 마속은 독단으로 고집을 부렸고 전투에서 가장 중요한 식수 확보를 포기하고 스스로를 고립시키는 정상적인 상태에서는 말도 안 되는 선택을 했고, 국가에서 추진하는 가장 큰 대업을 스스로 떠맡았음에도 최고 지휘관의 명령을 어기는 상식 밖의 잘못을 했다.

이로 인해 촉나라는 전쟁을 포기하고 철수하는 수밖에 없었다. 단 한 번, 단 한 곳에서의 실수가 전체 전략을 뒤엎고 우세했던 전세를 단번에 뒤집어 버렸다.

많은 희생을 치르고 돌아와 사태를 수습한 후, 제갈량은 부하 장수들이 마속의 처분에 대한 자신의 결정을 지켜보자, 기강을 위해 마속에게 패배의 책임을 물었다. 형제와 같이 지내고 때로 자식과 같이 아꼈던 마속을, 사적인 감정을 배제하고 군법대로 처형했다. 그리고 총사령관으로서 마속을 기용한 것과 패배의 책임을 물어 자신의 계급을 3단계 강등시켰다.

여기서 '읍참마속泣斬馬謖'이라는 고사성어가 생겼는데, 제갈량의 '읍참마속'은 '일벌백계'의 전형적 사례다.

평소 제갈량은 마속을 무척 아꼈다. 절친인 마량의 동생이기도 한 마속은 제갈량이 남만 정벌에 출전할 때 '공심위상攻心爲上'의 책략을 건의할 만큼 병법에도 일가견을 갖고 있었다. 그러나 가정전투에 선봉장으로 자원하여 장합에게 대패함으로써 1차 북벌의 실패를 가져오게 한 책임을 군령으로 다스릴 수밖에 없었다.

읍참마속은 군령의 준엄함을 보여줌으로써 전 장병에게 경종을 울렸다. 사실 제갈량은 "전쟁에서 한번 패배는 병가지상사니 결초보은할 수 있는 기회를 주자"는 주위의 만류를 핑계 삼아 마속을 용서해 줄 수도 있었다.

하지만 제갈량은 '일벌백계一罰百戒'로써 상벌은 원한을 피할 수 있고 나라를 부흥시킬 수 있는 것이라면서, 상은 공을 세우도록 장려하고 벌은 간사한 것을 금하기 위한 것이라 하여, 상을 내릴 때는 원수를 가리지 말아야 하고 벌을 줄 때는 친척을 가리지 말아야 한다고 했다.

제갈량은 눈물을 머금고 아끼던 마속을 죽임으로써 신상필벌을 공평무사하게 실시하는 리더의 참된 모습을 후세에까지 보여주는 교훈을 남겼던 것이다.

그런데 왜 제갈량은 눈물을 흘리며 마속의 목을 베었을까? 아끼던 부하라서 슬펐을까?

마속은 '백미白眉'라는 고사성어를 만든 마량의 다섯 동생 중 막내였다. 보통 인물이 아니라는 것을 알 수 있는 것이 마속을 만난 제갈량은 밤낮으로 옆에 끼고 살 정도로 아꼈고 특히, 병법에 뛰어나 참모로 삼았다. 그리고 바쁜 일과 중에도 더불어 병법을 논하는 것 외에노 사사로이 대화하는 것도 좋아했다.

그는 제갈량이 아꼈던 만큼이나 분명 뛰어난 인재였지만 자기 재주에 자만심이 컸다. 그래서 유비는 세상을 떠나면서 제갈량에게 "마속은 말이 너무 앞서고 사람들 평이 실제보다 부풀려 있으니 크게 쓸 재목이 아니다."라고 당부했던 것이다.

유비는 무예나 지략이 뛰어난 사람은 아니지만 사람을 보는 눈이 뛰어났다. 관우, 장비, 조자룡, 마초, 황충 … 특히 제갈량을 삼고초려까지 하면서 얻은 혜안을 가진 인물이었다.

유비와 함께 국가 전략을 의논했던 제갈량이 마속을 처형할 때 눈물을 흘린 이유는 선제 유비가 자신에게 남긴 유훈을 제대로 알아듣지 못한 자신이 한스러웠기 때문이었다. 자신의 오판으로 아끼던 마속을 죽인 것뿐만이 아니라 '북벌을 하라'는 유비의 유언마저 지키지 못했기 때문에 제갈량은 울었을 것이다.

당 태종의 소통 리더십 I

사람들이 잘못을 저지르는 것은 무지해서가 아니라
자신이 모든 것을 안다고 생각하기 때문이다.

_ 장 자크 루소Jean Jacques Rousseau

한 사람의 지식과 능력은 유한하므로 지도자는 언로를 넓히고 허심탄회하게 조언을 받아들여야 한다. 자신의 능력을 과신하여 독선적으로 행동하면 잘못을 저지를 수밖에 없다. 중국 역사에서 가장 유명한 황제는 당 태종 이세민이다. 중국에서는 역대 수많은 제왕들 중에서 최고의 명군으로 꼽으라면 사람들은 당 태종을 꼽는다.

당 태종은 장남인 태자 건성建成을 죽이고 황제에 오른 인물이나. 하지만 당 태종은 최고의 태평성대를 이끌며 그의 연호인 정관에서 딴 '정관의 치貞觀의 治'를 이루어 냈다. 일개 평범한 무장에서 상군이 되고, 황제가 되었으며, 백성을 최우선으로 여기며 경제, 문화, 교육, 군사 등 모든 면에서 공적을 남긴 당 태종, 그가 다스린 23여 년을 '정관의 치'라 부르는데, 당나라를 태평성대로 이끈 공덕을 높이는 의미이다.

후대의 지도자들이 당 태종의 업적 가운데 가장 높이 평가하는 부분은 '납간納諫'이다. 허심탄회하게 간언을 받아들인다는 찬사를 받은 날부터 신하들의 의견 수용을 통치의 최고 수단으로 삼았다. 이후 납간은 중국 정치 문화에서 군주가 실천해야 할 중요한 과제가 되었다.

신하들의 의견에 귀를 기울였던 당 태종은 태자에게도 납간을 하도록 교육했다. 그래서 교육의 '재료'가 될 만한 것을 보면 그 자리에서 태자를 가르쳤다. 예를 들어 태자와 배를 탔을 때는 『공자가어』에 나오는 '물은 배를 띄울 수 있지만 뒤집을 수도 있다. 백성이 물이라면 군주는 배와 같다.'는 말을 해 주었다. 또한 태자가 나무 밑에서 쉬는 모습을 보고서는 "나무를 곧게 자르려면 먹줄을 써야 하고, 군주가 지혜로워지려면 신하의 바른 말을 들어야 한다"는 금언을 들려 주었다. 당 태종은 당 왕조가 신하들의 간언을 잘 받아들이는 전통을 만들어 이어나가기를 바랐던 것이다.

신하들의 비판적인 의견을 들으려는 당 태종의 마음은 절실했다. 그는 항상 대신들에게 자신의 실수를 '숨김없이', '에두르지 말고' 말하도록 당부했다. 언젠가 신하들에게 자신에 관한 의견을 말하라고 하자 신하들은 "황상은 아무런 잘못도 없습니다."라고 대답했다. 기분이 많이 상한 당 태종은 바른말은 않고 아부만 한다고 꾸짖으면서 자신이 모든 신하의 장단점을 지적해서 고치도록 하겠다고 말했다. 그러고는 신하들을 한 사람씩 호명하며 장점과 단점을 열거했다고 한다.

『구당서』에 의하면 당 태종이 등극한 지 얼마 되지 않았을 때 서기관 장온고가 「대보잠」이라는 글을 올렸다. '대보'는 임금의 자리, '잠'은 경계한다는 의미다. 장온고는 천자에게 직접 삼가하라는 말을 할 수 없으므로 대보라는 이름을 붙인 것이다. '거고청비居高聽卑'라는 말을 사용했다. 천자는 높은 곳에 있어도 아래에 있는 백성들의 말을 제대로 들어야 한다는 뜻이다. 이 글은 의미심장하고 유려한 문장으로 요순 임금을 따르고, 걸왕과 주왕과 같은 폭군이 되어서는 안 된다는 충정을 전하고 있다. 당 태종은 장온고의 충언에 대한 답례로 비단을 하사하고, 그를 대리시경으로 승직시켰다. 당 태종이 이룬 '정관의 치'는 「대보잠」에 크게 힘입었다.

'당 태종이 왜 마음을 비우고 납간을 했는가?' 하는 문제에 대해서는 많은 해석이 있다. 그는 항상 '역사'와 '사람'을 강조했고 자신을 비춰보는 거울로 삼았다는 말에서 우리는 당 태종의 거울이 되었던 두 명의 역사적 인물을 떠올리게 된다. 그 두 사람은 바로 조조와 사마염이다.

진 무제晉武帝 사마염은 당 태종과 마찬가지로 중국 역사에서 평가가 극단적으로 갈리는 인물이다. 통치 후반기 진 무제는 주색에 빠져 정사를 돌보지 않았던 전형적인 폭군이었지만 당 태종은 진 무제를 존경하여 『진서晉書』 「본기」에 친필로 주를 달기도 했던 인물이기도 했다. 물론 당 태종이 진무제를 높이 샀던 것은 봉건 황제들에게서는 드물게 보이는 넓은 도량 때문이었지, 어리석은 폭군의 모습은 아니었을 것이다.

진 무제는 즉위해서 죽을 때까지 25년 동안 신하들을 지극히 너그러운 태도로 대했다. 존귀한 황제면서도 자신을 낮춤으로써 사람들을 포용했고, 막강한 권력을 함부로 행사하지도 않았다.

대쪽같이 곧은 인물로 유명한 유의劉毅는 "경은 짐이 한漢의 어느 황제와 비슷한 것 같은가?"라는 진 무제의 질문에 "용렬한 황제의 대명사인 환제와 영제 같은데, 어떤 때는 그들만도 못합니다." 라고 대답했다. 같은 자리에 있었던 대신들은 등골이 오싹해졌다. 황제의 면전에서 마치 비아냥거리듯이 직언을 한다는 것은 하늘 같은 전제 군주에게는 용납될 수 없는 행동이기 때문이다. 유의의 말이 떨어지기 무섭게 모두들 새파랗게 질렸지만 무제는 눈 하나 까딱하지 않고, 오히려 웃음 띤 얼굴로 "나의 덕이 옛사람들에게 미치지 못하지만 이렇게 바른말 하는 신하를 얻었으니 그들보다 낫다고 할 수 있겠구나." 라고 했다. 무제의 너그러움이 유의의 목숨을 구했다는 이 이야기는 역사적으로 매우 유명하다.

당 태종 역시 23년의 통치 기간 내내 '겸허한 마음'으로 '충성스런 건의'를 잘 받아들이는 것을 치국의 원칙으로 삼았다. 제왕의 권위로 억압하지 않고, 직언을 하는 신하들을 벌하지 않았다. 위징의 경우, 죽기 전까지 200번이 넘는 상소를 올렸다고 한다. 신하가 할 말을 다 하고, 군주는 허심탄회하게 받아들이는 분위기는 정관시대 전체를 관통했고 '정관의 치'를 완성시킬 수 있었다. 중국의 정치 전통에서 매우 특이한 현상이었고, 당 태종은 이로 인해 천고의 명군으로 존경을 받고 있다.

제왕에게 있어 넓은 도량은 신하들의 날카로운 직언을 받아들이는 전제 조건으로, 정치력과 치국의 이념을 발휘하는 기초가 된다. 태종이 납간을 잘 할 수 있었던 것은 의심할 바 없이 진 무제의 관용에서 깊은 영향을 받았기 때문이다. 하지만 두 사람의 다른 점은, 태종이 관용의 정신을 최고로 발휘하여 자신을 비판하는 의견까지도 국정에 반영했다는 것이다. 이는 진 무제가 정치에 무능했던 사실과 선명하게 대비된다.

『정관정요』「정체政體」편에 따르면, 당 태종의 납간에 힘입은 성세는 아래와 같다고 전한다.

"관리들이 청렴하고, 상인들은 도적을 만나지 않았고, 감옥은 비었고, 소와 말을 야외에 방목했고, 집 대문을 잠그지 않았다. 매년 풍년이 들어 쌀 한 말에 3~4전에 불과했다. 경사에서 영표까지, 산동에서 창해까지 여행을 하는 동안 양식을 얻기가 쉬웠다. …(중략) 이런 모습은 역사적으로 전혀 없었다."

진 무제와 더불어 당 태종의 또 다른 거울이었던 조조는 반면교사적인 성격이 강했다. 조조가 당 태종으로 하여금 신하들을 신뢰하고, 일단 중용한 신하는 의심하지 말고 진정으로 대해야 한다는 사실을 절감하게 만든 것이다.

당 태종은 '조조는 간사하고 남을 속이는 인물'이라고 여러 차례 말한 바 있다. 그가 조조를 부정적으로 본 이유는 무엇일까? 배송지가 주석을 단 『삼국지』「조만전」에는 다음과 같은 이야기가 나온다.

"조조가 병사를 이끌고 전쟁에 나갔을 때 군량이 부족하자 담당자에게 대책을 물었다. 대답은 군량을 나눠줄 때 작은 되를 사용하면 된다는 것이었다. 조조는 좋은 생각이라며 그대로 시행하라고 했다. 얼마 후 병사들은 조조에게 기만당했다는 사실을 알아차렸다. 불만을 품은 병사들이 소란을 일으킬까 두려워진 조조는 군량 책임자를 불러 "그대의 죽음으로 분노한 무리들을 다스리지 않으면 사태가 심각해질 것 같다"고 했다. 그리고는 그의 얼굴에 '병사들에게 줄 양식을 착복한 죄인'이라는 글자를 쓴 뒤 효수형에 처했다.

당 태종은 이런 이야기들을 읽고 조조에 대해 반감 내지 혐오감을 갖게 된 것이다.

당 태종에 대한 칭송은 지나치다는 인상을 받을 수도 있다. 사실상 우리는 봉건 군주가 백성들을 그토록 끔찍하게 생각했으리라 믿기 힘들다. 하지만 언로를 넓혀 다양한 의견을 청취하면 올바른 정치를 할 수 있고, 백성과 사회는 그 혜택을 받게 된다. 물론 이런 현상이 제한적이고 짧았다는 아쉬움은 있다.

훌륭한 리더가 되려면 자기와 다르다고, 사소하다고 내팽개치지 않고 그것들을 품을 수 있어야 최고의 리더가 될 수 있다. 자기가 선 자리에서 겸청의 리더십을 잘 발휘할 수 있도록 소통해야 한다.

당 태종의 소통 리더십 II

기업에서 발생하는 문제의 60%는 커뮤니케이션 잘못에서 비롯된다.

_ 피터 드러커Peter Ferdinand Drucker

직언하는 부하가 있는가?

천자天子에게 직언을 하는 신하 일곱 명이 있으면

비록 자신이 도道가 없다 할지라도 천하天下를 잃지 않는다.

제후諸侯에게 직언을 하는 신하 다섯 명이 있으면

비록 제후가 도道가 없더라도 그 나라를 잃지 않는다.

대부大夫가 직언을 하는 가신家臣 세 사람을 두고 있으면 비록 내부가

막돼먹었어도 그 집을 잃지 않는다.

선비에게 직언을 하는 친구가 있으면 명예名譽가 그 신비의 몸에서 떠

나지 않으며

아버지에게 직언을 하는 자식이 있으면 그 아버지는 불의不義에 빠지지 않는다.

그런 까닭에 불의를 당하면 자식은 아버지에게 간諫하지 않을 수 없고, 신하는 임금에게 간하지 않을 수 없는 것이다.

『효경孝經』에 전하는 말이다.

내 의견에 반대하는 다른 사람들의 의견을 듣는 것은 동서고금을 통해 누구라도 쉽지 않다. 만약 남의 이야기를 잘 듣는다면 그 사람은 마음이 아주 넓은 사람이거나 지위가 아주 낮은 사람일 것이다. 지위가 높은 사람은 기본적으로 남의 의견, 특히 반대하는 의견은 잘 듣지 않는 습성이 있다.

뇌과학자들은 뇌를 구성하는 뉴런 중에 남의 말에 공감하는 '거울 뉴런mirror neuron'이라는 것이 있는데, 높은 지위에 올라갈수록 거울 뉴런이 작동이 잘 되지 않는다고 한다. 남의 의견에 귀를 기울이지 않는 것이 정상이라는 말이다.

조직의 리더가 훌륭한 리더인가 아닌가는 직언하는 부하가 있느냐 없느냐 여부다. 대부분 이 사실을 알지만 실천하는 사람은 드물다. 리더로서 왕관의 무게를 견디기 어렵다는 말이 나오는 이유가 거기에 있다.

모든 부하들이 리더에게 비위를 맞추고 있다면 망하는 조직이요, 자격 없는 리더다. 직언하는 부하가 있다는 것이 훌륭한 리더가 되느냐, 못 되느냐를 결정한다. 제대로 된 리더라면 직언하는 부하를 수용할 줄 알아야 한다.

세 개의 거울을 가졌는가?

"겸청즉명兼聽則明이요 편신즉혼偏信則昏이라"

당 태종이 위징과 함께 고금의 인물을 평한 적이 있었는데, "군주가 어찌하면 훌륭한 명군이 되고 어찌하면 어리석은 혼군이 되는가?"라고 묻자 준비한 듯 위징이 한 말이다. '두루 들으면 명군이 되고 한쪽 말만 믿으면 혼군이 된다'는 의미다.

겸청兼聽은 '반대편의 이야기까지 두루 듣는다'는 뜻이다. 찬성하는 사람은 물론 반대하는 사람들 얘기도 아울러 듣는 것이다. 나한테 아부하고 코드를 맞추는 신하의 얘기만 듣는 것이 아니라 반대하고 비판하는 신하의 얘기도 들어서 그것을 정책에 반영하려고 노력하는 것이 겸청이다. 그렇게만 하면 명군이 될 수 있다는 것이다.

한편 편신偏信은 한쪽으로 치우쳐 믿는 것을 말한다. 자기에게 아부하고, 색깔 맞추고, 코드 맞추는 사람들 얘기만 듣고 믿는 것이다. 그런 군주는 보나마나 혼군이며 어리석은 임금이다. 편신의 대표적인 인물이 진시황에 이어 2대 황제가 된 호해다. 호해는 다른 사람 얘기를 듣지 않았고 환관 조고의 말만 들었다. 결국 조고에게 죽임을 당하고 나라까지 잃고 말았다.

위징이 구구절절 설명을 하자 듣고 있던 당 태종이 무릎을 쳤다. '듣고 싶었던 치세의 방략, 진정한 치세의 방략이 겸청에 있었구나!' 당 태종은 더 마음을 열고, 귀를 열어 신하들의 참신한 의견은 물론 반대하는 의견에도 귀를 기울이고 받아들이기 위해 노력했다. 당 태종은 겸청의 리더십으로 '정관의 치貞觀之治'를 이룩했다. 중국을 통일하는 과정에서 전쟁의 상흔으로 백성들이 신음하고 있을 때 겸청의 리더십으로 나라가 안정되기 시작했고 치세의 조짐이 곳곳에서 드러났다. 반대되는 의견이라도 물리치지 않고 끌어안고 정책에 반영하기 위해 노력했던 당 태종은 겸청의 리더십으로 치세를 만들어 냈던 것이다.

당 태종이 위징을 비롯해 신하들과 논한 문답을 정리한『정관정요貞觀政要』는 나라와 백성을 위해 어떤 시스템을 만들고 어떤 마음가짐으로 대해야 하는지를 잘 보여 준다. 태종은 과거의 원한 관계를 탓하지 않고 필요한 인재를 끌어들이고 중임을 맡겼다. 모사인 방현령房玄齡과 결단성이 뛰어난 두여회杜如晦를 재상으로 삼자 사람들은 이들을 '방모두단房謀杜斷'이라고 했다. 특히 간관諫官의 직권을 확대하여 이들의 의견에 귀를 기울였는데, 그 대표적 인물이 위징魏徵이다. 위징이 태자 건성의 참모였을 때 태자에게 "이세민이 위험 인물이니 속히 제거해야 한다"고 간했던 인물임에도 불구하고 당 태종은 위징을 측근으로 삼았다. 직언을 서슴지 않던 위징의 충성스러운 행보를 높이 평가한 것이다.

위징의 간언을 받아들이기 위해 노력한 당 태종은 겸청의 리더십으로 국정을 운영했다. 위징은 자기 판단에서 이것이다 싶으면 황제의 위신이나 체면은 생각하지 않고 곧바로 직언했다.

"폐하, 폐하께서 윤허하신 그 정책은 틀렸습니다. 아무리 황제라도 그것은 안 됩니다."

황제와 독대한 곳이 아니라 대소신료들이 모두 지켜보는 데서 이야기한 것이다. 절대 황권을 가진 황제 입장에서는 얼마나 화가 날 것인가?

위징의 얘기를 들을 때마다 당 태종은 속에서는 천불이 올라와 얼굴이 붉으락 푸르락 했을 것이다. 보통 왕들 같으면 "저놈을 당장 끌어내목을 베라"고 했을 텐데 당 태종은 그 화를 누르고 위징의 의견을 받아들이면서 한 단계 한 단계 명군의 길로 올라섰다.

중국의 수많은 황제 가운데서도 당 태종은 군신 관계를 가장 잘 유지한 인물로 평가받고 있다. 스스로 신하들과 잘 어울리면서 '한 몸처럼 친하다'는 표현을 썼을 정도였고, 이에 관한 감동적인 이야기들이 적지 않다. 당 태종이 중국 역사상 손꼽히는 명군의 반열에 올라 '정관의 치'라는 태평성대를 이룩할 수 있었던 데에는 중국 역사상 가장 강직하고 타협을 모르는 강직함으로 직언을 서슴지 않았던 위징魏徵이라는 재상이 있었기 때문이다.

당 태종이 위징을 얼마나 신뢰했느냐를 알 수 있는 일화가 있다.

위징이 늙어 병들어 죽은 뒤에 그의 무덤을 찾은 당 태종이 통곡하며 하기를 "나에게는 세 가지 거울이 있다. 첫 번째는 내 의관을 바로 잡을 수 있게 해주는 청동거울이요, 두 번째는 나라가 흥망성쇠한 원인을 살필 수 있는 역사라는 거울이요, 세 번째는 절대권력자인 황세의 그릇된 사심을 바로잡을 수 있는 위징이라는 거울이다. 위징 앞에만 서면 내가 아무리 명분을 그럴싸하게 치장해도 나의 그릇된 사심을 낱낱이 까발리니 바로 잡지 않을 수 없다. 그런데 지금 위징이 죽었으니 거울이 하나

깨진 것이니 앞으로 어떤 거울로 나의 잘못된 점을 바로 잡을 것인가?"

세 가지 거울의 공통점을 한 단어로 집약한다면 성찰이다. '거울로 삼는다'는 말은 교훈으로 새기겠다는 뜻으로 사용된다. 자신의 명을 받드는 신하를 거울로 삼은 당 태종의 의중은 무엇이었을까?

신하를 귀감으로 삼는다는 말은 그가 얼마나 위대한 군주인가를 단적으로 보여 준다. 부강한 제국이었던 수나라가 하루아침에 멸망하는 모습으로부터 교훈을 얻은 당 태종은 자신의 결점과 과오를 직시하고자 했고, 신하들의 비판적인 의견을 받아들임으로써 정치적인 실수를 최소화하려 했다.

또한 당 태종이 고구려 원정을 실패하고 돌아오면서 탄식하기를 "위징이 살아 있었다면 고구려 원정을 찬성하지 않았을 것이다." 라고 말한 것만 봐도 당 태종이 위징을 어떻게 생각했는지 알 수 있다.

위징은 벼슬이 광록대부에까지 올랐는데, 당 태종은 그가 올린 절절한 상소를 새벽까지 읽었다고 한다. 태종은 밤을 새서 상소를 읽는 것은 문제가 되지 않으니 거리낄 것 없이 좋은 제언을 하라고 격려했다. 간언에 대한 당 태종의 기대감과 직언을 수용하는 넓은 도량은 실로 보통사람들이 짐작하기 힘든 경지였다.

물론 현대적인 관점에서 보면 당 태종이 비판적인 간언까지 수용했던 목적은 정치력을 제고하여 통치 기반을 강화하고, 더 나아가 천하를 대대로 보전하기 위해서였다.

만약 당 태종이 '자신은 전지전능하고 황제는 두려울 것이 없다'는 오만한 인물이었다면 「대보잠」 같은 충언에는 눈길도 주지 않았을 것이다. 말 한마디로 천하를 호령할 수 있었던 당시에 당 태종이 신하의 말을 듣지 않고 멋대로 행동하더라도 막을 수 없었을 것이다. 지금으로부터 1,300여 년 전의 봉건 제왕으로 신하들의 간언을 성의있게 받아들이기란 쉽지 않은 일이었기에 후세 지도자들의 귀감이 되기에 충분하다고 하는 것이다.

중국 역사상 신하들의 의견에 귀를 기울인 황제는 당 태종만이 아니다. 전국시대 제齊나라의 위왕威王은 추기騶忌의 간언을 받아들여 연·조·한·위나라를 제압할 수 있었다. 또한 한고조 유방 또한 천하를 두고 항우와 싸울 때 군사에 관해서는 한신, 전략을 비롯한 주요 결정은 장량에게 조언을 구해 천하를 통일하고 한나라의 기초를 군건히 했다.

황제로서 자의식이 강했던 당 태종 역시 처음에는 남의 얘기를 잘 듣지 않았는데, 이와 관련해 전해지는 일화가 있다.

가장 아끼는 작은 딸이 출가할 때 맏딸과는 비교도 되지 않을 정도로 많은 혼수를 해 주자 위징이 부당한 처사라고 비판했다. 이에 태종은 퇴청할 시간이 되지도 않았음에도 얼굴이 벌겋게 달아올라 욕을 하면서 내전으로 퇴근을 해버렸다. 그리고는 장손황후에게 "언젠가 그 촌뜨기를 죽이고야 말겠어!" 라고 소리를 질렀다. 황후가 사연을 묻자, "위징이 번번이 나를 창피 주는데 이번에는 넘어갈 수 없다. 신하로 둘 수 없다." 고 대답했다. 아무런 대꾸도 하지 않던 황후는 슬그머니 나가서 국가 행사 때나 입는 관복을 차려입고 나타나 당 태종에게 큰절을 올리며 축하한다고 말했다.

"소첩은 어릴 때부터 군왕의 도리에 대해 '군주가 올바르면 신하도 강직하다君明臣直'고 들었습니다. 지금 위징은 폐하의 신하로서 직언하는 신하입니다. 폐하의 신하 중에서 직언하는 신하가 있다는 것은 폐하께서 명군이라는 확실한 증거입니다. 그런 신하를 두신 폐하께 진심으로 경하를 올립니다."

장손황후의 말을 듣고 크게 깨달은 당 태종의 얼굴빛이 환해졌다.

"당신 말대로 위징이야말로 나를 명군으로 만든 훌륭한 직신이오. 내가 잠깐 화가 나서 그랬지 설마 죽이려고 그랬겠소."

당 태종도 대단하지만 장손황후의 내조 또한 얼마나 지혜로운가. 장손황후가 설파한 군명신직은 지금도 통한다.

당 태종은 자신이 백성에게 '영민한 황제'로 기억되기를 바라는 마음이 강했다. 그래서 신하와 백성의 생각에 대단히 민감했다. 그는 위징에게 "사람은 어떻게 해야 속임을 당하지 않는가?"라고 물었다. "양쪽 이야기를 모두 들으면 총명해지고, 한쪽 말만 들으면 사리를 모릅니다."라는 위징의 대답에 당 태종은 감탄을 했다. 그리고 그는 위징이 17년 동안 제언한 수백 가지 제안을 거의 다 받아들였다.

당 태종은 "제 흉을 알기는 힘들다"는 말의 의미를 잘 알고 있었다. 한 나라의 군주가 차가운 머리로 자신을 객관적으로 파악하기란 더더욱 어렵다. 그는 제각기 다른 목적으로, 온갖 수단을 써서 자신에게 영향력을 발휘하거나 미혹시키려는 사람들에게 둘러싸여 있다는 현실을 잘 알고 있었다. 다시 말해, 군주가 조금만 나태하면 흑심을 가진 자들에게 이용당한다는 것이다. 그래서 당 태종은 항상 대신들과 면대했을 때 "단도직입적으로 의견을 밝히라"고 재촉했다.

당 태종이 중국 역사상 보기 드문 정치력을 갖춘 황제가 된 것은 간언을 받아들여 신하들과 소통을 했던 사실과 깊은 연관이 있다. 『정관정요』 「교계태자제왕」 편에서 그는 "임금이 어질지 않더라도 간언을 받아들이면 지혜로워진다"는 말로 간언의 중요성을 강조하고 있다.

'좋은 일을 시작하기는 쉽지만 끝까지 좋은 일을 하기는 어렵다'는 옛말이 있다. 보기 드문 명군이었던 당 태종도 세월이 흐르면서 변하지 않을 수 없었다. 관용적인 비판의 수용자가 독선적인 제왕으로 변한 것이다. 견제를 받지 않는 황제의 권력이 나날이 팽창한 결과였다.

말년으로 접어들면서 당 태종도 점차 비판의 소리를 듣지 않았다. 과감하게 진언을 하던 대신들이 연이어 세상을 떠나고, 당 태종 또한 갈수록 고집이 세지면서 고압적인 태도로 변했다. 귀가 순해진다는 '이순耳順'의 나이에 아부와 찬사로 인해 귀가 얇아진 것이다. 그리고 간언을 받아들이지 않으면서 자연히 국정에서 많은 실수를 하게 됐는데, 이는 나이를 먹으면서 어쩔 수 없이 맞이한 변화라고 하더라도 아쉬움이 남는 것은 그가 천고의 명군이었기 때문일 것이다.

간언을 받아들이는 7가지 방법

누구라도 나를 충고해주고 결점을 적당하게 지적해주는 자가 있으면
그 사람이야말로 나의 스승으로서 존경해야 할 사람이다.

_ 순자

신민이 군왕에게 충언이나 비판을 하는 것을 '간諫'이라 하고, 군왕이
이를 받아들이는 것을 '납간納諫'이라 한다. 역사상 납간을 가장 잘한 황
제는 바로 당 태종 이세민이다. 납간은 태종의 정치 기술 가운데 최고라
는 평가를 받았다.

『구당서』에서는 태종을 '신하들의 간언을 듣고 흔들림 없이 판단해,
물 흐르듯 자연스럽게 선을 따르는 것은 가히 1,000년에 한 명뿐일 듯싶
다'고 했다. 이 평가는 절대로 빈말이 아니다. 역대 제왕들의 민주적인
면모에 대한 객관적인 평가이자, 태종 이후의 제왕들이 얼마니 민주직

일 수 있는지를 예언한 것이다.

태종이 즉위한 시기의 중국은 당 왕조가 수립되고 10년이 지났지만 수양제의 폭정과 전란으로 인해 사회, 경제적으로 대단히 피폐한 상태였다. 그런데 태종은 제위에 오르고 얼마 지나지도 않아서 생산력을 복구하고, 경제 발전을 이룩했다. 깨끗한 정치로 인해 사회 질서가 바로 서고, 국가가 강성해진 정관시대는 중국 역사상 유례없는 성세를 구가하게 되었다. 태종이 이렇듯 위대한 업적을 쌓을 수 있었던 중요한 원인 중 하나가 바로 정관 초기와 중기에 간언을 잘 수용한 때문이었다.

오늘날의 관점에서 볼 때 중국의 제왕들 가운데 조정 안팎의 소리를 가장 허심탄회하게 경청한 사람이 당 태종이다. 그는 겸허한 태도와 더불어 고명한 방법으로 간언을 받아들임으로써 효과를 극대화하였다. 그만의 독특한 납간 방법은 아래와 같다.

첫째, 때로는 수동적으로 때로는 능동적으로 간언을 받아들였다.

태종은 위엄이 있고 엄격한 성격이어서 대신들이 무척 어렵게 느꼈다. 하지만 신하들을 대할 때는 항상 온화한 표정을 잃지 않음으로써 하고 싶은 말을 다 하도록 만들었다. 한번은 신하들에게 건의를 하도록 했지만 아무도 입을 여는 사람이 없었다. 그런 가운데 유계劉洎가 나서서 태종은 논리적이지 못한 신하에게는 즉시 면박을 주기 때문에 낭패스럽다며, 이는 납간을 하는 바른 자세가 아닌 것 같다고 했다. 태종은 기꺼운 표정으로 유계의 지적을 받아들여 고치겠다고 했다. 간언의 내용이 즉시 실행하기 힘들거나 문제점이 있을 때에도 태종은 시간을 두고 심사숙고하여 최선책을 찾아 실행하도록 했다. 위징이 세상을 떠나면서 바른말을 하는 사람이 줄었다고 생각한 태종은 "내가 과오를 저질러도 밝혀줄 사람이 없구나."라고 한탄했다. 그래서 태종은 신하들에게 시비를 가릴 일이 있으면 에두르지 말고 직언을 하라는 당부를 했다.

둘째, 신하들이 바른말을 하도록 격려했다.

태종이 방현령에게 한 말이다. "군주는 바른말을 하는 신하를 곁에 두어야 하네. 하루에도 수많은 일을 처리하다 보면 과실을 피할 수 없는데 이를 지적하는 신하가 없다면 곤란하다네. 위징은 매사에 직언을 했는데, 대부분 짐이 저지른 실수를 거울 비추듯이 알려준 것이지. 짐은 그가 그립네." 그는 또 이런 말도 했다. "어렸을 때부터 활쏘기를 좋아하여 활로 천하를 평정했지만 아직도 좋은 활과 화살을 분간하기가 힘들다. 하물며 천하의 일을 어떻게 다 이해하겠는가?"

자신을 잘 아는 사람이 아니면 할 수 없는 말이다. 군주가 모든 일을 알 수 없다는 한계를 인정한 그는 신하가 군주의 잘못은 거론하지 않으면서 아첨만 한다면 나라가 위기를 맞으리라는 사실을 잘 알고 있었다. 그래서 자신의 통치를 굳건히 하기 위해서라도 "군주가 실수를 하면 신하는 반드시 직언을 해야 한다."고 강조했다. 실제로 그는 올바른 간언을 확실히 받아들였다.

셋째, 어떤 사안에 대해 여러 차례 간언을 하도록 격려했다.

태종은 저수량에게 순임금과 우임금이 칠기를 만드는 사소한 일에 왜 그렇게 많은 신하가 상고를 올렸느냐고 물었다. 저수량은 신하는 어떤 일의 시작부터 끝까지 계속 상소를 올려야 한다고 대답했다. 그러자 배종은 자신이 하는 일이 부당하면 처음이든 마무리할 때든 가리지 말고 간언을 하라고 했다.

한번은 태종이 홧김에 경력을 속인 자를 사형시키려 했는데, 대리시 소경 대주가 법에 따라 유배를 보내야 한다고 강력히 주장했다. 자신의 뜻에 반하는 신하에게 태종은 더욱 화가 났지만, 대주는 법은 국가가 신뢰를 얻는 근거인데, 황제가 순간의 분노로 사람을 죽여서는 안 된다고 원칙을 들이대며 설득했다. 논쟁의 결과 태종은 자신의 의견을 접고 대주가 공정하게 법을 집행한다고 칭찬했다.

직간을 많이 하는 것으로 유명했던 위징은 태종의 면전에서도 강경한 주장을 굽히지 않았다. 역정을 내도 물러서지 않는 위징에게 태종은 곤혹감마저 느끼곤 했다.

하지만 태종은 위징이 직언을 서슴지 않는 이유가 자신이 과오를 저지르지 않게 하려는 충정에 있음을 잘 알고 있었다. 실제로 위징은 태종에게 200회가 넘는 비판과 권유를 했다고 한다. 물론 태종은 위징을 자신의 실수를 비춰주는 거울로 여겼다.

넷째, 신분을 초월해서 간언을 하도록 허용했다.

태종은 조정 대신 이외에도 황후, 태자, 비빈, 외신 및 말단 관리들의 제의도 흔쾌히 받아들였다. 동양현의 현승인 유인궤는 추수를 하는 10월에는 황실에서 사냥을 하지 말아야 한다는 상소를 올렸다. 태종은 유인궤의 건의가 적절하다고 칭찬하고 현령으로 승진시켰다. 서비는 태종이 늙으면서 오만해지고, 대규모 토목공사를 일으키고, 고구려를 정벌하려는 것이 잘못된 일이라고 비판했는데, 태종은 정치에 간섭하는 것이라 여기지 않고 모두 받아들였다.

다섯째, 여유 있고 우회적인 수사의 간언을 선호했다.

위징은 잘못을 지적하는 간언을 할 때는 여유 있고 적절한 수사로 황제의 기분을 상하지 않게 하라는 말을 했다. 정관 21년647년에 태종이 사농 이위를 호부상서로 전격 발탁하면서 방현령에게 그를 어떻게 생각하느냐고 물었다. 그의 대답은 이위의 수염이 너무 아름답다는 한마디였다. 태종은 이 말에 이위를 낙주자사로 임명했다.

간의대부 곡나율이 태종을 수행하여 사냥을 나갔다가 비를 만났다. 태종이 어떤 재료로 비옷을 만들면 비가 새지 않을지 물었다. 곡나율은 지붕의 기와로 만들면 절대로 비가 새지 않을 것이라 했다. 익살을 떠는 신하 덕에 기분이 좋아진 태종은 비단 50필과 황금 허리띠를 하사했다.

여섯째, 간언하는 사람을 벌하지 않는 원칙을 지켰다.

위징이 사당을 결성했다는 무고를 받아 태종의 오해를 산 적이 있다. 그러자 위징은 자신이 충신이 아닌 양신이 되게 해달라고 말했다. 충신과 양신의 차이가 무엇이냐는 질문에 위징은 이렇게 대답했다.

"양신은 명성을 얻고, 군주도 명망을 얻게 하여 자손대대로 그 이름이 전해지게 합니다. 하지만 충신은 미움을 받아 죽임을 당하기 쉽고, 군주도 악명을 남기며 나라를 망치게 만듭니다. 충신은 자신의 이름만 챙기는 자입니다."

위징의 말에 감명을 받은 태종은 "그대의 말을 깊이 새겨서 사직을 지키겠다."고 했다. 또한 직언에 대해서 질책하거나 화를 내지 않고 정치에 반영하고, 직언의 당사자는 스승이나 친구처럼 대할 것이라고 천명했다.

정관 4년^{630년}에 태종은 낙양에 건양전을 짓기로 계획했다. 급사중 장현소는 아직 국력을 회복하지 못한 때에 대규모 토목공사를 하는 것은 수양제보다 더 큰 잘못이고, 심지어 폭군의 상징인 하나라의 걸 왕과 은나라의 주 왕과 같이 비참한 최후를 맞이할 것이라며 반대했다. 신랄하기 짝이 없는 간언이었지만 태종은 화를 내지 않으면서 장현소의 의견을 받아들여 건설을 미루고, 상까지 내렸다.

일곱째, 간언하는 신하에게는 반드시 상을 주었다.

채택 여부에 상관없이 태종은 간언하는 신하들에게는 불문율처럼 상을 주었다. 한 신하가 올린 상소가 맘에 든 태종은 종유^{씨앗에서 짜낸 기름}를 선사하면서 자신의 잘못을 고치도록 '귀중한 말', 즉 약석지언을 했으니 약석^{여러가지 약을 통틀어 이르는 말}으로 보답을 하는 것이라 설명했다.

바른말을 잘하기로 유명했던 위징, 문언박, 대주 등은 스스로도 엄격하게 절제했기 때문에 빈한했다. 그들이 죽은 후, 혹은 죽기 전에 태종은 집을 지어줌으로써 평생의 공로를 치하했다. 위징이 병에 걸렸을 때 직접 병문안을 간 태종은 집이 너무 누추한 것을 보고 건설 중인 전각의 재료를 가져다 집을 지어 주도록 했다.

신하들의 의견을 즐겨 듣고, 간언을 하도록 격려한 덕분에 당시 조정 신하들은 직설적인 간언을 많이 했다. 수·당 양대^{兩代}에 걸쳐 벼슬을 했던 배구^{裴矩,557~627}는 신하들의 말을 전혀 듣지 않는 수양제에게 아첨을 해서 총애를 받았던 사람이다. 게다가 양제에게 고구려를 정벌하도록 권유하는 등 수나라가 멸망하는 데 한몫했다.

하지만 당나라 시대에 배구는 바른말을 하는 신하가 되었다. 한 인물이 두 왕조에서 완전히 다른 역할을 한 것이다. 그의 극적인 변화는 기본적으로 태종이 신하의 간언을 잘 받아주었기 때문에 가능한 것이었다.

통치에 도움을 받기 위해 납간을 시작한 당 태종은 신하들의 의견을 진지하게 경청하고, 바람직한 제안을 실천했다. 어떤 때는 황제의 자존심을 억누르면서 간언을 받아들임으로써 자유로운 논쟁을 이끌어 냈다. 중국 역사상 태종처럼 신하들의 말에 귀를 기울인 황제는 없었다.

급변하는 시대에 홍보 리더는 더욱 더 귀를 확짝 열고 다른 직원들의 의견에도 귀를 기울여야 할 것이다.

경험과 인맥에만 기대고 있다가는 매번 버스가 지나간 다음에 손을 들지도 모른다. 말 그대로 '리더'가 '리드'하려면 간언을 경청하고 집단 지성을 이끌어내야 한다.

나폴레옹이 유럽을 석권한 3가지 원동력

뛰어난 두 명의 지휘를 받는 군대보다는,

어리석을지언정 한 명의 지휘를 받는 군대가 낫다.

_ 나폴레옹Napoléon

초년의 나폴레옹은 유럽 국가와의 전투에서 대성공을 거두었고, 전성기에는 거의 서유럽 전역을 정복했다. 그의 전략에 대해 스스로가 충분히 설명한 적은 없다고 한다. 그러나 그가 남긴 전략에 관한 수많은 격언은 그의 전략의 일면을 들여다 볼 수 있는 좋은 자료이다.

나폴레옹이 익힌 군사기술과 모든 부대가 단결해 전장 상황에 부합하는 제병합동 전법의 재능은 다른 나라에 비해 선진적이고 효율적이었다. 거기에다 사기 또한 높았던 혁명기 프랑스의 병참제도 하에서 카리스마를 갖춘 나폴레옹이 이끄는 프랑스 육군은 당시 유럽에서 당해낼 나라가 없었고 이는 나폴레옹의 경쟁자들도 인정했다.

나폴레옹이 유럽을 석권할 수 있었던 원동력은 크게 3가지로 볼 수 있다.

첫째, 프랑스혁명으로 국민들의 의식이 높아진 것이다. 국민들이 조국을 위해 싸웠으며 왕국에서 고용한 용병이 전쟁을 하는 것과 다를 수밖에 없었다. 또 신분이 아닌 전공에 의해 출세가 가능한 것도 병사들의 사기를 높였다.

둘째, 거대한 병력을 탄생시킨 '국민징병제도'를 도입한 것이다. 나폴레옹은 직업군인이 아닌 국민징병제도로 약 300만 명을 징집해 수많은 젊은이들로 거대한 규모의 국민군대를 만들었다.

셋째, 사단을 더욱 개선시킨 '군단제도'로 원정 전쟁 수행력과 기동력을 향상시킨 것이다. 나폴레옹은 여러 사단을 군단으로 만들었는데, 복수의 사단을 기동적으로 활용하는 전술을 통해 승리했다.

나폴레옹의 군사적 천재성도 그가 거둔 승리의 원동력이라고 생각되지만, 역사를 되돌아보면 위에서 이야기한 사회적 변화와 제도 개혁이 프랑스군의 초기 영광스러운 승리에 크게 이바지한 것은 분명하다. 나폴레옹이 위에서 언급한 3가지 강점을 잃어버렸을 때 더 이상 승리하지 못하고 패배했기 때문이다.

전쟁이 아닌 비즈니스 조직에서도 직원들이 높은 주인의식을 갖는 것, 다른 회사보다 뛰어난 제도를 구축하는 것은 성과에 커다란 원동력이 된다. 여기에 리더의 강력한 카리스마가 더해지면 그 조직은 큰 성과를 거둘 수 있을 것이다.

전술도 전술이지만 나폴레옹의 천재성을 돋보이게 하는 것은 전략과 작전술에서의 능력이다. 현대적 의미의 작전술이라는 개념 자체를 정립한 사람이 나폴레옹이다. 작전술에 대해 알려면 먼저 전략과 전술의 차이를 먼저 알아야 한다. 쉽게 설명하자면 전략은 '전쟁'을 전반적으로 이끌어가는 계책이고 전술은 '전투'를 이기기 위한 수단과 방법을 강구하는 것을 뜻한다. 작전술은 전술과 전략의 사이 단계인 셈이다. 쉽게 설명하자면 작전술은 "전투(전술)에서 이기기 위해 (전략적으로) 유리한 상황을 조성하는 것"을 말한다.

『손자병법』의 이상적인 조건인 '이겨놓고 싸운다'는 전략을 누구보다도 잘 실천한 사람이 나폴레옹이었다. 나폴레옹은 광범위한 정보를 수집하고 부대를 신속하게 유리한 장소로 이동시켜 적보다 많은 병력으로 적을 상대했고 수많은 승리를 거두었다.

또한 나폴레옹은 플루타르코스Plutarchos의 『영웅전Parallel Lives』을 애독했으며, 알렉산더 대왕과 카이사르의 통솔력 및 그들의 군사작전과 전쟁 일화에 능통했다. 그들의 전략을 활용한 덕분에 나폴레옹 역시 프랑스 병사들이 높은 자긍심을 갖게 하는 데 성공했다. 무엇보다 나폴레옹은 군사적으로 뛰어난 인재라면 신분에 상관없이 등용할 정도로 탁월한 리더십을 갖고 있었다.

나폴레옹의 사람을 끌어당기는 매력에 대해서는 말이 많지만, 웰링턴 군대에서도 "나보나폴레옹의 별명가 프랑스 군대와 함께 있으면 4만 명의 군대와 맞먹는다."고 논평했을 정도였다니 당대에는 인정받던 것 같다. 나폴레옹은 다른 사람들을 휘어잡는 카리스마만큼은 확실히 뛰어났다.

또한 황제가 되기 전에 보여준 정치적 행동들을 보면 자기 PR에도 역시 천재였다. 나폴레옹은 공훈을 세우거나 성과를 낸 부하에게는 아낌없이 칭찬을 하였으나, 잘못을 한 자에게는 무자비하게 질책했다. 이는 사람이 많은 장소나 손님이 있는 자리에서 더욱 심했는데, 나폴레옹은 다른 이들에게 일종의 경고를 주기 위해 일부러 그런 장소를 택하는 것을 즐겼다. 하지만 다음 날이 되면 그 질책했던 부하를 다시 불러서, 전날 자신이 그런 의도를 설명하며 친근하게 달랬다고 한다.

또 나폴레옹은 종종 병사들과 함께 식사를 하는 일도 있었다. 당시 장교들이 병사들과 겸상을 하는 것은 물론 뭔가를 함께 먹는 모습을 보이는 것도 금기시되어 있었다. 즉 나폴레옹이 스스럼없이 병사들의 식사 자리에 어울리며 그들의 음식을 함께 먹는다는 것은 당시로서는 굉장히 파격적인 행위였다. 나폴레옹이 부하를 다루는 법에 대해서는 다음과 같은 일화가 있다.

어느 포병장교가 4년 동안 진급하지 못한 것에 불만이 있었는데, 나폴레옹이 군대 점검을 위해 요새를 찾아온다는 소식을 듣고 직접 나폴레옹에게 승진을 청원하려고 결심하였다. 그리고 마침내 나폴레옹이 시찰을 위해 요새에 도착하였는데, 장교는 쑥스러워져서 나폴레옹에게 한마디도 하지 못했다. 결국 나폴레옹이 떠날 시간이 되자 장교는 허겁지겁 달려가 떠나려는 나폴레옹을 불렀다.

장교가 "저는 14년 동안 복무했으나 4년 동안 대위에 머물러 있었습니다. 내년에 진급평가 때 명단에만 올려 주시면…"이라고 얼버무리며 말했다. 나폴레옹은 "지금부터 소령!"이라고 답하고 수행원으로 데려온 소령의 계급장을 떼서 손수 달아 줬다.

나폴레옹은 중앙은행 설립, 공교육 제도 확립, 종교적 자유의 허용, 나폴레옹 법전의 편찬, 프랑스혁명 이념의 유럽 전파 등 수많은 업적을 쌓았다. 전략가로서 나폴레옹은 단기적으로 엄청난 성공을 거두었다. 프랑스의 문학과 예술은 그의 업적을 예찬했다.

그러나 장기적으로는 대실패였다는 평가도 적지 않다. 마이클 하트Michael H. Hart는 『세계사를 바꾼 사람들The 100: A Ranking of the Most Influential Persons in History』에서 나폴레옹에 대해 다음과 같이 평했다.

"나폴레옹은 너무나 엄청난 전략적 실수를 했다. 결론적으로 전쟁에 패하고 적군에 잡혀 귀양까지 갔다가 그곳에서 생을 마감했다. 그를 일류 군사 지도자에 포함시켜서는 안 된다."

나폴레옹은 어떤 잘못을 했기에 마이클 하트로부터 비판을 받았을까?

나폴레옹은 계속되는 전쟁으로 인해 재정 수입이 부족하여 1803년 당시 루이지애나 지역을 미국에 1,500만 달러라는 헐값에 팔기까지 했다. 당시의 루이지애나 지역은 현재의 루이지애나주와는 비교도 할 수 없을 정도로 넓은 지역이다. 덕분에 미국은 국토가 거의 2배로 증가했다. 나폴레옹은 돈이 아쉽기도 했지만 루이지애나를 영국으로부터 지켜내기 어려울 것으로 판단해 미국에 팔았던 것이다. 그리고 1805년에는 트라팔가 해전에서 영국의 넬슨 제독에게 패함으로써 해상통제권을 완전히 영국에 넘겨 주었고, 영국을 지배하겠다는 목표도 사실상 무위에 그쳤으나 1806년에는 유럽에서 군국주의 국가로 위세를 떨쳤던 프로이센을 점령하고 국토의 절반을 점령했다. 이때 포로가 된 프로이센군 장교 중 한 명이 『전쟁론』을 쓴 클라우제비츠다.

1812년, 나폴레옹은 60여만 명의 대군을 이끌고 러시아 원정을 떠나 모스크바까지 진격했다가 추위와 보급품 부족 그리고 러시아군의 반격으로 사실상 전멸되다시피 참패를 당했는데, 이는 전쟁 사상 최악의 패전으로 꼽힌다.

1813년에는 프랑스가 동력을 잃었다고 생각한 프로이센은 '타도 나폴레옹'을 외치며 선전포고를 하였다가 허무하게 패배했으나 오스트리아, 러시아 등 여러 나라를 부추겨 제6차 대불대동맹을 결성하고, 1814년 동맹군이 프랑스 영토를 침공, 프랑스군을 격파하고 파리에 입성함으로써 패배한 나폴레옹은 엘바섬으로 유배된다. 그리고 1815년 6월 엘바섬을 탈출해 다시 복귀했으나 영국, 프로이센 연합군과 벨기에 남동부 워털루Waterlo에서 전투를 벌여 다시 체포되었다. 나폴레옹은 미국으로 망명을 시도했으나 세인트 헬레나 섬으로 귀양보내졌고 1821년 그곳에서 암으로 52세를 일기로 생을 마감했다.

유럽을 석권하고 황제에 오른 나폴레옹의 성과에만 관심 갖기보다 나폴레옹이 어떤 역량으로 얼마나 노력했는지에 대해서도 관심을 가져야 한다. 그 과정에서 홍보맨은 어떤 역량을 가져야 할까?

역사 속의 위대한 인물들처럼 나폴레옹 역시 소문난 독서광이었다. 52년 동안 8천 권의 책을 읽었다고 한다. 나폴레옹 독서의 극치는 전쟁터에서도 틈만 나면 책을 읽고 심지어 말을 타고 이동하면서도 독서를 했다고 한다. 전쟁터에서 『젊은 베르테르의 슬픔』을 읽음으로써 전쟁이 주는 불안과 초조를 외면하면서 여유를 가질 수 있었고 그 여유는 승리의 주요 요인이 되었을 것으로 평가한다.

나폴레옹에게 가장 큰 영향을 준 책은 플루타르코스의 『영웅전』이라고 알려져 있다. 영웅들의 결단력을 실천력을 배웠다. 이 책은 셰익스피어와 베토벤의 삶에도 영향을 끼쳤다고 한다.

나폴레옹은 폭넓은 독서를 통해 서로 다른 처한 환경에 처한 인물들이 어떻게 그 환경을 극복했는지 배웠다. 또한 집중력을 키웠고 치밀한 논리를 소유하면서 뛰어난 분석력도 지니게 되었다.

200년 전에 나폴레옹을 둘러싼 전쟁의 역사는 현대 비즈니스 조직의 운영과 일맥상통하는 면이 있다. 위기 상황에서도 리더가 효과적으로 목표 설정을 한다면 조직원들의 동기를 극대화시킬 수 있다. 또한 직원, 팀, 부서가 신속하게 연계할 수 있는 조직 구성을 통해 고난과 역경은 물론 위기에 강한 기업을 만들어낼 수 있다는 것을 역사는 잘 가르쳐 주고 있다.

홍보맨은 나폴레옹으로부터 무엇을 배울 것이며 어떤 역량을 가져야 할까?

작은 충성은 큰 충성을 해친다

지금 당장의 자존심을 지키는 것보다 중요한 것은 국력과 내실을 키우는 데
집중해 향후 상대가 함부로 침략할 수 없는 위엄을 세우는 것이다.

_『한비자』

'행소충 즉대충지적야行小忠 則大忠之賊也'는 중국 전국시대의 법가 사상가
한비가 쓴 『한비자』「십과+過」에 나오는 말로, '작은 충성은 큰 충성을
해친다'는 뜻이다.

'십과+過'는 『한비자』 제10편이며 군주가 명심해야 할 10가지 잘못을
말한다. '행소충 즉대충지적야行小忠 則大忠之賊也'는 「십과」 중 첫 번째이다.

중국 춘추전국시대, 초나라와 진晉나라가 언릉이라는 곳에서 맞붙었
다. 전투는 초나라에게 불리해지고 있었다. 초나라 공왕共王은 눈에 부상
까지 입었다. 초나라 장군 사마자반司馬子反도 좌충우돌하고 있었다.

전투가 잠시 소강상태일 때 초나라 장수 사마자반은 목이 마르다며 물을 찾았다. 그때, 곡양穀陽이라는 부하가 물그릇을 바쳤다. 그러나 그릇에 들어 있는 것은 물이 아니라 술이었다. 자반이 외쳤다. "아니, 이건 술이 아니냐, 치워라."

곡양은 다시 권했다. "술이 아닙니다. 물이라고 생각하고 드십시오." 라며 마실 것을 권했다. 술을 워낙 좋아했던 사마자반은 못 이기는 척 받아마셨다. 일단 술을 맛본 사마자반은 결국 취할 정도로 마시고 말았다.

이날 전투는 초나라의 패배로 끝났다. 반격을 준비하기 위해 공왕은 사마자반을 불렀다. 그러나 사마자반은 가슴이 아프다며 가지 않았다. 공왕이 직접 사마자반의 막사를 찾아갔다. 들어가자마자 술 냄새가 진동했다. 공왕은 그대로 돌아와 말했다.

"오늘 싸움에서 나는 부상을 입었다. 이제 믿을 사람은 사마자반 장군뿐이라고 생각했다. 그런데 사마자반은 이렇게 취했으니 이는 초나라의 사직을 망각하고 백성들을 전혀 돌볼 생각이 없음을 보여준 것이다. 나는 이제 다시 싸울 기력이 없다."

그리고는 군대를 철수하면서 사마자반의 목을 베어 저잣거리에 내걸었다. 사마자반에게 술을 바쳤던 곡양은 이미 도망가고 없었다.

곡양이 악의를 가지고 사마자반에게 술을 바친 것은 아니다. 곡양 나름대로 자신이 모시는 장군에 대한 충심에서 한 행동이다. 그러나 결과적으로 이 때문에 사마자반은 죽임을 당했다. 그래서 한비는 "작은 충성은 큰 충성을 해치는 적"이라고 했던 것이다.

모든 충성이 '윗사람'에게 도움이 되는 것은 아니다. 때론 충심에서 우러나온 행동이 윗사람에게 해가 되기도 한다. '작은 충성'이 '큰 불충'이 되는 셈이다. 미국 정가에서는 '사일로 충성'이라는 말이 회자된다고 한다. '사일로Silo'는 원래 곡식이나 사료를 저장하는 굴뚝 모양의 창고인 사일로에 빗대어, 조직이나 부서들이 다른 부서와 담을 쌓고 자기 부서의 이익만을 챙기는 것을 일컫는 용어이다. 이를 빌려 백악관 직원들이 대통령이나 국가라는 보다 넓은 범위의 목표에 충성하는 게 아니라 자신의 직속상관에게만 충성하는 정치 용어로 워싱턴 정가에 정착된 것이다.

하지만 그게 모두 참모들의 책임일까? '작은 충신'과 '큰 충신'을 구분하지 못하는 리더 역시 그 책임에서 자유로울 수 없다.

고대 중국의 사상가인 한비韓非기원전 280~233년가 펴낸 『한비자』는 법가사상을 집대성하고 전국시대라는 극심한 혼란기에 제왕들이 난세를 평정하고 나라를 통치하는 방법을 명쾌하게 풀어냈다는 평가를 받아 '제왕학의 교과서'로 불린다.

『한비자』「외저설우外儲說右」에 또 다른 이야기가 나온다.

송宋나라 때 술을 빚어서 파는 장사꾼이 있었다. 장사꾼의 술은 맛이 기막혔고, 물을 섞어 속이지도 않았다. 손님에게 친절했고 술집을 알리는 깃발도 높이 세워서 잘 보이도록 했다. 그런데도 술은 팔리지 않았다. 정성껏 빚은 술은 번번이 쉬고 말았다. 이상하게 여긴 장사꾼은 평소에 알고 지내는 양천이라는 사람에게 이유를 물었다. 양천은 한마디로 말했다.

"너의 집에서 키우는 개가 너무 사납기 때문이다."

예상치도 못한 엉뚱한 대답을 들은 장사꾼은 어리둥절했다. 도대체 개와 술이 무슨 관계가 있느냐고 다시 물었다.

"손님들이 개를 무서워하기 때문이다. 사나운 개가 손님에게 달려들고, 심부름하는 아이를 향해 짖는데 어떻게 술이 팔릴 수 있겠는가? 그러니 술이 상해서 버릴 수밖에 없는 노릇 아닌가?"

여기에서 나온 말이 '구맹주산狗猛酒酸'이다. '개가 사나워서 술이 시도록 팔리지 않는다'는 얘기다.

한비자는 나라의 간신배를 사나운 개에 비유하여, 아무리 어진 신하가 옳은 정책을 군주에게 아뢰어도 조정 내에 간신배가 들끓으면 정사政事가 제대로 펼쳐지지 않음을 설명했다.

따라서 '구맹주산'은 '나라에 간신배가 있으면 어진 신하가 모이지 않는다'는 뜻으로 쓰인다. 한비자가 지적한 구맹주산은 行小忠 則大忠之賊也행소충 즉대충지적야와 같은 맥락인 셈이다.

곡양이 목이 마른 장군 자반을 위해서 물 대신 술을 권한 것은 장군을 향한 '작은 충성'이었다. 그렇지만 그 작은 충성 때문에 자반은 목이 베어졌고, 초나라는 전투에서 패하고 말았다. 또 사나운 개가 손님에게 으르렁댄 것도 주인을 향한 '작은 충성'이었다. 그런데 그 작은 충성은 주인의 술장사를 망쳤다. 주인은 술이 상해서 손해, 손님이 떨어져서 적사였다. 사나운 개는 짖지 않았어야 좋았다. 그랬어야 크지는 않더라도 작은 충성이 될 수 있었다.

예로부터 개는 충성심이 대단한 짐승이다. 주인을 결코 배반하지 않는다. "아이는 엄마가 못생겨도 미워하지 않고 개는 주인이 가난해도 싫어하지 않는다兒不嫌母醜, 犬不嫌主貧 아불혐모추 견불혐주빈"는 말도 있지 않은가?

그러나 사나운 개의 '작은 충성'은 주인을 곤란하게 만들었다. 기업도 다를 수 없다. '사나운 개' 때문에 언로言路가 끊기고 소통이 막힌다면 그 기업이 제대로 굴러가겠는가?

군주가 명심해야 할 10가지 잘못

『한비자』에서 말하는 '십과+過', 즉 군주가 명심해야 할 10가지 잘못은 다음과 같다.

첫째, 작은 충성은 큰 충성의 적이다.

둘째, 작은 이익을 탐내다 큰 이익을 잃을 수 있다.

셋째, 행실이 이상하고, 제후에게 무례한 태도를 취하는 것은 패가망신의 원인이 된다.

넷째, 헌신적으로 정치를 하지 않고, 음악을 즐기게 되면 자기 마음을 괴롭히고 막다른 길이 된다.

다섯째, 탐욕과 고집으로 이득에만 열중하면 나라를 망치고 목숨을 잃는다.

여섯째, 여악女樂에 빠져 국가의 정치를 돌보지 않으면 망국의 원인이 된다.

일곱째, 수도를 떠나 멀리 여행하며, 충고를 듣지 않으면 일신상 위태롭다.

여덟째, 잘못이 있으면서도 충신의 말을 듣지 않고 자기 고집대로 하면, 명예를 잃고 남의 조롱감이 된다.

아홉째, 자국의 힘을 믿지 않고, 외국 세력에 의지하는 것은 국토를 빼앗기는 화근이 된다.

열째, 나라가 작은 데도 예의를 지키지 않고, 간언하는 충신의 말을 듣지 않으면 멸망한다.

디지털시대에 2,000년 전 군주 얘기를 하는 이유를 모르겠다고 할 수 있지만 군주 얘기가 아니다. 홍보맨은 물론이고 다양한 사람들과 관계를 맺으며 살아가는 사람이라면 누구에게나 적용된다. 내부 고객을 비롯해 각양각색의 기자들을 만나는 홍보맨들의 '십과+過'라고 불러도 전혀 어색하지 않다. 인문학의 힘이 거기에 있다. 그 힘을 자신의 역량으로 만드는 관건은 오롯이 홍보맨에게 달려 있다는 것을 명심하자.

전략과 리더십은 하루 아침에
이루어지지 않는다

"오랫동안 꿈을 그리는 사람은 마침내 그 꿈을 닮아간다."

프랑스의 위대한 지성이라 일컬어지는 앙드레 말로^{Andre Georges Malraux,}
^{1911~76}가 남긴 말이다. 분명 앙드레 말로는 자신의 삶을 사랑했을 것이다. 그
래서 나는 앙드레 말로의 이 말을 그 어떤 명언보다 좋아한다. 덕분에 꿈을
간직할 수 있었고 또한 언젠가 그 꿈을 이루게 될 거라는 희망도 갖고 있다.

2009년에 제목을 '인문학으로 홍보하라'로 지어놓고 언젠가는 꼭 출간하
겠다는 꿈이 있었다. 내가 그 꿈을 갖도록 영감을 준 책이 있다. 바로『인문
학으로 광고하다』^{알마, 2009}인데, 개인적으로 대학 선배이기도 한 박웅현 선배
^{그는 개인적으로 고려대학교 선배다}가 2009년 8월에 출간한 책이다. 표지 색깔이 조금
바래기는 했지만 지금도 가지고 있는 그 책 앞장에는 '2009.9.11.^金 강남교보
에서'라는 메모가 적혀 있을 뿐 별다른 다짐 같은 문장도 없다.

이번에 출간을 준비하면서 10년도 더 된 책을 다시 한번 읽어보았다. 솔직

히 당시에 나는 인문학을 교양쯤으로 여겼을 뿐이었는데, 그동안 나도 성장한 탓인지 10여 년 전에는 몰랐던 내용들이 눈에 들어왔다.

홍보맨에게 말과 글은 특히 중요하다. 그것들은 칼이나 활이 되기도 하고 때로는 방패가 되어 주기 때문이다. 끊임없이 갈고 닦아야 하는 나의 말과 글에 인문학이 큰 도움이 될 것이라고 확신한다. 지금도 '글을 읽지 않으면 글쓰기는 앞으로 나아가지 않는다'는 기조에는 변함이 없다.

2002년부터 20년 넘게 홍보 업무를 하고 있다. 홍보 업무는 주니어 시절에는 보도자료 등 글쓰기 비중이 높고, 고참이 될수록 기자 미팅 등 대외활동 비중이 높아지는 게 자연스럽다. 대외활동은 사람을 만나는 일이다. 홍보맨마다 품고 있는 마인드와 처한 상황에 따라 다르겠지만 기본은 계획해야 한다는 것이다. 그 계획은 그냥 계획이 아니다. 최소한의 회사 자원으로 홍보맨의 능력을 최대한 활용하여 최대의 성과를 거둘 수 있어야 한다. 즉 전략적이어야 한다는 말이다.

홍보맨이 만나는 기자는 단순히 한번 만나고 마는 대상이 아니다. 만나기 전에 최근 보도한 기사를 찾아 읽거나 기자가 관심을 갖고 있는 사안을 찾아보아야 한다. 만나서 할 얘기를 글이나 말로 정리해서 리더에게 보고해야 한다. 만나서는 단도직입적으로 결론부터 얘기할 것인지 우회해서 말할 것인지 아니면 일절 거론하지 않을 것인지 계획해야 한다. 계산적이라는 비판을 들을 수도 있지만 이렇게 하는 게 서로에게 득이 된다. 기자도 바쁘지만 홍보맨도 바쁘기 때문에 최대의 성과를 거둘 수 있어야 한다.

사람을 만나는 일에는 시간과 비용이 수반된다. 또한 기자 미팅은 대화할 수 있는 시간이 한정되어 있는 비즈니스 기반의 만남이므로 상대방에게 좋은 이야기만 하는 것으로도 시간이 짧다. 대화 아이템을 계획하지 못했다면 듣기만 해도 절반은 성공이다. 계획하고 만나면 장점이 또 있다. 말실수를 줄일 수 있다. 이 모든 것이 전략의 힘이다.

10년 넘도록 블로그와 페이스북에 생각날 때마다 글을 썼다. 스스로 너무 게으른 게 아닌가 싶었지만 그래도 썼다. 출간 제안을 받고 홍보맨 입장에서 '인문학'으로 묶을 수 있는 주제가 어떤 것이 있을까? 생각해 보았다. 홍보는 홍보 리더와 홍보 주니어가 함께 만들어가는 일이다.

'上下同欲者勝상하동욕자승'이라고 했다. 한 마음이 되지 않으면 안 된다.

홍보는 중단기나 장기적인 계획에 따라 진행되어야 한다는 점에서 전략을, 홍보 리더가 중요한 역할을 해야 한다는 점에서 '리더십'을, 내외부 고객들은 물론 회사원으로서 홍보맨의 소통과 설득 역량이 중요하다는 점에서 '소통'을, 아울러 뉴스News라는 콘텐츠를 개발하고 생산한다는 측면에서 '스토리'를 인문학 키워드로 정했다.

〈인문학으로 홍보하라〉라는 콘셉트로 쓴 원고의 1부에 해당하는 이 책에서는 전략과 리더십에 관한 내용을 정리했다. 사실 전략과 리더십은 리더에게 필요한 능력이지만 홍보 리더로 성장할 홍보 주니어에게도 필요한 능력이라고 생각한다. 다른 조직과 마찬가지로 홍보 조직도 능력이 뛰어나거나 부족한 사람, 성실하거나 게으른 사람, 정직하거나 약삭빠른 사람, 희생적이거나 이기적인 사람 등 다양한 사람들이 모여 있다. 고스란히 자신의 능력 위주로 일하는 사람이 있는 반면 전문가 집단을 파트너로 삼아 일하는 사람도 있다. 좋을 때는 서로 자기 공이라 하지만 나쁠 때는 잘못을 떠넘기기 급급한 게 직장생활의 현실이다. '사람 사는 게 다 그렇지.'라는 말은 무책임의 극치다. 모호한 권한과 책임은 실패를 초래한다. 이 모든 것이 리더 탓이다.

리더십을 바라보는 세상의 시선이 바뀌었다. 디지털 기기를 다룰 줄 알아야하고, MZ세대를 이해해야 한다. 이끄는 것이 아니라 따르도록 하라고 말한다. 홍보 조직의 미래 가치를 직원들에게 제시하고 비전을 지속적으로 공유할 수 있어야 한다. 지피지기 백전불태를 되새겨보아야 한다. 조직원들은 이해하고 포용해야 할 대상이다.

하지만 내 마음 같지 않은 게 세상 일이다. 직원들의 품성과 이해관계가 다양하기 때문이다. 그것을 탓할 수는 없다. 모든 책임은 리더 몫이다.

홍보는 관계 비즈니스Relations Business다. 오랫동안 홍보 업무를 해본 사람들은 알겠지만 관계가 중요하다. 홍보전문가들이 10년을 넘어 20년 이상 홍보 업무에서 성과를 내는 가장 큰 이유는 그가 가진 인맥 파워Network Power다. 회사 법인카드를 쓰면서 쌓은 인맥이면서도 자기 것이라고 움켜쥐고 있는 사람이 있는 반면 후배와 동료들에게 인맥을 공유하는 홍보맨도 있다. 머릿속에 있는 지식이야 어떻게 할 수 없더라도 명단과 전화번호는 넘겨줄 수 있다. 넘겨 주는 게 맞다. 어찌 보면 리더십이란 게 별거 아니라는 생각이 들 것이다.

리더로서 인문학을 공부해야하는 이유는 다양한 사람들과 만나 대화하면서 그 만남과 대화에서 영감을 얻을 수 있는 통찰력을 기르는 데 복석이 있다. 그 통찰력으로 조직을 이끌어야 한다.

좋은 리더는 좋은 전략을 갖고 있다. 조금 더 빨리 전략과 리더십에 대해 관심을 가졌더라면 어땠을까? 라는 백해무익한 고민보다 앞으로 어떻게 해야 나의 전략과 리더십 역량을 키울 수 있을까? 라는 건설적인 생각을 해야 한다. 경영 전략, 마케팅 전략, 군사 전략 등 전략과 관련해 유명한 책부터 시간이 날 때마다 읽어야 한다. 전문가들이 쓴 책을 읽다보면 지식이 쌓이고 사람과 일에 대한 나름의 기준이 생기고 홍보 업무에 대한 완성도도 올라갈 것이다.

전략 능력을 갖춘 홍보맨들은 PR 조직에서 중요한 역할을 하고 있다. '전략'이 뭔지도 모르는 사람에게 중요한 일을 맡기지는 않기 때문이다. 전략적 사고도 없고, 그게 뭔지도 모르는 사람이 중요한 일을 맡고 또 맡으려 한다면 그 조직은 미래가 없다고 봐도 된다. 리더가 전략을 제시하지 못하는 것도 문제지만 있는 전략도 제대로 활용하지 못하는 것도 문제다. 결국 전략은 리더십과도 연결이 되는 셈이다.

전략과 리더십에 대해 관심을 갖고 배우기 시작한 지 20년 가까운 세월이 지났다. 중간에『이팀장의 언론 홍보노트』,『이팀장의 보도자료전략』등 2권의 책을 출간했다. 원래는 홍보 전략에 관련한 책을 먼저 출간하려고 했지만 상황이 여의치 않아 미뤘던 책을『인문학으로 승부하는 이팀장의 홍보전략과 리더십』라는 제목으로 출간하게 되었다.

어마무시하게 글을 잘 쓰는 게 아닌 탓에 그동안 써놨던 글을 다시 정리하다 보니 어느새 인생의 터닝포인트에 서 있는 나를 발견했다. 예전에는 남을 배려하고 손해를 보더라도 참는 게 최고의 선善이자 덕德이라고 생각했다. 새로운 터닝포인트에서 전략과 리더십에 대해 작으나마 그림을 그릴 수 있는 수혜를 받았다.

부족한 홍보맨이지만 노력하는 홍보맨으로서 가치를 인정해 주신 청년정신 양근모 대표님께 감사드린다. 『이팀장의 언론 홍보노트』부터 이번 『인문학으로 승부하는 이팀장의 홍보전략과 리더십』까지 아낌없이 아이디어를 나누어 준 후배 주순진 작가님께도 고마움을 전한다. 자료를 모으고 글을 쓴 것은 나였지만 위의 두 분이 없었다면 위의 책들은 세상에 나오지 못했을 것이다. 누구보다 2,500년 전의 공자님부터 손자, 맹자를 비롯해 존경하는 이순신 장군과 이제는 고인이 된 스티브 잡스까지 나에게 자신들의 콘텐츠를 공유해준 모든 분들께 감사 인사를 전한다. 나 역시 선후배 동료들에게 공유할 수 있어 흐뭇하다.

　비즈니스맨들을 비롯해 홍보맨들도 마찬가지다. 직급과 직책이 올라가면서 일하는 시간만 늘릴 게 아니라 실력을 늘려야 한다. 조직원들을 따르도록 하지는 못하더라도 최소한 자기 자신이 어디에 서 있는지 알 수 있어야 한다. 자신의 상황을 알아야 미래를 준비하고 계획할 수 있다. 홍보 주니어들이 전략과 리더십 역량을 배우고 익혀 홍보 리더가 되는 그날을 기대한다.

인문학으로 승부하는
이팀장의 홍보전략과 리더십

지은이 이상헌
발행일 2023년 5월 30일
펴낸이 양근모
펴낸곳 도서출판 청년정신
출판등록 1997년 12월 26일 제 10-1531호
주 소 경기도 파주시 문발로 115 세종출판벤처타운 408호
전 화 031) 955-4923 **팩스** 031) 624-6928
이메일 pricker@empas.com
ISBN 978-89-5861-232-2 (13320)